全国联编

21世纪新概念教材 · 高职高专物流管理专业教材新系

现代仓储管理

Xiandai Cangchu Guanli

阮喜珍 编著

东北财经大学出版社 大连
Dongbei University of Finance & Economics Press

图书在版编目(CIP)数据

现代仓储管理 / 阮喜珍编著. —大连：东北财经大学出版社，2016.2
（21世纪新概念教材·高职高专物流管理专业教材新系）
ISBN 978-7-5654-2210-2

Ⅰ. 现… Ⅱ. 阮… Ⅲ. 仓库管理–高等职业教育–教材 Ⅳ. F253.4

中国版本图书馆 CIP 数据核字（2016）第 011126 号

东北财经大学出版社出版
（大连市黑石礁尖山街217号　邮政编码　116025）
教学支持：（0411）84710309
营 销 部：（0411）84710711
总 编 室：（0411）84710523
网　　址：http://www.dufep.cn
读者信箱：dufep@dufe.edu.cn

大连永盛印业有限公司印刷　　　　东北财经大学出版社发行

幅面尺寸：185mm×260mm　　　字数：322千字　　　印张：14 1/4
2016年2月第1版　　　　　　　2016年2月第1次印刷

责任编辑：杨慧敏　赵　楠　　　　　　责任校对：贺　莉
封面设计：冀贵收　　　　　　　　　　版式设计：钟福建

定价：27.00元

前 言

　　高职高专院校是培养适应生产、建设、管理、服务第一线需要的高等技术应用型人才的摇篮。目前，经济管理类专业处于教学改革的关键时期。仓储管理是物流管理类专业的主要专业课程或专业基础课程，其教材和教学模式改革也迫在眉睫，编写本书正是为解决当务之急，为培养满足社会需要的第一线物流管理人才做出贡献。

　　考虑到高职教育突出技能性和实用性的特点和要求，本书围绕现代仓储管理实务操作的相关知识、技能要求，以库管员、理货员等岗位和工作任务所需的知识、技能要求作为教材内容体系的架构，即按现行仓储相关管理岗位或管理项目所需的实务操作技能和必备知识要求编写。本书采用通俗易懂的语言，既注重理论与方法的系统介绍，又穿插一些小案例和知识链接，增强了趣味性。本书着重介绍怎么做、如何做，注重案例和图表的运用，力求简洁实用。本书的每个章节均以引例开始，章后附有基本训练、综合案例和综合实训。

　　本书的主要适用对象为高职高专院校物流管理及其相关管理类专业学生，同时也可作为物流管理人员培训的教材或教学参考书。教材内容在教学中可以根据实际情况进行取舍。

　　在本书的编写过程中，参考和引用了许多学者的研究成果，在此谨向有关作者表示诚挚的感谢！

　　本书由阮喜珍教授编著。本书得到了东北财经大学出版社领导和编辑的大力支持以及同行专家的关心、帮助和指导，在此一并表示感谢！

　　由于水平有限，书中难免存在欠缺，恳请读者批评指正。

作　者
2015 年 10 月

目 录

第1章
仓储及仓储管理概述

学习目标

知识目标

◎ 理解仓储及仓储管理的含义；

◎ 明确仓储的功能及仓储活动的类型。

技能目标

◎ 能用所学知识对物流企业仓储管理状况进行分析；

◎ 能结合企业具体情况提出如何进行仓储管理的一些措施。

引例　AA集装箱仓储中心

　　某港口集团旗下的集装箱仓储有限公司在某市设立了大型物流仓储基地——"AA集装箱仓储中心"，以配合华南地区的进出口贸易。目前已建成两座面积为2万平方米的大型出口监管仓、4万平方米的货柜堆场，以及与之相配套的报关楼、验货中心及办公场所。

　　AA集装箱仓储中心实现了高科技智能化出口监管仓及堆场操作，采用WIS（仓储管理系统）和TOMS（堆场管理系统）管理仓储运作及堆场操作；可通过船公司、租箱公司及客户查询库存资料，了解货物进出仓的情况；IC卡闸口自动识别验放CTV全方位监控；电子系统报关，为客户提供方便快捷的报关服务。同时，其与另一国际集装箱码头有限公司联手，采用GPS卫星定位系统，实施在途监控，并在盐田港入闸处为货柜车开辟专门的"绿色通道"，以达到信息共享、统一协调、分工合作的目的，充分发挥港口与仓储中心合作的优势，将该市的一个码头的服务功能延伸至更靠近各生产厂家的内地。

　　AA集装箱仓储中心目前为国外销售商、集运公司、货运代理、生产厂家、船公司及租箱公司提供优质监管仓拼柜集运、国内配送、货柜堆存等服务，对推动华南地区的物流发展做出了贡献。

　　该案例表明：仓储运作和先进科学的管理方式方法对于一个仓储企业来说非常重要。该企业之所以能为华南地区的物流发展做出贡献，关键是运用高科技监管仓及堆场，使用先进的卫星定位系统，充分发挥仓储运作的优势。

1.1　仓储

1.1.1　仓储的概念、功能、分类

1）仓储的概念

　　"仓"即仓库，为存放、保管、储存物品的建筑物和场地的总称，可以是房屋建筑、洞穴、大型容器或特定的场地等，具有存放和保护物品的功能。"储"即储存、储备，表示收存以备使用，具有收存、保管、交付使用的意思。"仓储"是利用仓库存放、储存未即时使用的物品。仓储是集中反映工厂物资活动状况的综合系统，是连接生产、供应、销售的中转站，对促进生产提高效率起着重要的辅助作用。仓储是产品生产、流通过程中因订单前置或市场预测前置而使产品、物品暂时存放的结果。同时，围绕着仓储实体活动，清晰准确的报表、单据账目、会计部门核算的信息传递也同时进行着，因此仓储是物流、信息流、单证流的合一。

　　对仓储概念的理解要抓住以下要点：第一，满足客户的需求，保证储存货物的质量，确保生产、生活的连续性是仓储的使命之一。第二，当物品不能被即时消耗，需要专门的场所存放时，形成了静态仓储。对仓库里的物品进行保管、控制、存取等作业活动，便产生了动态仓储。第三，储存的对象必须是实物产品，包括生产资料、生活资料等。第四，储存和保管货物要根据货物的性质选择相应的储存方式。不同性质的货物应该选择不同的储存方式。例如，食品、生物药品等对温度有特殊要求的货物需要采用冷藏库储存；液体性的原油或成品油就需要使用油品库储存。

2）仓储的功能

从整个物流过程看，仓储是保证这个过程正常运转的基础环节之一。仓储的价值主要体现在其具有的基本功能、增值功能以及社会功能三个方面。

（1）基本功能。基本功能指为了满足市场的基本储存需求，仓库包括储存、保管、拼装、分类等基础作业。其中，储存和保管是仓储最基础的功能。通过基础作业，货物得到了有效的、符合市场和客户需求的仓储处理，例如，拼装可以为进入物流过程中的下一个物流环节做好准备。

（2）增值功能。增值功能则是指通过仓储高质量的作业和服务，使经营方或供需方获取除基本功能以外的利益。这是物流中心与传统仓库的重要区别之一。增值功能的典型表现方式包括：一是提高客户的满意度。当客户下达订单时，物流中心能够迅速组织货物，并按要求及时送达，提高了客户对服务的满意度，从而增加了潜在的销售量。二是信息的传递。在仓库管理的各项事务中，经营方和供需方都需要及时而准确的仓库信息。例如，仓库利用进出货频率、仓库的地理位置、仓库的运输情况、客户需求状况、仓库人员的配置等信息，这些信息为用户或经营方进行正确的商业决策提供了可靠的依据，提高了用户对市场的响应速度，提高了经营效率，降低了经营成本，从而带来了额外的经济利益。

（3）社会功能。仓储的基础作业和增值作业会给整个社会物流过程的运转带来不同的影响，良好的仓储作业与管理会带来好的影响，例如，保证了生产、生活的连续性；反之会带来负面的影响。仓储的社会功能主要包括三个方面：第一，时间调整功能。一般情况下，生产与消费之间会产生时间差，通过储存可以克服货物产销在时间上的隔离（如季节生产、全年消费的大米）。第二，价格调整功能。生产和消费之间也会产生价格差，供过于求、供不应求都会对价格产生影响，因此通过仓储可以克服货物在产销量上的不平衡，达到调控价格的效果。第三，衔接商品流通的功能。商品仓储是商品流通的必要条件，为保证商品流通过程连续进行，就必须有仓储活动。通过仓储，可以防范突发事件，保证商品顺利流通。

3）仓储的类型及业务程序

企业可以选择自有仓库仓储、租赁公共仓库或采用合同制仓储，为库存的物料、商品准备仓储空间。

（1）自有仓库仓储。相对于公共仓储而言，企业利用自有仓库进行仓储活动可以更大程度地控制仓储，管理也更具灵活性。

（2）租赁公共仓库仓储。企业通常租赁提供营业性服务的公共仓储进行储存业务。

（3）采用合同制仓储，合同制仓储公司能够提供专业、高效、经济和准确的分销服务。

一个企业是自建仓库还是租赁公共仓库或采用合同制仓储需要考虑以下因素：周转总量、需要的稳定性、市场密度。

仓储的一般业务程序包括：①签订仓储合同；②验收货物；③办理入库手续；④货物保管；⑤货物出库。

1.1.2 仓储的任务

仓储的物资储藏的基本功能决定了仓储的基本任务是存储保管、存期控制、数量管理、质量维护；同时，利用物资在仓库的存放，开发和开展多种服务是提高仓储附加值、促进物资流通、提高社会资源效益的有效手段，这也是仓储的重要任务。

1）储存保管的基本业务

（1）物资存储。物资的存储有可能是长期的存储，也可能只是短时间的周转存储。进行物资存储既是仓储活动的表征，也是仓储的最基本的任务。

（2）流通调控。流通控制的任务就是对物资是仓储还是流通进行安排，确定储存时机、计划存放时间，当然还包括储存地点的选择。

（3）数量管理。仓储的数量管理包括两个方面：一方面，存货人交付保管的仓储物的数量和提取仓储物的数量必须一致；另一方面，保管人可以按照存货人的要求分批收货和分批出货，对储存的货物进行数量控制，配合物流管理的有效实施，同时向存货人提供存货数量的信息服务，以便客户控制存货。

（4）质量管理。为了保证仓储物的质量不发生变化，保管人需要采取先进的技术、合理的保管措施，妥善保管仓储物。

2）储存保管新业务

（1）交易中介。仓储经营人利用大量存放在仓库的有形资产以及与物资使用部门广泛的业务联系开展现货交易中介活动，也有利于加速仓储物的周转和吸引仓储客户。

（2）流通加工。加工本是生产的环节，但是为了严格控制物流成本的需要，生产企业将产品的定型、分装、组装、装潢等工序留到最接近销售的仓储环节进行，使得仓储成为流通加工的重要环节。

（3）配送。仓储配送业务的发展，有利于生产企业降低存货，减少固定资金投入，实现准时制生产；销售终端能够减少存货，降低流动资金使用量，且能保证销售。

（4）配载。货物在仓库集中，按照运输的方向进行分类仓储，当运输工具到达时出库装运。而配送中心就是在不断地对运输车辆进行配载，确保配送的及时进行和运输工具的充分利用。

1.1.3　仓储在物流管理中的地位与作用

仓储的积极作用。仓储是物流的主要功能要素之一，在物流体系中，运输和仓储被称为两大支柱。运输承担着改变物品空间状态的重任；仓储则承担着改变物品时间状态的重任。

仓储是整个物流业务活动的必要环节之一。仓储作为物品在生产过程中各间隔时间内的物流停滞，是保证生产正常进行的必要条件，它使上一步生产活动顺利进行到下一步生产活动。

仓储是保持物资原有使用价值和物资使用合理化的重要手段。生产和消费的供需在时间上的不均衡、不同步造成物资使用价值在数量上减少、质量上降低，只有通过仓储才能减少物资的受损程度，防止产品过剩浪费，使物品在效用最大时发挥作用，充分发挥物品的潜力，实现物品的最大效益。

仓储是加快资金周转、节约流通费用、降低物流成本、提高经济效益的有效途径。有了仓储的保证，就可以免除加班赶工的费用以及紧急采购的成本增加。

仓储的消极作用。仓储是物流系统中一种必要的活动，但也经常存在冲减物流系统效益、恶化物流系统运行的趋势。甚至有人明确提出，仓储中的库存是企业的负担。因为仓储会使企业付出巨大代价，这些代价主要包括固定费用和可变费用支出。仓储要求企业在仓库建设、仓库管理、仓库工作人员工资和福利等方面支出大量的成本费用。

机会损失。储存物资要占用企业资金并且要支付资金利息，如果用于另外项目可能会有更高的收益。

陈旧损失与跌价损失。随着储存时间的增加，存货时刻都在发生陈旧变质，严重的更会完全丧失价值及使用价值。同时，一旦错过有利的销售期，企业必须低价贱卖，不可避免地出现跌价损失。保险费支出是为了分担风险，很多企业对储存物投保支出保险费。保险费支出在仓储物资总值中占了相当大的比例。在信息经济时代，社会保障体系和安全体系日益完善，这个费用支出的比例还会呈上升的趋势。

上述各项费用支出都是降低企业效益的因素，再加上在企业全部运营中，仓储对流动资金的占用达到40%～70%的高比例，有的企业库存在某段时间内甚至占用了全部流动资金，使企业无法正常运转。由此可见，仓储既有积极的一面也有消极的一面。只有考虑到仓储作用的两面性，尽量使仓储合理化才能有利于物流业务活动的顺利开展。这也说明，仓储成本节约的潜力是巨大的，通过仓储的合理化，就可以加速物资的流通和资金周转，从而节省费用支出，降低物流成本，开拓"第三利润源泉"。

不同的企业即使用相同的设备对相同的物资进行存储和保管，只要有一点运作上的差别和管理上的不同都会造成物流效率的大幅变动。在物流业迅猛发展的今天，缩减物流成本已经成为各大企业体现竞争力的重要手段，仓储以不可忽视的作用影响着物流效率和物流成本。由此可见，仓储在物流管理中有举足轻重的作用。

从仓储的性质来看，仓储总是出现在物流各环节的接合部，例如采购与生产之间、生产的初加工与精加工之间、生产与销售之间、批发与零售之间、不同运输方式转换之间等。仓储是物流各环节之间存在不均衡性的表现，仓储也正是解决这种不均衡性的手段。仓储集中了上下游流程整合的所有矛盾，所以物流的整合、优化实际上可以归结为仓储的方案设计与运行控制。仓储的高效是物流活动高效的前提，仓储运作的顺利进行决定了物流活动的顺利进行。

从仓储的经济效益来看，仓储的花费在整个供应链中所占比重较大，如果能采取合理的布局节约货物的占地空间、减少人工的需求量、加快存货周转次数，就能为缩减物流成本这个所有企业追求的目标做出不小的贡献。

综上所述，仓储对提高物流活动、服务质量和降低运行成本有着决定性的作用，仓储在物流活动中占据核心地位。

1.2　仓储管理

1.2.1　仓储管理的概念、任务、内容及原则

1）仓储管理的概念

仓储管理也叫仓库管理，指的是对仓储货物的收发、结存等活动的有效控制，其目的是为企业保证仓储货物的完好无损，确保生产经营活动的正常进行，并在此基础上对各类货物的活动状况进行分类记录，以明确的图表方式表达仓储货物在数量、品质方面的状

况，以及目前所在的地理位置、部门、订单归属和仓储分散程度等情况的综合管理形式。仓储管理是供应链管理中的重要环节，而供应链管理的初衷是消除一切无效率的活动。库存受到时间因素的直接影响，时间的延长必然会增加不确定性。企业都是追求最大化的库存收益，收益管理在供应链管理中的作用就非常突出。

仓储管理是仓储机构为了充分利用所具有的仓储资源提供高效的仓储服务所进行的计划、组织、控制和协调过程。仓储管理是一门经济管理科学，同时也涉及应用技术科学，故属于边缘性学科。仓储管理的内涵是随着其在社会经济领域中的作用不断扩大而变化的。

2）仓储管理的任务

（1）利用市场经济的手段获得最大的仓储资源配置。企业应根据市场供求关系确定仓储的建设、依据竞争优势选择仓储地址、以生产差别商品决定仓储专业化分工和确定仓储功能、以确定的功能决定仓储布局、根据设备利用率决定设备配置。

（2）以高效率为原则组织管理机构。仓储组织机构的设置应以实现仓储经营的最终目标为原则，建立结构简单、分工明确、互相合作和互相促进的管理机构和管理队伍。充分发挥人的作用，实现团体的力量。

（3）以不断满足社会需要为原则开展商务活动。商务活动是仓储对外的经济联系，包括市场定位、市场营销、客户服务、争议处理等。仓储服务是经营性仓储生存和发展的关键工作，是经营收入和仓储资源的充分利用。

（4）以高效率、低成本为原则组织仓储生产。仓储生产包括货物入库、储存、出库作业，仓储物验收、理货交接，在仓储期间的保管照料、质量维护、安全防护等。仓储生产的组织遵循高效、低耗的原则，充分利用机械设备、先进的保管技术、有效的管理手段，实现仓储快进、快出，提高仓储利用率，降低成本，不发生差、损、错事故，保持连续、稳定的生产。

（5）从技术到精神领域提高员工素质。仓储管理的一项重要工作就是不断提高员工的素质，根据企业形象建设的需要加强对员工的约束和激励。在仓储管理中应重视员工的地位，在信赖中约束、在激励中规范，使员工能人尽其才，形成热爱企业、积极向上的精神面貌。

3）仓储管理的内容

产品在仓储中的组合、妥善配载和流通包装、成组等活动就是为了提高装卸效率，充分利用运输工具，从而降低运输成本的支出。合理和准确的仓储活动会减少商品的换装、流动，减少作业次数。采取机械化和自动化的仓储作业有利于降低仓储作业成本。合理的仓储管理，能对商品实施有效的保管和养护，并进行准确的数量控制，从而大大减少仓储的风险。

（1）仓库的选址与建筑。其包括仓库的选址原则、仓库建筑面积的确定、库内运输道路与作业的布置等。

（2）仓库机械作业的选择与配置。其包括如何根据仓库作业特点和所储存货物种类以及其物理、化学特性，选择机械装备以及应配备的数量；如何对这些机械进行管理等。

（3）仓库的业务管理。其包括如何组织货物入库前的验收，如何存放入库货物，如何对在库货物进行保管养护、发放出库等。

（4）仓库的库存管理。其包括如何根据企业生产的需求状况和销售状况，储存合理数量的货物，既不因为储存过少引起生产或销售中断造成损失，又不因为储存过多占用过多的流动资金等。

（5）仓库的组织管理。其包括货源的组织、仓储计划、仓储业务；货物包装、货物养护；仓储成本核算、仓储经济效益分析；仓储货物的保税类型、保税制度和政策、保税货物的海关监管、申请保税仓库的一般程序等。

（6）仓库的信息技术。其包括仓库管理中信息化的应用以及仓储管理信息系统的建立和维护等问题。

此外，仓储业务考核、新技术新方法在仓库管理中的运用、仓库安全与消防等，都是仓储管理所涉及的内容。仓储管理的具体内容为：订货、交货；进货、交货时的检验；仓库内的保管、装卸作业；场所管理；备货作业。

4）仓储管理的原则

（1）效率的原则。效率是指在一定劳动要素投入时的产品产出量。只有较少的劳动要素投入和较大的产品产出量才能实现高效率。仓储的效率表现在仓容利用率、货物周转率、进出库时间、装卸车时间等指标上，表现为"快进、快出、多存储、保管好"。仓储生产管理的核心就是效率管理，以最少的劳动量的投入，获得最大的产品产出。

（2）经济效益的原则。作为参与市场经济活动主体之一的仓储业，也应围绕着获得最大经济效益的目的进行组织和经营。同时，也需要承担部分的社会责任，履行环境保护、满足社会不断增长的需求等社会义务，实现生产经营的社会效益。

（3）服务的原则。仓储活动本身就是向社会提供服务产品。服务是贯穿在仓储中的一条主线，仓储的定位、仓储的具体操作、对储存货物的控制都围绕着服务进行。仓储管理就需要围绕着服务定位，通过改善服务、提高服务质量开展管理，包括直接的服务管理和以服务为原则的生产管理。仓储的服务水平与仓储经营成本有着密切的相关性，仓储服务管理就是要在降低成本和提高服务水平之间保持平衡。

（4）保证质量原则。仓储管理中的一切活动，都必须以保证在库物品的质量为中心。因此，为了完成仓储管理的基本任务，仓储活动的各项作业必须有质量标准，并严格按标准进行作业。

（5）确保安全原则。仓储活动的不安全因素，有的来自库存物品，有的来自装卸搬运作业过程，还有的来自人为破坏。因此，一定要贯彻执行"安全第一，预防为主"的安全生产方针。

1.2.2　仓储管理模式

仓储管理模式是库存保管的方法和措施的总和。选择适当的仓储管理模式，既可以保证企业的资源供应，又可有效地控制仓储成本。

1）按仓储活动的运作分类

自建仓库仓储。自建仓库仓储是指企业自己修建仓库进行仓储。自建仓库仓储可以加强仓储控制能力，提高管理的灵活性，降低仓储长期成本，树立企业良好形象，但是却长期占用企业资金，并且存在位置和结构的局限性。

租赁仓库仓储。租赁仓库仓储就是委托营业型仓库进行仓储管理。租赁仓库仓储可以降低企业的资本投资，灵活地满足企业的额外库存需求，减少管理的难度，实现规模经济，降低仓储成本，提高企业经营活动的柔性，但同时也增加了企业控制库存管理的难度和风险，在租赁仓库中泄露有关商业机密的风险也比自建仓库大得多。

第三方仓储。第三方仓储是指企业将仓储管理等物流活动转包给外部公司，由外部公司为企业提供综合物流服务。它不同于一般的租赁仓库仓储，不仅仅提供存储服务，而且还可以为货主提供一整套物流服务。第三方仓储有利于企业有效利用资源，扩大市场，进行新市场的测试，也有利于企业降低运输成本，但也会产生对物流活动失去直接控制的问题。

总之，自建仓库仓储、租赁仓库仓储和第三方仓储各有优势，企业决策的依据是物流的总成本最低。企业可以根据各个区域市场的具体情况，分别采用不同的仓储管理模式。

2）按库存所有权分类

寄售是指供应商将物品直接存放在用户的仓库中，并拥有库存的所有权，用户只在领用这些物品后才与供应商进行货款的结算。这种仓储管理模式是企业实现"零库存资金占用"的一种有效方式。从供应商方面看，寄售的优点是有利于节省供应商在物品库存方面的仓库建设投资和日常仓储管理方面的投入，大大降低物品的仓储成本；从用户方面来看，寄售有利于保证原材料或存货物品的及时供应而又不占用资金，可以大大节约采购成本。

供应商管理库存是由供应商等上游企业基于其下游客户的生产经营、库存信息，对下游客户的库存进行管理与控制。供应商管理库存通常可以理解为企业的原材料库存由供应商进行管理，当企业需要时运送过来。在这种模式下，选择一个稳定、可靠、高效的供应商是将仓储管理安全转移的必要保证。

案例分析1-1

海尔仓储管理模式的形成

海尔已经是一家在海外拥有62个经销商、30 000多个营销网点，产品批量出口到欧美、中东、东南亚等世界10大经济区域共87个国家和地区的中国特大型企业。国际化的竞争，提高了物流成本，也增加了物流复杂性，使得海尔必须站在供应链管理的观点上去系统管理由大量的不同国家的供应商及经销商所组成的复杂物流供应链。

资料来源：佚名.海尔仓储管理模式的形成[EB/OL].[2015-04-13].http://wenku.baidu.com/link？url=1kwYCGSD4wf_fap3wxUP3_A6TSAtsqOa4hshu— 5ZVL9CWTLYImksmAAgbhGbZ5NaOTwcajD1jdxVdfojdQqNF4njyv6hz0I3PqZsUUGsFPK.

分析：仓储管理模式必须随着环境的变化而变化，不能采用固定的管理模式。

1.2.3 仓储管理工作

仓储管理属于企业管理的一个重要组成部分，是保证企业生产过程顺利进行的必要条件，是提高企业经济效益的重要途径。依据仓储管理在企业管理中所处的地位及所起的作用，应从以下几方面做好仓储管理工作。

（1）建立健全仓储质量保证体系。仓储质量管理就是全面质量管理的理论和方法在仓储技术经济作业活动中的具体运用，是提高企业经济效果的必要途径。全面质量管理倡导将管理的触角深入到各个作业环节，并不厚此薄彼，企业管理者能通过其提供的方法，发现影响仓储管理的薄弱环节，以便采取改进措施，这对降低供应成本、提高企业经济效益具有重要意义。企业管理者在质量保证体系运行过程中，要牢固树立"质量第一"的思想，工作积极主动，以达到供应好、费用低、效益高的要求。

（2）加强对仓储各个基本环节的管理。仓储活动虽服务于生产，但又与生产活动不同，有它独特的劳动对象和方式。在仓储活动过程中，物资验收、入库、出库等一些基本环节，是仓储业务活动的主要内容，这些基本环节工作质量的好坏直接关系到整个仓储工作能否顺利进行，直接影响整个仓储工作质量的好坏。因此，企业管理者应加强各个基本环节的管理，努力做好仓储工作。

（3）物资保管、保养是仓储管理的中心内容。物资在入库验收时进行了严格的检查后，就进入了储存阶段，因此物资入库后必须实行"四号定位"、"五五摆放"，做到标识清楚、合理堆放。企业管理者要做好"三化"、"五防"、"5S"等工作。以上工作都是使物资在储存中不受损失的必要措施，但是物资本身性质、自然条件或人为等因素会造成物资的损耗。物资损耗有的是可以避免的，也有难以完全避免的，一般将难以完全避免的称为自然损耗。这就要求从事储存工作的人员掌握所储存货物的性质及受到各种自然因素影响而发生质量变化的规律，从根本上采取"预防为主，防治结合"的方针，做到早防早治，最大限度地避免和减少货物损失。

案例分析1-2

月山啤酒集团的仓储管理

月山啤酒集团在几年前就借鉴国内外物流公司的先进经验，结合自身的优势，制订了自己的仓储物流改革方案。第一，成立了仓储调度中心，对全国市场区域的仓储活动进行重新规划，对产品的仓储、转库实行统一管理和控制。由提供单一的仓储服务，到对产成品的市场区域分布、流通时间等进行全面调整、平衡和控制，仓储调度成为销售过程中降低成本、增加效益的重要一环。第二，以原运输公司为基础，月山啤酒集团注册成立了具有独立法人资格的物流有限公司，引进现代物流理念和技术，并完全按照市场机制运作。作为提供运输服务的"卖方"，物流公司能够确保按规定要求，以最短的时间、最少的投入和最经济的运送方式，将产品送至目的地。第三，筹建了月山啤酒集团技术中心。月山啤酒集团应用建立在互联网信息传输基础上的ERP系统，筹建了月山啤酒集团技术中心，将物流、信息流、资金流全面统一在计算机网络的智能化管理之下，建立起各分公司与总公司之间的快速信息通道，及时掌握各地最新的市场库存、货物和资金流动情况，为制定市场策略提供准确的依据，并且简化了业务运行程序，提高了销售系统工作效率，增强了企业的应变能力。

资料来源：佚名.月山啤酒集团的仓储管理[EB/OL].[2014-08-30].http://wenku.baidu.com/view/4a36827301f69e3143329431.html? from=search.

分析：月山啤酒集团通过一系列改革获得了很好的直接和间接经济效益。这是因为其运用先进技术建立了现代物流管理体系，处理好了仓储、运输和销售之间的关系。

1.3   仓储业的发展阶段、作用和趋势

1.3.1   仓储业的发展阶段

仓储物流，就是利用自建或租赁库房、场地，储存、保管、装卸搬运、配送货物。传统的仓储定义是从物资储备的角度给出的。现代仓储不是传统意义上的"仓库""仓库管理"，而是在经济全球化与供应链一体化背景下的仓储，是现代物流系统中的仓储。

1）人工和机械化的仓储阶段

这一阶段物资的输送、仓储、管理、控制主要是依靠人工及辅助机械来实现。物料可以通过各种各样的传送带、工业输送车、机械手、吊车、堆垛机和升降机来移动和搬运；用货架托盘存储物料；通过人工操作机械存取设备，用限位开关、螺旋机械制动和机械监视器等控制设备运行。机械化满足了人们对速度、精度、高度、重量、重复存取和搬运等方面的要求，实时性和直观性是其明显优点。

2）自动化仓储阶段

自动化技术对仓储技术的发展起了重要的促进作用。从20世纪50年代末开始，有关企业相继研制和采用了自动导引小车、自动货架、自动存取机器人、自动识别和自动分拣等系统。到了20世纪70年代，旋转体式货架、移动式货架、巷道式堆垛机和其他搬运设备都加入到自动控制行列，但只是各个设备的局部自动化并各自独立应用，其被称为"自动化孤岛"。

随着计算机技术的发展，企业仓库的工作重点转向物资的控制和管理，要求实时、协调和一体化。计算机之间、数据采集点之间、机械设备的控制器之间以及它们与主计算机之间的通信可以及时汇总。仓库计算机能及时记录订货和到货时间，显示库存量，计划人员可以方便地作出供货决策，管理人员能够随时掌握货源及需求。

3）集成化仓储技术阶段

信息技术的应用已成为仓储技术的重要支柱。20世纪70年代末，自动化技术被越来越多地应用到生产和分配领域。"自动化孤岛"需要集成化，于是便形成了"集成化系统"的概念。在集成化系统中，整个系统的有机协作使总体效益和生产的应变能力大大超过各部分独立效益的总和。集成化仓储技术作为计算机集成制造系统中物资存储的中心受到人们的重视，在集成化系统里包括了人、设备和控制系统。

4）智能化仓储阶段

智能化仓储是在自动化仓储的基础上继续研究，实现与其他信息决策系统的集成，朝着智能和模糊控制的方向发展。在这一阶段，人工智能推动了仓储技术的发展。现在智能化仓储技术还处于初级发展阶段，21世纪仓储技术的智能化将具有广阔的应用前景。20世纪70年代初期，我国开始研究采用巷道式堆垛机的立体仓库。1980年，由北京机械工业自动化研究所等单位研制建成的我国第一座自动化立体仓库在北京汽车制造厂投产。从此以后，立体仓库在我国得到了迅速发展。据不完全统计，目前我国已建成的立体仓库有300多座，其中全自动的立体仓库有50多座，高度在12米以上的大型立体仓库迅速增

加，这些自动化仓库主要集中在烟草、医药保健品、食品、通信和信息、家具制造、机械制造等传统优势行业。在此基础上，我国对仓储的研究也向着智能化的方向发展，但是目前我国还处于自动化仓储的推广和应用阶段。

1.3.2　仓储业的作用

1）仓储业是现代物流业不可缺少的重要环节

关于仓储对于物流系统的重要意义还可以从供应链的角度来进一步认识。从供应链的角度来说，物流过程可以看成是由一系列的"供给"和"需求"组成的，当供给和需求节奏不一致，也就是两个过程不能够很好衔接，出现生产的产品不能即时消费或者存在需求却没有产品满足时，就需要建立产品的储备，将不能即时消费的产品储存起来以满足后来的需求。供给和需求之间既存在实物的"流动"又存在实物的"静止"，静止状态是将实物进行储存，实物处于静止是为了更好地衔接供给和需求这两个动态的过程。

2）仓储业能对货物进入下一个环节前的质量起保证作用

在货物仓储环节对产品质量进行检验能够有效防止伪劣产品流入市场，保护消费者权益，也在一定程度上保证了生产厂家的信誉。通过仓储来保证产品质量主要有两个环节：一是在货物入库时进行质量检验，看货物是否符合仓储要求，严禁不合格产品混入库场；二是在货物的储存期间，要尽量使产品不发生物理以及化学变化，尽量减少库存货物的损失。

3）仓储业是保证社会再生产过程顺利进行的必要条件

货物的仓储过程不仅是商品流通过程顺利进行的必要保证，也是社会再生产过程得以进行的保证。

4）仓储业是加快商品流通、节约流通费用的重要手段

虽然货物在仓库中进行储存时处于静止的状态，会带来时间成本和财务成本的增加，但事实上从整体上而言，它不仅不会带来时间和财务成本的增加，相反它能够帮助企业加快流通、节约运营成本。仓储能够有效降低运输和生产成本，从而带来总成本的降低。

5）仓储业能够为货物进入市场做好准备

仓储能够在货物进入市场前完成整理、包装、质检、分拣等程序，这样就可以缩短后续环节的工作时间，加快货物的流通速度。

1.3.3　仓储业发展的现状和趋势

1）仓储业发展的现状

仓储业发展现状。目前，部门仓储管理自成体系的现状没有从根本上改变；仓储技术发展不平衡；自动化仓库与以人工作业为主的原始管理状态并存；仓容大，但管理水平较低。这些原因造成仓储货物周转速度慢、资金周转速度慢。

仓储企业存在的问题。仓储企业平均规模偏小；仓储业经济效益偏低；仓储业资产负债率较高。以上这些问题的存在，使得我国仓储业在物流市场中的竞争力较弱。

最近几年，由于JIT、快速反应及ECR等经营理念的出现和直拨、不间断供货等经营模式的实践，使一些人在匆忙间作出预言：仓储业将消亡。某些不知情的人开始幻想一个没有仓库、批发商和分销中心等机构的世界。然而，在现实世界中，仓储依然联系着供应商与顾客；在实现供应链协同运作的过程中，仓储依然发挥着重要的作用。

2）仓储业发展的主要方向

仓储社会化。其主要是克服大而全、小而全，提高利用率。

仓储规模化。其主要是通过经济办法解决仓储企业的散、乱、差问题。

仓储产业化。其主要是仓储不依附于其他产业，开展流通加工、包装整理等业务，真正形成仓储业信息化，提高管理水平和作业效率。

仓储标准化。其主要是通过标准化实现规范化、高效化。

仓储现代化。其主要是实现人员知识结构、技术装备、管理手段的现代化。

3）仓储业发展的趋势

新形势下仓储业的发展趋势如下：

以顾客为中心。成功的企业愿意和客户保持交流并倾听他们的意见，因为仓库的作业必须通过在适当的时间以适当的方式存储或发送适当的产品，在满足客户需要的基础上实现产品的增值。另外，成功的企业将与供应商和顾客发展真正的合作伙伴关系，进而从共享的信息、互相商定的计划和双赢的协议中受益。运作高效、反应迅速的仓储是实现这一目标的关键。

减少作业、压缩时间。今后，仓储中心在数量上将减少，但在每个中心的商品数量将增加。因此，以后的分销中心一方面规模更大，另一方面日常所要处理的订单也更多。这意味着装运频次的加快和收货、放置、拣货及装运作业的增加。这一趋势将对物料处理系统提出更高的要求，对叉车和传送带等设备产生重大影响。

仓库作业的自动化。为适应仓储业作业的增加，仓储企业需要大大提高自动化程度。比如，需要使用更多的传送带来长距离运送小件物品，同时设定适当数量的重新包装站和装卸作业平台。另外，如果使用更多的自动分拣设备，就能在不建造额外场所的情况下提高整体工作能力。因此，在诸如货物搬运这类增值很少甚至无增值的作业方面，自动化设备将继续替代人力。

订单批量趋小化。目前，订单呈现出批量趋小、频次趋高的趋势。造成这一趋势的原因包括：信息更易获得、技术进步、VMI计划的执行和某些地点批发仓库的取消，尤其是直接面向商店和直接面向客户计划的实施，使得大批量装运的日子一去不复返了。在将来，为任何规模的订单服务对企业来说将不仅仅意味着挑战，更意味着机遇。

不间断供货。这也就是要求产品在供应链系统中同步化顺畅运作，避免巨大的库存。以前的仓储中心，有可能每个月甚至每个季度才发一次货，但现在却是每周一次甚至是每周两次发货，信息的流动需要加速，以和物流保持协调一致。在线或即时信息系统将替换原先的滞后系统。在信息时代，仓储业在数据处理方面将会有巨大的变化和改进。

直拨。其是指物品在物流环节中，不经过中间仓库或者站点，直接从一个运输工具换载到另一个运输工具的物流衔接方式。分销商在将商品存入仓库之前，常常将收到的货物以直拨方式满足被延期交付的订单。将来每个仓库需要处理的订单会更多，这一趋势将使大多数的分销中心希望通过直拨方式来提高效率。这对参与方之间的紧密合作和即时的信息交换有较高的要求。

运作的电子化。仓库管理者将把货物从仓库的进进出出（包括收货、放货、分拣和装运）的作业看成其工作中的最关键部分，但他们在执行这些工作时遇到了一个很大的困难：难以及时获取精确的信息。实施仓库工作的无纸化可以改变这一现状。无纸化仓库意味着所有的物流运动的电子化操作，从而减少甚至消除在产品鉴别、地点确认、数据输入和准确分拣方面可能产生的传统错误。同时，电子控制系统还能避免数据输入的延误、即时更新库存、随时找到所需的货物。

第三方仓储。近年来，一些公司认识到了培育、巩固其核心竞争力的重要性，从而不愿再为库存专门设立存储场所，而是将这部分业务外包，这在一定程度上促进了第三方仓储的发展。将来会有越来越多的中小型企业借助第三方仓储来减少资本的投入，提高服务水平。从长期来看，第三方仓储因为有众多的优点，所以会成为主要的市场主体，但仍然有一些产品和企业并不适于采用第三方仓储。

人力资源。仓库作业的自动化和电子化要求工人必须不断提高他们的技能，尤其是计算机技能。为了提高雇员的素质和工作水平，公司必须雇用和留住最好的雇员，并训练他们掌握基本的机械操作，熟悉所有的仓储作业。然而，仓库管理的成功最后都要依赖于其领导者的素质，企业需要的是一个有鼓舞力的领导，他要能够找到企业的发展方向并知道该如何去做。

⊂ 基本训练 ⟩

□ 知识题

1.1 阅读理解

1）仓储及仓储管理的含义是怎样的？

2）仓储有哪些功能？

3）仓储管理应遵循怎样的原则？

4）仓储业有哪些作用？

5）仓储业的发展经历了哪些阶段？

1.2 知识应用

1）判断题

（1）仓库只能是建筑物。 （ ）

（2）存放在仓库里的物品是没有使用价值的。 （ ）

（3）商品仓储是商品流通的必要条件，为保证商品流通过程连续进行，就必须有仓储活动。 （ ）

（4）仓储是加快商品流通、节约流通费用的重要手段。 （ ）

（5）以顾客为中心是仓储业发展趋势之一。 （ ）

2）选择题

（1）物资的输送、仓储、管理、控制主要是依靠人工及辅助机械来实现是属于（ ）。

A.智能化仓储阶段 B.自动化仓储阶段

C.集成化仓储阶段 D.人工和机械化仓储阶段

（2）仓储管理的原则包括（ ）。

A.效率原则　　　　B.服务原则　　　C.经济效益原则　　D.可行性原则

（3）企业仓储活动的类型包括（　　　）。

A.自建仓库　　　　　　　　　　B.租赁公共仓库

C.使用保税仓库　　　　　　　　D.采用合同制仓储

（4）仓储最基础的功能是（　　　）。

A.储存和保管功能　　　　　　　B.增值功能

C.保值功能　　　　　　　　　　D.社会功能

（5）储存的对象必须是（　　　）。

A.有价值的物品　　　　　　　　B.满足市场需求的物品

C.消费者认为没价值的物品　　　D.实物产品

□　技能题

1.1　要求学生参观1~2家仓储企业，了解仓储企业生产经营状况，写一份参观报告，报告内容包括仓储的经营模式、经营内容、企业性质、仓储类型等情况。

1.2　要求学生查阅物流管理的知名网站，写出3~4个网址，对某一自己感兴趣的网页栏目的话题写一篇1 000字左右关于仓储管理的体会。

━ 综合案例 ━▶

索尼集团全球物流的增减之道

索尼集团的物流理念是：必须从战略高度去审视和经营物流，每时每刻都不能忽视物流。索尼集团全球物流公司通过不断革新物流经营模式，根据全球市场需求而不是索尼工厂的生产计划彻底重振全球物流网络渠道，千方百计紧缩存货，率先在美国物流市场积极推广，大胆开创和增设智能型多功能配送渠道，成绩卓著。索尼集团拥有和经营目前分布于全世界的75家工厂和200多个全球性的销售网络。据国际物流专家估计，仅仅在电子产品方面，迄今索尼集团每年的全球集装箱货运量已经超过16万标准箱，是世界上规模比较大的生产厂商和发货人之一。为了充分发挥跨国经营的杠杆作用，扩大其在国际市场上的竞争能力，目前该集团正在与承运人及其代理展开全球性商谈，以便进一步改善物流供应链，提高索尼集团的经济效益。

索尼集团总公司要求系统内的各家公司必须切实做到：竭尽全力缩短从产品出厂到客户手中的过程和所用的时间，特别是要缩短跨国转运、多式联运和不同类型运输方式之间货物逗留的时间，保证"零逗留时间、零距离、零附加费用、零风险"，物流服务全面到位，大力加强索尼集团和服务供应方之间的合作关系，始终保持电子数字信息交换联系的畅通，最终确保索尼集团物流增收节支。

索尼集团认为，仓储成本过高对于物流十分不利，索尼集团物流在美国年均产生仓储费用就高达2 000万美元，其中还没有包括昂贵的内陆公路和铁路运输费用、集装箱货物被盗窃所产生的货损货差赔偿费用、集装箱货物运输保险费用。减少物流仓储必然会减少物流成本，加快供应链运转速度和确保物流的安全操作。

索尼集团在美国的仓储场所被削减一半以上，供应链存货量也被减少一半，从原有的15天存货改为6天半存货。其中包括把索尼集团设立在美国西海岸原来众多的仓库撤销，通过所谓交叉式站台集散服务面提高快速货递频率，从一个月仅仅送货一次改为一周几次的供应链模式，把仓储业务全部集中到在美国西海岸的洛杉矶港附近卡森专门建立的一座物流中心，该中心内的集装箱装卸设备非常先进，以此为中心，以点带面，用快件速递方式把集装箱货物向美国腹地发运，大约3天，从美国西海岸港口卸下的集装箱货物就可以抵达美国东海岸。

任何事物都是一分为二的，索尼集团把其在美国西海岸几乎全部物流业务集中在洛杉矶附近的卡森物流中心确实是有一定的风险，但是索尼集团认为这些风险在目前经营管理技术条件下是可以克服的，其最大的优势是减少了管理层面，把原来错综复杂的物流业务集中到一个中心，不仅避免了不必要的财力、物力、人力等资源浪费，进一步减少了物流基础设施的投资总额，而且提高了物流的效率和效益。迄今索尼集团在美国的物流配送所发生的成本是世界上最低廉的。

由于实施多国拼箱的方法，索尼集团把半箱货物的集装箱从某个产地发往新加坡或者我国台湾的高雄，在那里把另外一种产品补充装入箱子，变成满箱货物的集装箱，然后继续运输，直至北美或者欧洲某目的港。这种物流方法的最大好处是避免了等候时间，同时也大幅度减少了通关时间。

目前，索尼集团又在世界各地组织"递送牛奶式服务"，进一步改善索尼集团在全球，特别是在亚洲地区的索尼产品运输质量。索尼集团围着供应方转，零部件供应商随时提供索尼工厂所需要的配件。"牛奶递送式服务"是一种日本人特有的快递服务，其高效、快捷、库存量合理，特别受到订货数量不多、对产品规格要求严格客户的欢迎。

新加坡索尼公司在船舶或者航空货机开航前7天准备货物托运手续，由于采用若干出口优先规划，海运已经缩短到4天，空运缩短到1天。索尼集团所采用的零配件采购经营方式是独一无二的，即通过第三方经营人控制和实施索尼集团的供应链管理业务，所有物流费用也是通过第三方经营人收取的。

由外及内的索尼物流经营管理模式在最大限度内提高了物流服务质量，同时大幅度减少了物流资源的浪费。例如，索尼集团在美国各地共拥有9家零配件采购基地，其员工总数不过300人；其在美国各地拥有106家成品配送中心，员工总数仅仅700人，员工队伍人数少，却以少胜多，创造出令人瞩目的物流业绩。

资料来源：佚名.索尼集团全球物流的增减之道[EB/OL].[2010-12-04].http://wenku.baidu.com/view/3433c75c3c1ec5da50e27041.html? from=search.

问题：（1）索尼集团全球物流管理取得了哪些成效？

（2）索尼集团全球物流在仓储管理方面有哪些经验？

➡ 综合实训 ➡

一、实训目的

正确认识仓储管理，掌握现代仓储管理的基本理论及仓储业的发展趋势，提高对物流仓储作用与意义分析的能力，在此基础上进一步掌握物流仓储管理的内容。了解物流仓储合理化目标，理解影响物流仓储合理化的相关因素，掌握物流仓储的主要功能要素，熟悉物流仓储的功能及作用。

二、实训项目安排

实训项目：进驻当地某物流企业，分组顶岗。每个学生了解该企业的发展历程、背景及趋势；掌握其业务流程；熟悉一个部门的一个工种的操作。

三、实训纪律与实训守则

严格服从企业的安排，遵守企业的规章制度，虚心向企业指导老师学习，吃苦耐劳，团结协作。

四、实训要求

撰写顶岗实习报告。

第2章
现代仓库的规划与布局

学习目标

知识目标

◎理解仓库的定义及功能；

◎明确仓库类型；

◎了解仓库选址和仓库结构；

◎掌握现代仓库的规划与货区布局。

技能目标

◎能进行简单的仓库结构设计；

◎能结合所学知识对仓库进行简单布局。

引例　A公司配送中心选址问题

根据经典的零售学理论，一个大卖场的选址需要经过几个方面的测算：第一，商圈里的人口消费能力。需要对这些地区进行进一步细化，计算这片区域内各个小区的详尽的人口规模和特征，计算不同区域内人口的数量和密度、年龄分布、文化水平、职业分布、人均可支配收入等指标。A公司配送中心的做法还会更细致一些，根据这些小区的远近程度和居民可支配的收入，划定重要的销售区域和普通的销售区域。第二，需要研究这片区域内的城市交通和周边的商圈的竞争情况。该公司设在上海的大卖场都非常聪明，例如，上海某店周围的公交线路不多，其就干脆自己租用公交车在一些固定的小区穿行，方便这些较远的小区居民上门一次性购买一周的生活用品。当然未来潜在的销售区域会受到很多竞争对手的挤压，所以A公司也会将未来所有的竞争对手计算进去。该公司的一份资料指出：有60%的顾客在34岁以下；70%是女性；有28%的人步行，有45%的人通过公共汽车而来。所以很明显，大卖场可以依据这些目标顾客的信息来微调自己的商品线。能体现A公司用心的是，在上海的每家店都有小小的不同。在另外一家店，因为周围的高收入群体和外国侨民比较多，其中外国侨民占到了A公司消费群体的40%，所以该店内的外国商品特别多。在该公司分店的某地因为周围的居住小区比较分散，该店就在商场内开了一家电影院和一家麦当劳，增加了自己吸引较远人群的力度。该公司在青岛因为有15%的顾客是韩国人，所以干脆做了许多的韩文招牌。

该案例表明：仓库位置的选择必须综合考虑各种因素：（1）经济环境因素：①经营环境；②商品特性；③物流费用；④服务水平。（2）自然环境因素：①地理因素；②气候因素。（3）基础设施状况：①交通条件；②公共设施状况。本案例中的公司就根据周围居民的经济状况及文化背景，同时也分析了周围潜在竞争对手等因素来选址。对于交通状况的不便利，该公司采用租用公交车方便较远的小区居民上门一次性购买一周的生活用品的方法来克服。仓库地址要根据仓库的不同类型来选定。本案例中的公司属于综合型仓库，由于此类仓库经营的商品种类繁多，又与居民生活关系密切，应该在接近服务对象且具备方便的交通运输条件的地区选址。

2.1　现代仓库规划概述

2.1.1　仓库的功能与分类

1）仓库的定义及功能

仓库是保管、储存物品的建筑物和场所的总称。物流中的仓库功能已经从单纯的物资存储保管，发展到担负物资的接收、分类、计量、包装、分拣、配送、存盘等工作。

仓库在物流作业中发挥着重要的作用。它不仅具有储存、保管等传统功能，而且还具有拣选、配货、检验、分类、信息传递等功能，并具有多品种小批量、多批次小批量等配送功能以及附加标签、重新包装等流通加工功能。一般来讲，仓库具有以下功能：

（1）储存和保管的功能。这是仓库最基本的传统功能，仓库具有一定的空间，用于储存物品，根据物品的特性，仓库内还配有相应的设备，以保持储存物品的完好性，如储存精密仪器的仓库需要防潮、防尘、恒温等，应设置空调、恒温等控制设备。

（2）配送和加工的功能。现代仓库的功能已由保管型向流通型转变，即仓库由原来的储存、保管货物的中心向流通、销售的中心转变。仓库不仅具有仓储、保管货物的设备，而且还增加了分袋、配套、捆装、流通加工、移动等设施。这样，既扩大了仓库的经营范围，提高了物资的综合利用率，又方便了消费者，提高了服务质量。

（3）调节货物运输能力的功能。各种运输工具的运输能力差别较大，船舶的运输能力很大，船运船舶一般都在万吨以上；火车每节车厢能装 10~60 吨，一列火车的运量多达几千吨；汽车的运输能力相对较小，一般在 10 吨以下。它们之间运输能力的差异，也是通过仓库调节和衔接的。

（4）信息传递的功能。信息传递功能总是伴随着以上几个功能而发生的。在处理有关仓库管理的各项事物时，需要及时而准确的仓库信息，如仓库利用水平、进出货频率、地理位置、运输情况、顾客需求状况，以及仓库人员的配置等，这对一个仓库管理能否取得成功至关重要。

2）仓库的种类

（1）按运营形态的不同可分为营业仓库、自备仓库和公用仓库。营业仓库的类型包括：保管杂货的 1 类仓库；保管小麦、肥料的 2 类仓库；保管玻璃、瓷砖的 3 类仓库；保管水泥、缆线的露天仓库；保管危险物品的危险品仓库；温度 10℃ 以下，保管农产品、水产品和冷冻食品的冷藏仓库等。自备仓库是各生产或流通企业，为了本企业物流业务的需要而修建的附属仓库。公用仓库属于公用服务的配套设施，是为社会物流服务的仓库。

（2）按保管类型的不同可分为普通仓库、冷藏仓库、恒温仓库、露天仓库、储藏仓库、危险品仓库、水上仓库和简易仓库。普通仓库是常温下的一般仓库，用于存放一般的物资，对于仓库没有特殊要求。冷藏仓库是具有冷却设备并隔热的仓库（10℃ 以下）。恒温仓库是能够调节温度、湿度的室外仓库（在 10℃~20℃）。露天仓库是露天堆码、保管的室外仓库。储藏仓库是保管散粒谷物、粉体的仓库，以简仓为代表。危险品仓库是保管危险品、高压气体的仓库，以油罐仓库为代表。水上仓库是漂浮在水上的储藏货物的泵船、囤船、浮驳、其他水上建筑或把木材在划定水面保管的室外仓库。简易仓库没有正式建筑，如使用帐篷等简易构造的仓库。

（3）根据功能的不同分为贮藏仓库、流通仓库、专用仓库、保税仓库及其他仓库。贮藏仓库主要对货物进行保管，以解决生产和消费的不均衡问题，如季节性生产的大米储存到下一年销售。流通仓库除具有保管功能外，还能进行流通加工、装配、简单加工、包装、理货以及配送，具有周转快、附加值高、时间性强的特点。专用仓库是保管钢铁、粮食等某些特定货物的仓库。保税仓库是经海关批准，在海关监管下，专供存放未办理关税手续而入境或过境货物的场所。这里的其他仓库包括制品仓库、零件仓库、原材料仓库。

（4）其他分类形式（见表 2-1）

表 2-1　　　　　　　　　　　　　　　　　　　仓库的其他分类

根据建筑形式分类	平房仓库；多层仓库；地下仓库
根据所用建筑材料分类	钢筋混凝土仓库；钢架金属质仓库；木架砂浆质仓库；轻质钢架仓库；其他仓库
根据库内形态分类	一般平地面仓库；货架仓库；自动化立体仓库

不同形状仓库的用途

单层仓库适于贮存金属材料、建筑材料、矿石、机械产品、车辆、油类、化工原料、木材及其制品等。水运码头仓库、铁路运输仓库、航空运输仓库多用单层建筑，以加快装卸速度。多层仓库一般贮存百货、电子器材、食品、橡胶产品、药品、医疗器械、化学制品、文化用品、仪器仪表等。底层应有卸货装货场地，装卸车辆可直接进入。货物的垂直运输一般采用1.5～5吨的运货电梯。应考虑装运货手推车或铲车能开入电梯间内，以加快装卸速度。圆筒形仓库一般贮存散装水泥、干矿碴、粉煤灰、散装粮食、石油、煤气等气体。圆筒形仓库的建筑设计根据贮存物品的种类和进卸料方式确定。库顶、库壁和库底必须防水、防潮。

2.1.2　仓库规模和数量的决策

在仓库的规划设计中，每个仓库都应该根据效率最大化和生产最大化的原则进行布置和设计。而仓库的规模与数量往往是逆向关系，随着仓库数量的增加，仓库的规模将会下降。在实际工作中一般追求的是规模较大的仓库。

1）仓库规模的决策

仓库的规模通常是用仓库面积来衡量的，它忽略了现代仓库的垂直存储能力，因此现在提倡使用较为科学的立体空间（仓库设施可用的空间容积）来衡量。影响仓库规模的主要因素包括：客户服务水平、所服务市场的产品数量、产品大小、所用的物料搬运系统、吞吐率、库存布置、通道要求、仓库中的办公区域、使用的支架和货架类型以及需求的水平和方式等。仓库最小空间一般是根据各期存货所需的最小空间需求确定，同时在考虑其他因素和规模的基础上适当增加容量。

企业在确定仓库的规模时，一般根据其存货速度（用周转率来衡量）以及在最大程度上"直接送货"给客户（通过一个地区性仓库或者批发商的仓库）的特征来计算工厂/批发商的仓库所需的面积，再在每种主要产品的基本储存空间基础上增加通道、站台以及垂直和水平存储提供的场地的面积。通过处理计划销售量、存货周转以及直接运输给客户的流经存货，可精确计算出将来所需的仓库空间。

2）仓库数量的决策

确定仓库的数量一般要考虑四个因素：销售机会损失的成本、存货成本、仓库成本以及运输成本。由于在每个地点都应存有安全库存的所有产品，库存成本将随着设施数目的增加而增加。更多的仓库意味着拥有、租赁或租用更多空间，仓库成本也增加，但仓库达到一定数量后，其增加趋势将会减缓。如果仓库数太多，将会导致进出运输成本的综合增加。另外客户的购买方式、竞争环境以及计算机和其他信息技术的使用也将影响到仓库的数量。

2.2　仓库的选址

2.2.1　仓库选址的原则

仓库选址是指在一个具有若干供应点及需求点的经济区域内，选一个地址建立仓库的规划过程。合理的选址方案应该使商品通过仓库的汇集、中转、分发，达到需求点的全过程的效益最好。因为仓库的建筑物及设备投资太大，所以选址时要慎重，如果选址不当，损失不可弥补。

仓库选址一般遵循如下原则：

适应性原则。仓库的选址要与国家及地区的产业导向、产业发展战略相适应；与国家的资源分布和需求分布相适应；与国民经济及社会发展相适应。

协调性原则。仓库的选址应将国家的物流网络作为一个大系统来考虑，使仓库的设施设备在区域分布、物流作业生产力、技术水平等方面相互协调。

经济性原则。这是指选址的结果要保证建设费用和物流费用最低，如选定在市区、郊区，还是靠近港口或车站等，既要考虑土地费用，又要考虑将来的运输费用。

战略性原则。这就是要有大局观，一是要考虑全局，二是要考虑长远。要有战略眼光，局部利益要服从全局利益，眼前利益要服从长远利益，要用发展的眼光看问题。

可持续发展原则。其主要指在环境保护上，充分考虑长远利益，维护生态环境，促进城乡一体化发展。

2.2.2　仓库选址的影响因素

仓库的选址主要应考虑以下因素：

1）自然环境因素

（1）气象条件。仓库选址过程中，主要考虑的气象条件有温度、风力、降水量、无霜期、冻土深度、年平均蒸发量等指标。如选址时要避开风口，因为在风口建设会加速露天堆放商品的老化。

（2）地质条件。仓库是大量商品的集结地。某些容重很大的建筑材料堆码起来，会对地面造成很大压力。如果仓库地面以下存在淤泥层、松土层等不良地质条件，会导致受压地段的沉陷、翻浆等严重后果，为此，仓库选址要求土壤承载力要高。

（3）水文条件。仓库选址要远离容易泛滥的河川流域和上溢的地下水区域。要认真阅读近年的水文资料，地下水位不能过高，洪泛区、内涝区、故河道、干河滩等区域绝对禁止选择。

（4）地形条件。仓库应选择地势较高、地形平坦之处，且应具有适当的面积与外形。若选在完全平坦的地形上是最理想的；其次可以选择稍有坡度或起伏的地方；对于山区陡坡地区则应该完全避开。在外形上可选择长方形，不宜选择狭长或不规则形状。

2）经营环境因素

（1）经营环境。仓库所在地区的优惠物流产业政策对物流企业的经济效益将产生重要影响，数量充足和素质较高的劳动力也是仓库选址要考虑的因素之一。

（2）商品特性。经营不同类型商品的仓库最好能分别布局在不同地域，如生产型仓库的选址应与产业结构、产品结构、工业布局紧密结合进行考虑。

（3）物流费用。物流费用是仓库选址的重要考虑因素之一。大多数仓库要接近物流服务需求地，例如接近大型工业、商业区，以便缩短运距、降低运费。

（4）服务水平。服务水平是仓库选址的考虑因素。在现代物流过程中，能否实现准时运送是仓库服务水平高低的重要指标，因此，在仓库选址时，应保证客户在任何时候向仓库提出物流需求，都能获得快速满意的服务。

3）基础设施状况

（1）交通条件。仓库必须具备方便的交通运输条件。最好靠近交通枢纽进行布局，如靠近港口、交通主干道枢纽、铁路或机场，有两种以上运输方式相连接。

（2）公共设施状况。仓库的所在地要求城市的道路、通信等公共设施齐备，有充足的供电、水、热、燃气的能力，且场区周围要有污水、固体废物处理能力。

4）其他因素

（1）国土资源利用。仓库的规划应贯彻节约用地、充分利用国土资源的原则。仓库一般占地面积较大，周围还要留有足够的发展空间，因此地价的高低对布局规划有重要影响。此外，仓库的布局要兼顾区域与城市规划用地的其他要素。

（2）环境保护要求。仓库的选址需要考虑保护自然环境与人文环境等因素，尽可能降低对城市生活的干扰。对于大型转运枢纽，应适当设置在远离市中心的地方，使得大城市交通环境状况能够得到改善，城市的生态建设得以维持和改进。

（3）选址要求。由于仓库是火灾重点防护单位，其不宜设在易散发火种的工业设施（如木材加工、冶金企业）附近，也不宜选择建在居民住宅区附近。

2.2.3　仓库选址的步骤和方法

仓库的选址可分为两个步骤进行，第一步为分析阶段，包括需求分析、费用分析和约束条件分析。第二步为筛选及评价阶段，要根据所分析的情况，选定具体地点，并对所选地点进行评价。具体方法如下：

需求分析是根据物流产业的发展战略和产业布局，对某一地区的顾客、潜在顾客和供应商的分布情况进行分析，具体包括以下内容：工厂到仓库的运输量；向顾客配送的货物数量（客户需求）；仓库预计最大容量；运输路线的最大业务量。费用分析主要包括：工厂到仓库之间的运输费、仓库到顾客之间的配送费、与设施和土地有关的费用及人工费等，如所需车辆数、作业人员数、装卸方式、装卸机械费等，运输费随着距离的变化而变动，而设施费用、土地费是固定的，人工费是根据业务量的大小确定的。以上费用必须综合考虑，进行成本分析。约束条件分析是分析仓库地理位置是否合适；是否靠近铁路货运站、港口、公路主干道；是否符合城市或地区的规划；是否符合政府的产业布局，有没有法律制度约束；地价情况。

分析活动结束后，企业得出综合报告，根据分析结果在本地区内初选几个仓库地址，然后在初选几个地址中进行评价后确定一个可行的地址，编写选址报告，报送主管领导审批。其评价方法有以下几种：

（1）量本利分析法。任何选址方案都有一定的固定成本和变动成本，不同的选址方案的成本和收入都会随仓库储量变化而变化。利用量本利分析法，可用画图或计算比较数值进行分析。进行计算比较数值时，要计算各方案的盈亏平衡点的储量及各方案总成本相等时的储量，在同一储量点上选择利润最大的方案。

（2）因素评分法。其是对影响选址的因素进行评分，把每一地址各因素的得分按权重累计，比较各地址的累计得分来判断各地址的优劣。其步骤是：确定有关因素；确定每一因素的权重；为每一因素确定统一的数值范围，并确定每一地点各因素的得分；累计各地点每一因素与权重相乘的和，得到各地点的总评分；选择总评分值最大的方案。

案例分析2-1

某物流中心用因素评分法选址

某物流中心选址时，有备选地址A、B、C，现在需要用因素评分法确定最佳位置。假定对选址决策的影响因素进行分析后，得到5项主要影响因素，见表2-2中第二列。

分析：先要对每一项主要影响因素赋予权重。对影响因素赋予权重的一般经验是：

经营环境因素的权重系数一般是0.3~0.5，这是进行物流中心选址时要考虑的主要因素。

基础设施状况因素的权重系数一般是0.2~0.4，该因素仅次于经营环境，应在物流中心选址评价时占较大的权重。

经济因素的权重系数一般是0.2~0.4。

自然环境因素的权重系数一般是0.1~0.3。在备选地址自然环境条件相差不大的情况下，可将该权重设置得小一些，否则应大一些。

其他因素的权重系数要视具体情况而定，一般为0.1~0.2。

对该物流中心选址的影响因素赋予权重，然后针对每项影响因素，对3个备选地址一一评分（必要时请专家评分），这里取值范围为1~100，即每项最高为100分。评分结果见表2-2。

表2-2　　　　　　　　**某物流中心选址影响因素的权重和评分**

选址影响因素	权重	备选地址		
		A	B	C
经营环境因素	0.3	90	60	80
基础设施状况	0.3	100	80	100
经济因素	0.2	80	90	60
自然环境因素	0.1	80	80	80
其他因素	0.1	70	80	80

各备选地址的最终得分计算如下：

地址A得分计算：$0.3 \times 90 + 0.3 \times 100 + 0.2 \times 80 + 0.1 \times 80 + 0.1 \times 70 = 88$。同理计算地址B得分为76，地址C得分为82。

取得分最高的地址，故最佳选址为A处。

运用因素评分法时应注意：由于权重的设置和方案得分依靠人的主观判断，如果判断有误差就会影响评分数值，以至于影响最后的决策。因此应用此方法时，应尽量减少主观性的误差。

（3）重心法。重心法是一种选择中心位置，从而使成本降低的方法。它把成本看成运输距离和运输数量的线性函数。此种方法利用地图确定各点的位置，并将一个坐标重叠在地图上确定各点的位置。坐标设定后，计算重心。重心法也可称为地理重心法，在为待建设施选址时，它通常只考虑待建设施到现有设施之间的运输费用最少，并且将运输费用简单看成是运输量、运输距离以及运输费率的乘积。

重心法常用于中间仓库位置的选择，例如由一个仓库向多个销售点送货的情况。通过重心法找到的位置，可以使总运费最少。

用重心法进行计算时，首先需要建立一个坐标系，在坐标系中标出各个现有设施的位置。实际运用时，可以利用地图确定各现有设施的位置，并将一个坐标重叠在地图上，确定各现有设施的坐标值。然后，根据其纵横坐标值和运输量、运输费率，利用公式计算出待建设施的位置。

假设待建设施到现有设施之间，货物运输费率是相等的。那么重心法的公式是：

$$x_0 = \frac{\sum x_i w_i}{\sum w_i} \tag{2-1}$$

$$y_0 = \frac{\sum y_i w_i}{\sum w_i} \tag{2-2}$$

式中：

x_0——重心的 x 坐标；

y_0——重心的 y 坐标；

x_i——第 i 个现有设施的 x 坐标；

y_i——第 i 个现有设施的 y 坐标；

w_i——运到第 i 个地点的货物量。

最后，求出的重心的坐标值所对应的地点即为待建设施的地点。

案例分析 2-2

确定仓库的位置

现需要新建一个仓库，给 P_1、P_2、P_3、P_4 四个销售点供应物品，需要用重心法确定仓库的位置。

假设 P_i (x_i, y_i) $(i=1, 2, 3, 4)$ 为第 i 个销售点的位置；w_i $(i=1, 2, 3, 4)$ 为第 i 个销售点的需求量，单位为吨。

各销售点在坐标系中的坐标和需求量见表 2-3。

表 2-3　　　　　　　　　　　**各销售点的坐标和需求量**　　　　　　　　　　单位：吨

x_1	y_1	x_2	y_2	x_3	y_3	x_4	y_4
10	60	60	70	20	20	65	20
$w_1 = 2\ 000$		$w_2 = 1\ 200$		$w_3 = 1\ 800$		$w_4 = 1\ 500$	

分析：首先在坐标图上标出各销售点的位置，同时假设 P_0 (x_0, y_0) 为仓库的位置，如图 2-1 所示。

然后用公式（2-1）和公式（2-2）计算重心 P_0 (x_0, y_0) 的坐标，即为仓库的位置。计算过程如下：

$$x_0 = \frac{10 \times 2\ 000 + 60 \times 1\ 200 + 20 \times 1\ 800 + 65 \times 1\ 500}{2\ 000 + 1\ 200 + 1\ 800 + 1\ 500} = 34.7$$

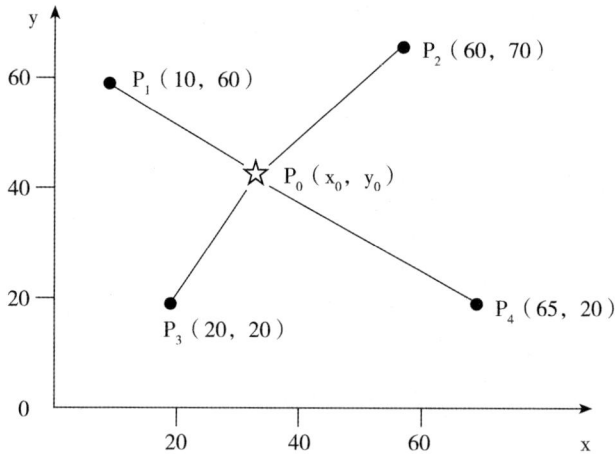

图2-1 各销售点的坐标

$$y_0 = \frac{60 \times 2\,000 + 70 \times 1\,200 + 20 \times 1\,800 + 20 \times 1\,500}{2\,000 + 1\,200 + 1\,800 + 1\,500} = 41.5$$

故仓库的位置为坐标图上（34.7，41.5）点处。

利用重心法计算选址位置时，要注意它存在几点假设条件。它主要的假设有：只考虑了运输成本，忽略了在不同地点建设仓库所需的成本的差异等；它把运输成本看成运输距离、运输量和运输费率的乘积，并且假设由仓库到各销售点货物的运输费率是相等的，而实际上不是这样的；仓库到各销售点之间的路线为直线，而实际运输所采用的路线不可能都是直线；没有考虑未来收入和成本的变化。

需要注意的是，用重心法求得的地址是否适合新建物流设施，还需要综合考虑其他多方面因素来决定。

2.2.4 仓库选址的注意事项

大中城市的仓库应采用集中与分散相结合的方式选址；在中小城镇中，因仓库的数量有限且不宜过于分散，故宜选择独立地段；在河道（江）较多的城镇，商品集散大多利用水运，仓库可选择沿河（江）地段。应当引起注意的是，城镇要防止将那些占地面积较大的综合性仓库放在城镇中心地带，带来交通不便等诸多问题。以下分别简要分析各类仓库在选址时的注意事项。

1）不同类型仓库选址时的注意事项

根据一般分类方法，仓库可分为转运型、储备型、综合型三种。不同类型的仓库选址时应注意以下事项：

（1）转运型仓库。转运型仓库大多经营转载或短期储存的周转类商品，大都使用多式联运方式，因此一般应设置在城市边缘地区的交通便利的地段，以方便转运和减少短途运输。

（2）储备型仓库。储备型仓库主要经营国家或所在地区的中、长期储备物品，一般应设置在城镇边缘或城市郊区的独立地段，且具备直接而方便的水陆运输条件。

（3）综合型仓库。这类仓库经营的商品种类繁多，可根据商品类别和物流量设置在不同的地段。如与居民生活关系密切的生活型仓库，若物流量不大又没有环境污染问题，可设置在接近服务对象的地段，但应具备方便的交通运输条件。

2）经营不同商品的仓库选址时的注意事项

经营不同商品的仓库对选址的要求不同，应分别加以注意，以下分析果蔬食品、冷藏品、建筑材料、燃料及易燃材料等仓库的选址特殊要求。

（1）果蔬食品仓库。果蔬食品仓库应设置在入城干道处，以免运输距离拉得过长，商品损耗过大。

（2）冷藏品仓库。冷藏品仓库往往设置在屠宰场、加工厂、毛皮处理厂等附近。有些冷藏品仓库会产生特殊气味、污水、污物，而且设备及运输噪声较大，可能对所在地环境造成一定影响，故多设置在城郊。

（3）建筑材料仓库。通常，建筑材料仓库的物流量大、占地多，可能产生某些环境污染问题，有严格的防火等安全要求，应设置在城市边缘、对外交通运输干线附近。

（4）燃料及易燃材料仓库。石油、煤炭及其他易燃物品仓库应满足防火要求，选择城郊的独立地段。在气候干燥、风速较大的城镇，还必须选择大风季节的下风位或侧风位，特别是油品仓库选址应远离居民区和其他重要设施，最好设置在城镇外围的地形低洼处。

2.3　仓库的规划与布局

2.3.1　仓库整体规划

仓库规划是根据仓库生产和管理的需要，对整个仓库所有设施进行用途规划，确定生产、辅助生产、行政等场所，仓库、作业、道路、门卫等的分布，并对各类设施和建筑进行区别（如仓库货场编号、道路命名、行政办公区识别等），以使仓库的总体合理布局。现代仓库总平面规划一般可以划分为生产作业区、辅助作业区和行政生活区三大部分。现代仓库为适应商品快速周转的需要，在总体规划布置时应注意适当增大生产作业区的收发货作业区面积和检验区面积。图2-2为仓库总体布局示意图。

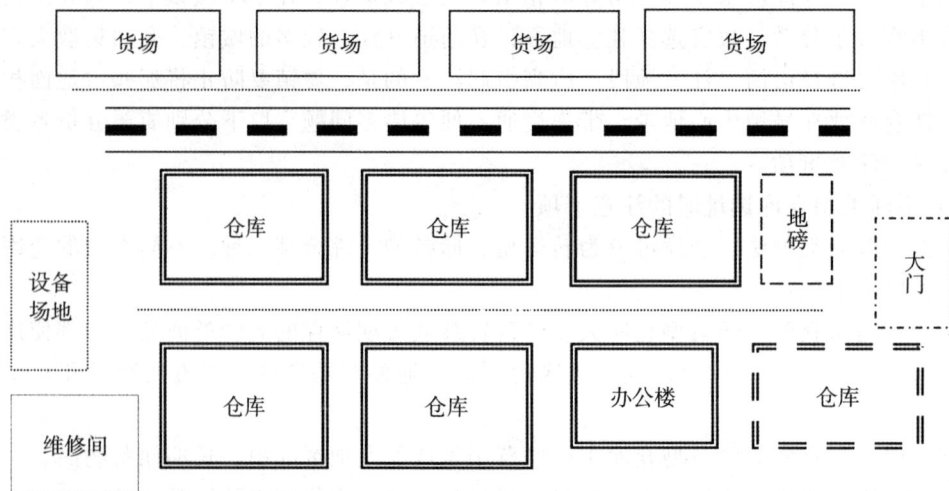

图2-2　仓库总体布局示意图

1）生产作业区

生产作业区是现代仓库的主体部分，是商品仓储的主要场所。其主要包括储货区、道路、铁路专用线、码头、装卸平台等。

储货区是储存保管、收发整理商品的场所，是生产作业区的主体区域。储货区主要由保管区和非保管区两大部分组成。保管区是主要用于储存商品的区域，非保管区主要包括各种装卸设备通道、待检区、收发作业区、集结区等。现代仓库已由传统的储备型仓库转变为以收发作业为主的流通型仓库，其各组成部分的构成比例通常为：合格品储存区面积占总面积的 40%～50%；通道占总面积的 8%～12%；待检区及出入库收发作业区占总面积的 20%～30%；集结区占总面积的 10%～15%；待处理区和不合格品隔离区占总面积的 5%～10%。库区铁路专用线应与国家铁路、码头、原料基地相连接，以便机车直接进入库区进行货运。库内的铁路线最好是贯通式，一般应顺着库长方向铺设，并应使岔线的直线长度达到最大限度，其股数应根据货场和库房宽度及货运量来决定。

现代仓库道路的布局，是根据商品流向的要求，结合地形、面积、各个库房建筑物、货场的位置，决定道路的走向和形式。汽车道主要用于起重搬运机械调动及防火安全，同时也要考虑保证仓库和行政区、生活区之间的畅通。仓库道路分为主干道、次干道、人行道和消防道等。主干道应采用双车道，宽度应在 6～7 米；次干道应为 3～3.5 米的单车道；消防道的宽度不少于 6 米，布局在库区的外围周边。

在内河地区建仓库，应尽量利用水路运输的有利条件。应对河道的水文资料进行调查，以便确定码头的位置、建筑式样，以及吊装设备。码头位置应选在河床平稳、水流平直、水域堤岸较宽、水足够深的地方，以便于船舶安全靠离码头，进行装卸作业。

2）辅助作业区

辅助作业区是为仓储业务提供各项服务的设备维修车间、车库、工具设备库、油库、变电室等。值得注意的是，油库的设置应远离维修车间、宿舍等易出现明火的场所，周围要设置相应的消防设施。

3）行政生活区

它是行政管理机构办公和职工生活的区域，具体包括办公楼、警卫室、化验室、宿舍和食堂等。为便于业务接洽和管理，行政管理机构一般布置在仓库的主要出入口，并与生产作业区用隔墙分开。这样既方便工作人员与作业区的联系，又避免非作业人员对仓库生产作业的影响和干扰。职工宿舍楼一般应与生产作业区保持一定距离，以保证仓库的安全和生活区的安宁。

此外，现代仓库的消防水道，应以环行系统布置于仓库全部区域，在消防系统管道上要装有室内外消火栓。消火栓应沿道路设置，并靠近十字路口，其间隔不超过 100 米，距离墙壁不少于 5 米。根据当地气候条件，消火栓可建成地下式或地上式。

普通仓库一般由货品储存区、验收分发作业区、管理室、生活间及辅助设施组成。仓库的布置规划就是对上述区域的空间面积进行合理安排的同时，重点对仓库的储存区域的空间及技术要求、设备选择及作业通道宽度等进行规划设计。储存货物的空间规划是普通仓库规划的核心，储存空间规划的合理与否直接关系到仓库的作业效率和储存能力。

2.3.2　仓库的结构与布局

1）仓库结构

仓库结构是指仓库的层次性，应根据储存的商品和地价合理确定。一个企业可以根据自己的实际情况来定义仓库结构以适应不同需求。仓库号在有关系统中可以用来表示物理上的仓库复杂性；储存类型用来表示每种储存场所，其由占据空间、技术或组织的因素确定，每种储存类型划分为不同的子区域，每个子区域根据储存技术、组织结构、功能的不同而不同；储位是储存类型中最小的地址单元，用于查出仓库中存货和可以存货的准确位置；存储区一般包括具有相同特点的所有储位，企业也可以定义标准，把一些储位划为一个存储区；储位类型表示储位的型号，被系统用于寻找储位。

2）仓库结构的设计

仓库的结构对实现仓库的功能起着很重要的作用。因此，仓库的结构设计应考虑以下几个方面的问题：

（1）平房建筑和多层建筑。仓库的结构，从出入库作业的合理化方面考虑，应尽可能采用平房建筑，这样储存产品就不必上下移动，因为利用电梯将储存产品从一个楼层搬运到另一个楼层费时费力，而且电梯往往也是产品流转中的一个"瓶颈"，因为有许多材料搬运会竞相利用数量有限的电梯，从而影响库存作业效率。但是在城市内，尤其是在商业中心地区，土地有限或者昂贵，为了充分利用土地，采用多层建筑成为最佳的选择。在采用多层仓库时，要特别重视上下楼的通道设计。

（2）仓库出入口和通道。仓库出入口的位置和数量是由建筑的开建长度、进深长度、库内货物堆码形式、建筑物主体结构、出入库次数、出入库作业流程及仓库职能等因素所决定的。出入库口尺寸的大小是由卡车是否出入库内，所用叉车的种类、尺寸、台数、出入库次数，保管货物尺寸大小所决定的。库内的通道是保证库内作业畅顺的基本条件，通道应延伸至每一个货位，使每一个货位都可以直接进行作业；通道路面应平整和平直，减少转弯和交叉。

（3）立柱间隔。库房内的立柱是出入库作业的障碍，会导致保管效率低下，因而立柱应尽可能减小。但当平房仓库梁的长度超过25米时，建立无柱仓库有困难，则可设中间的梁柱，使仓库成为有柱结构。在开间方向上的壁柱，可以每隔5～10米设一根，由于这个距离仅和门的宽度有关，库内又不显露出柱子，因此和梁间柱相比，设柱比较简单。但是在开间方向上的柱间距必须和隔墙、防火墙的位置、天花板的宽度等相匹配。

（4）天花板的高度。由于实现了仓库作业的机械化、自动化，因此现在对仓库天花板的高度也提出了很高的要求。使用叉车的时候，标准提升高度是3米；使用多端式高门架的时候要达到6米。另外，从托盘装载货物的高度看，包括托盘的厚度在内，密度大且不稳定的货物，通常以1.2米为标准；密度小而稳定的货物，通常以1.6米为标准。以其倍数（层数）来看，一般为4.8米（1.2米/层×4层、1.6米/层×3层），因此，仓库的天花板高度最低应该是5～6米。

（5）地面。地面的构造主要是地面的耐压强度，地面的承载力必需根据承载货物的种类或堆码高度具体确定。通常，一般平房普通仓库地面承载力为2.5～3吨，其次是3～3.5吨；多层仓库层数加高，地面承受负荷能力减少，一层是2.5～3吨，二层是2～2.5吨，三层是2～2.5吨，四层是1.5～2吨，五层是1～1.5吨甚至更小。地面的负荷能力是由保管货物的重量、所使用的装卸机械的总重量、楼板骨架的跨度等决定的。流通仓库的地面承载力必须保证重型叉车作业的足够受力。

3）仓库的平面布局

仓库是物流企业最主要的设施。仓库的平面布置是对仓库的各个组成部分，如库房、辅助建筑物、办公设施、库内道路等，进行全面合理安排和布置。仓库平面布置是否合理将对仓储作业的效率、储存质量、储存成本和仓库盈利目标的实现产生很大影响。

影响仓库平面布置的因素包括：①仓库的专业化程度。仓库储存商品的种类越少，则仓库的专业化程度就越高；相反，仓库储存商品的种类越多、越杂，则仓库的专业化程度就越低。各种商品性质不同，装卸搬运方式和存储方法也会有所区别，对仓库平面布置的要求也就不同。因此，仓库的专业化程度越高、布置越简单，反之越难。图2-3和图2-4显示了两种不同专业化程度的仓库。②仓库规模。仓库的规模越大、功能越多，则需要的设施设备就越多，设施设备之间的配套衔接就成为十分重要的问题，布置就越难，反之则越简单。③环境设施、地质地形条件等。环境设施、地质地形条件越好，仓库平面布置越简单，反之越难。

图2-3 专业化程度较低的仓库

图2-4 专业化程度较高的仓库

仓库平面布置的要求：①仓库平面布置要适应仓储作业过程的要求，有利于仓储作业的顺利进行。第一，仓库平面布置的物品流向，应该是单一的流向（如图2-5所示）。仓库内物品的入库、验收、储存直到出库作业，应该是按一个方向流动的，以减少仓库内的拥塞和混乱。第二，最短的搬运距离，并尽量减少迂回、重复搬运等。第三，最少的装卸环节。尽量减少在库物品的装卸搬运次数，如物品的卸车、验收、入库最好一次完成。第四，最大限度利用空间。物品储存时应合理储存并充分利用仓库容积，如高层货架可充分利用仓库的立体空间。高层货架如图2-6所示。②仓库平面布置要有利于提高仓储经济效益。要因地制宜，充分考虑地形地质条件，利用现有资源和外部协作条件，根据设计规划和库存物品的性质，选择和配置合适的设施设备，以便最大限度发挥其效能。③仓库平面布置要有利于保证安全和职工的健康。仓库建设时应严格执行《建筑设计防火规范》的规定，留有一定的防火间距，并有防火防盗安全设施，作业环境的安全卫生标准要符合国家的有关规定，同时还要考虑防洪、排水标准和措施。

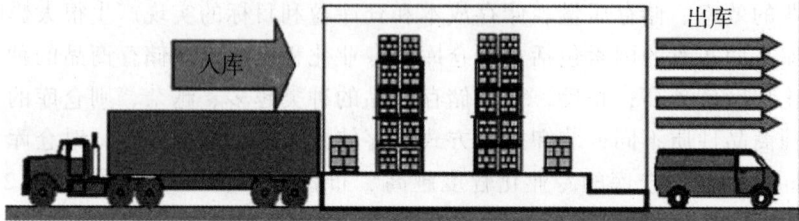

图2-5 物品流向图

图2-6 高层货架

仓库平面布置原则：根据物品特性分区分类储存，将特性相近的物品集中存放；大件物品、周转量大和出入库频繁的物品，宜靠近出入口，以缩短搬运距离，提高出入库效率。易燃的物品，应尽量靠外面布置，以便管理；有吊车的仓库，汽车入库的运输通道最好布置在仓库的横向方向，以减少辅助面积，提高面积利用率；仓库内部主要运输通道的宽度，一般采用双行道；仓库出入口附近，一般应留有收发作业用的面积；仓库内设置管理室及生活间时，应该用墙与库房隔开，其位置应靠近道路一侧的入口处。

仓库货区布局的目的：货区布局的目的一方面是提高仓库平面和空间利用率，另一方面是提高物品保管质量，方便进出库作业，从而降低物品的仓储成本。

货区布置的基本思路：将单位体积大、单位质量大的物品存放在货架底层，并且靠近出库区和通道；将周转率高的物品存放在进出库装卸搬运最便捷的位置；将同一供应商或者同一客户的物品集中存放，以便于进行分拣配货作业。

货区布局的形式：仓库货区布局分为平面布局和空间布局。平面布局是指对货区内的货垛、通道、垛间距、收发货区等进行合理的规划，并正确处理它们的相对位置。平面布局的形式可以概括为垂直式和倾斜式。空间布局是指库存物品在仓库立体空间上布局，其目的在于充分有效地利用仓库空间。空间布局的主要形式有：就地堆码、上货架存放、加上平台、空中悬挂等。使用货架存放物品有很多优点：便于充分利用仓库空间，提高库容利用率，扩大存储能力；物品在货架里互补挤压，有利于保证物品本身和其包装完整无损；货架各层中的物品，可随时自由存取，便于做到先进先出；物品存入货架，可防潮、防尘，某些专用货架还能起到防损伤、防盗、防破坏的作用。

非保管场所布置。仓库库房内货架和货垛所占的面积为保管面积或使用面积，其他为非保管面积。应尽量扩大保管面积，缩小非保管面积。非保管面积包括通道、墙间距、收发货区、仓库人员办公地点等。

案例分析 2-3

某超市配送中心规划

某超市将常温商品配送中心定位为利润中心，商品库存量由供货商自管，缺品罚款，库存周转天数超标将按日加收仓储费。总体而言，其库容量较大，库存周转较慢，库存商品 10 000 多种，年配送商品金额 10 亿多元，费率 2% 左右，年利润 1 000 多万元。其体力工作主要由外地务工人员承担，关键岗位以及管理层均由当地合同工、劳务工担当。逆向物流极少可以忽略。该配送中心有新老两个紧邻的仓库且两大门几乎连为一体，两块地均近似正方形，中间仅一墙之隔。其破墙开门连通两地，以方便人员、商品流动。同一商品两库均设有库存，但配送对象（区域）不同。两库的发货均以批次摘果二次播种（人工播种）为主，使用 1 200 毫米 × 1 000 毫米川字形木托盘。老库占地面积约 3 万平方米，普通水泥地面，与新库不相临三边各有一排低位无台平库（总面积约 2 万平方米）用于存放商品，货架以托盘横梁低位货架为主，整幅场地中间（3 排库房与 1 面围墙之间）的空地上方全部由拱形大棚覆盖。库房门前为收货集货场地，空地中央为播种作业区，平铺若干托盘，每托盘区域旁用带底盘标牌标示发货批次及门店等信息，发货时按播种单围绕托盘人工播种，播种结束后核点总箱数后装运。

新库占地面积约 5 万平方米，库房建筑物占地面积约 25 000 平方米，外置式月台，耐磨角料地坪，办公楼在围墙内为独立建筑，食堂在围墙外。仓库主体建筑为高位高台平库，位于场地中央，周边道路环通。库房 3 面设有月台，其中相临 2 面收货，1 面用于出货，库房为带有月台的 3 面积层，积层下部为集货场地，积层上部设为拆零库、精品库、恒温库，库房 4 角均布低速货梯用于垂直运输，非积层部分布设高位托盘横梁货架，配前移式高位叉车。拆零库、精品库为隔板货架，人工上架；恒温库为托盘横梁低位货架，叉车（电瓶堆高车）上架。收货、上架采用 RFID 技术，使用收货标签，同一商品如允许拆零，则分设整箱和拆零两个拣货位，恒温库区、高位货架库区采用流动拣货位、批次摘果，拆零库区采用固定拣货位、单店摘果。

分析：该超市作业流程比较简单也较常见。其主要问题表现为：设备配置不到位，库房结构布局以及商品布局不尽合理，流程有待改进、系统有待提升，最大的问题是库容有余而吞吐能力严重不足，协调、协同能力不够，出货效率较低，作业瓶颈比较明显。

4）仓库的立体规划

现代仓库的立体规划是指现代仓库在立体空间上的布置，即仓库建筑高度的规划。仓库基建时，应因地制宜地将场地上自然起伏的地形加以适当改造，使之满足库区各建筑物、库房和货场之间的装卸运输要求，并合理组织场地排水。

（1）库房、货场、站台标高布局。库房地坪标高与库区路面标高决定了仓储机械化程度和叉车作业情况。库房地坪与路面之间的高差要适当，最多不超过4%的纵向坡度，以利于提高机械作业的效率。货场与铁路专用线标高的关系：货场一般沿铁路线布置，多数跨铁路专用线两侧。在标高上，应确保铁路专用线的正常运营。装卸站台一般有汽车站台和火车站台之分，其高度和宽度与铁路线和汽车路线标高关系密切，通常因商品批量大小、搬运方式和运输工具而异，一般分为高站台和低站台两种。处理多品种、少批量的商品，一般采用高站台，即站台高度与汽车货台高度一样。站台平面与出入库作业区连成一体，进出库的商品可以方便地装入车内。一般汽车站台高出路面0.9~1.2米，宽度不少于2米；铁路站台高出轨面1.1米，宽度不少于3米。处理少品种、大批量的商品，一般采用低站台，即站台面和地平面等高，有利于铲斗车、吊车等机械进行装卸作业。此外，还有一种可升降站台，可根据需要调节高度和坡度。

（2）合理利用地坪建筑承载能力。仓库地坪单位面积建筑承载能力因地面、垫层和地基的结构而不同。例如，在坚硬的地基上采用300毫米厚的片石，地面用200毫米厚的混凝土，其建筑承载能力为5~7t/㎡。应充分利用地坪的承载能力，采用各种货架存货，以充分利用空间，同时使用各种装卸机械设备配合作业，加速库存商品的周转。

5）仓库作业区的布置

（1）布置时应该主要考虑的问题。仓库作业区布置要求以主要库房和货场为中心对各个作业区域加以合理布置。特别是在有铁路专用线的情况下，专用线的位置和走向制约着整个库区的布局。如何合理安排各个区域，力求最短的作业路线，减少库内运输距离和道路占用面积，以降低作业费用和提高面积利用率是仓储作业区布置的主要任务。布置时应该主要考虑以下几个方面：

商品吞吐量。在仓储作业区内，各个库房、货场储存的商品品种和数量不同，并且不同商品的周转快慢也不同，这些都直接影响库房、货场的吞吐作业量以及出入库作业量。在进行作业区布置时应根据各个库房和货场的吞吐量确定它们在作业区内的位置。对于吞吐量较大的库房和货场，应使它们尽可能靠近铁路专用线或库内运输干线，以减少搬运和运输距离。但也要避免将这类库房过分集中，造成交通运输相互干扰和组织作业方面的困难。

机械设备的使用特点。根据储存商品的特点和装卸搬运要求，矿物货场要适当配备各种作业设备，例如输送带、叉车、桥式起重机以及汽车等。为了充分发挥不同设备的使用特点，提高作业效率，在布置库房、货场时就需要考虑所配置的设备情况。每种设备各有其不同的使用要求和合理的作业半径，因此，必须从合理使用设备出发，确定库房、货场在作业区内以及与铁路专用线的相对位置。

库内道路。库内道路的配置与仓库主要建筑设施的布置是相互联系、相互影响的。在进行库房、货场和其他作业场地布置的同时就应该结合对库内运输路线的分析，制订不同方案。通过调整作业场地和道路的配置，尽可能减少运输作业的混杂、交叉和迂回。另外，在布置时还应根据具体要求合理确定干、支线的配置，适当确定道路的宽度，最大限度地减少道路的占地面积，即使不增加仓库面积也可以相应扩大储存面积。

仓库业务以及作业流程。仓库业务可以归纳为两种形式：一种形式是整进、整出，商品基本按原包装入库和出库，其业务过程比较简单；另一种形式是整进零出、零进整出，商品整批入库，拆零付货或零星入库，成批出库，其业务过程比较复杂。除了接收、保管、发运外，还需要拆包、挑选、编配和再包装等项业务。为了以最小的人力、物力耗费和在最短的时间完成各项作业，就必须按照各个作业环节之间的内在联系对作业场地进行合理布置，使作业环节之间密切衔接，环环相扣。

（2）仓库作业区布置的基本任务。减少运动的距离，力求最短的作业路线。从整个仓库的业务过程来看，始终贯穿着商品、设备和人员的移动，合理布置作业场地可以减少设备和人员在各个设施之间的运动距离，节省作业费用。

有效地利用时间。不合理的布置必然造成人员设备的无效作业，增加额外的工作量，从而延长作业时间。合理布置的主要目的之一就是避免各种时间上的浪费。合理布置可以避免因阻塞等原因造成的作业中断，并且由于方便作业，减少各个环节上人员和设备的闲置时间。这些都有利于缩短作业时间，提高作业效率。

充分利用仓库面积。通过对不同布置方案的比较和选择，减少仓库面积的浪费。

6）库房内部布置

库房内部布置的主要目的是提高库房内作业的灵活性和有效利用库房内部的空间。库房内部布置应在保证商品储存需要的前提下，充分考虑到库内作业的合理组织，协调储存和作业的不同需要，合理利用库房空间。

商品保管和出入库作业是在库房内进行的两种基本作业形式。按照库房作业的主要内容，库房可以分为储备型和流通型两大类。这两类库房由于主要作业内容不同，对于库房的布置要求也就不同。

（1）储备型库房的布置。

储备型库房是以商品保管为主的库房。在储备型库房中储存的商品一般周转较为缓慢，并且以整进整出为主。例如，在采购供应仓库、战略储备仓库和储运公司以储运业务为主的库房中，商品的储存时间较长，两次出入库作业之间的间隔时间也较长。对于储备型仓库来说，由于主要矛盾是增加商品储存量，因此，库房布置的重点就应该是在尽可能压缩非储存面积的基础上，增加储存面积。

在储备型库房内，除需要划出一定的商品检验区、商品集结区以及在储存区内留有必要的作业通道之外，库房的主要面积应用于储存商品。检验区是为了满足对入库商品进行验收作业的需要，集结区是为了满足对商品出库时进行备货作业的需要，根据库房内货位的布置以及商品出入库的作业路线，在储存区内还需要规划出必要的作业通道。

储备型库房的布置特点是突出强调提高储存面积占库房总面积的比例。为此，就必须严格核定各种非储存区域的占用面积。库房内非储存面积一般包括商品出入库作业场地、作业通道、墙距和垛距。在核定作业场地，即检验区和集结区时，要考虑库房平时出入库的商品数量。一般来说，库房出入库作业量增大，这些区域也应该相应地扩大，以保证及时、有效地组织商品出入库作业。如果库房一次收发货量较少，可利用主通道作为收发货场地时就不需要另外开辟场地。核定作业通道所需面积时，一方面，应该注意在合理安排出入库作业路线的基础上，适当减少作业通道的数量和长度；另一方面，应合理确定作业通道的宽度，确定作业通道的宽度时主要应考虑使用机械设备的类型、尺寸、灵活性以及操作人员的熟练程度等。

（2）流通型库房的布置。

流通型库房是以商品收发为主的库房，例如批发和零售仓库、中转仓库和储运公司以组织商品运输业务为主的库房等。在这类库房中，储存商品一般周转较快，频繁地进行出入库作业。对于流通型库房来说，为了适应库房内大量商品经常性的收发作业的需要，在进行库房布置时必须充分考虑提高作业效率的要求。

与储备型库房相比较，流通型库房的布置有不同的特点，主要区别是缩小了储存区，增加了拣货以及出库准备区。在流通型库房里，备货往往是一项复杂且工作量大的作业。拣货以及出库准备区的作用就是为了方便商品出库作业。在这个区域内，各种商品按一定次序分别安排在各个货位上。进行备货作业时，作业人员或机械在货位间的通道内巡回穿行，将需要的商品不断拣出，送往集结区发运。

在流通型库房中，商品经过验收后首先进入储存区。在储存区内，按一定要求进行密集堆码。随着商品出库，拣货区的商品不断减少，然后从储存区向拣出货位上进行补充。通过设置一个拣货及出库准备区就能较好地协调工作。商品在储存区集中保管，然后经拣货以及出库准备区出库，以提高作业效率和灵活性。

确定拣货以及出库准备区面积的大小主要应考虑商品出库作业的复杂程度和作业量的大小。作业越复杂、作业量越大，作业区域也应该越大，以避免作业过程中作业场地过于拥挤、相互干扰，降低作业效率。

对于流通型库房来说，库房布置不是以提高面积利用率为主，而要综合考虑各种需要。实际上，库房储存的商品周转越快，储存面积相对也越小。这是促使库房向空间扩展，以争取储存空间的主要原因之一。

⊨ **基本训练** ⇒

□ 知识题

2.1 阅读理解

1）说明仓库的含义。

2）仓库有哪些类型？

3）仓库选址要考虑哪些因素？

4）仓库布局要考虑哪些因素？如何布局？

5）仓库作业区布置的基本任务是什么？

2.2 知识应用

1）判断题

（1）储存和保管功能是仓库的基本功能。　　　　　　　　　　　　　　（　　）

（2）仓库只能是平房建筑。　　　　　　　　　　　　　　　　　　　　（　　）

（3）重心法是一种选择仓库中心位置，从而使成本降低的方法。　　　　（　　）

（4）仓库没有调节货物运输能力的功能。　　　　　　　　　　　　　　（　　）

（5）低作业费用和提高面积利用率是仓储作业区布局的主要任务。　　　（　　）

2）选择题

（1）由货架、巷道式堆垛起重机、入（出）库工作台、自动运进（出）及操作控制系统组成的仓库是（　　）。

　　A.自动化立体仓库　　　　　　　　　　B.保税仓库

　　C.普通仓库　　　　　　　　　　　　　D.危险品仓库

（2）影响仓库平面布局的因素是（　　）。

A.仓库的专业化程度　　　　　　　　B.仓库规模

C.环境设施、地质地形条件等　　　　D.仓库的数量

（3）影响仓库平面布置的主要因素是（　　）。

A.仓库的专业化程度　　　　　　　　B.仓库规模

C.职工素质　　　　　　　　　　　　D.环境设施、地质地形条件

（4）现代仓库的主体部分是（　　）。

A.生产作业区　　　B.辅助作业区　　　C.行政办公区　　　D.生活区

（5）往往选择在屠宰场、加工厂、毛皮处理厂等附近的是（　　）。

A.冷藏品仓库　　　　　　　　　　　B.果蔬食品仓库

C.燃料及易燃材料仓库　　　　　　　D.建筑材料仓库

□ 技能题

2.1　要求学生参观1~2家仓储企业，了解仓库如何选址，仓库是如何布局和规划的，写一份参观报告。

2.2　20世纪70年代，北京某汽车制造厂建造了一座高层货架仓库（即自动化仓库）作为中间仓库，存放装配汽车所需的各种零配件。此厂所需的零配件大多数是由其协作单位生产，然后运至自动化仓库。该厂是我国第一批发展自动化仓库的企业之一。该仓库结构分高库和整理室两部分。高库是采用固定式高层货架与巷道堆垛机结构，从整理室到高库之间设有输送机。当入库的货物包装规格不符合托盘或标准货箱时，还需要对货物的包装进行重新整理，这项工作就是在整理室进行。由于当时各种物品的包装没有标准化，因此，整理工作的工作量相当大。货物的出入库是运用电脑控制与人工操作相结合的人机系统。这套设备在当时来讲是相当先进的。该仓库建在该厂的东南角，距离装配车间较远，因此，在仓库与装配车间之间需要进行二次运输，即将所需的零配件先出库，装车运输到装配车间，然后才能进行组装。自动化仓库建成后，这个先进设施在企业的生产经营中所起的作用并不理想。因此其利用率也逐年下降，最后不得不拆除。帮助该企业分析自动化仓库为什么在该企业没有发挥其应有作用的原因？我们从中可以得到哪些启示？

2.3　某物流公司现在需要新建一个仓库，给P_1、P_2、P_3、P_4客户供应物品，各客户在坐标轴上的位置坐标值和商品需求量见表2-4。假设由仓库到客户的货物运输费率是相等的。请用重心法确定新建仓库的位置。

表2-4　　　　　　　　　　　　　　位置坐标值和商品需求量　　　　　　　　　　　　　单位：部

P_1 (10, 30)	P_2 (20, 70)	P_3 (60, 10)	P_4 (80, 50)
w_1=2 000	w_2=1 000	w_3=3 000	w_4=1 500

➡ 综合案例 ➡

案例1：家乐福配送中心的选址策略

"每次家乐福进入一个新的地方，都只派1个人来开拓市场。进我国台湾家乐福只派了1个人；到中国大陆也只派了1个人。"家乐福的企划行销部总监罗定中用这句令人吃惊不已的话介绍家乐福。他解释说，这个人就是这个地区的总经理，他所做的第一件事就

是招一位本地人做他的助理。然后，这位空投到市场上的光杆总经理和他唯一的员工做的第一件事，就是开始市场调查。他们会仔细去调查当时其他商店里有哪些本地的商品要出售，哪些产品的流通量大，然后再去与各类供应商谈判，决定哪些商品会在将来家乐福店里出现。一个庞大无比的采购链，完完全全从零开始搭建。

这种进入市场的方式粗看难以理解，但却是家乐福在世界各地开店的标准操作手法。这样做背后的逻辑是：一个国家的生活形态与另一个国家生活形态经常是大大不同的。在法国超市到处可见的奶酪，在中国很难找到供应商；在我国台湾十分热销的槟榔，可能在上海一个都卖不掉。所以，国外家乐福成熟、有效的供应链，对于以食品为主的本地家乐福来说其实意义不大。最简单、有效的方法，就是了解当地，从当地组织采购本地人熟悉的产品。

1995年进入中国市场后，家乐福在短时间内便在相距甚远的北京、上海和深圳开设了大卖场，这些卖场各自独立地发展出自己的供应商网络。根据家乐福自己的统计，从中国本地购买的商品占了商场所有商品的95%以上，仅2000年采购金额就达15亿美元。

家乐福这个"空降兵"的落点注定是十字路口，因为Carrefour的法文意思就是十字路口，而家乐福的选址也不折不扣地体现这个标准——所有的店都开在了路口，巨大的招牌500米开外就可以看得一清二楚。而一个投资几千万元的生意，当然不会是拍脑袋想出的店址，其背后精密和复杂的计算，常令行业外的人士大吃一惊。

当然未来潜在销售区域会受到很多竞争对手的挤压，所以家乐福也会将未来所有的竞争对手计算进去。传统的商圈分析中，需要计算所有竞争对手的销售情况，产品线组成和单位面积销售额等情况，然后将这些估计的数字从总的区域潜力中减去，未来的销售潜力就产生了。但是这样做并没有考虑到不同对手的竞争实力，所以有些商店在开业前索性把其他商店的短处摸个透彻，以打分的方法发现它们的不足之处，比如环境是否清洁、哪类产品的价格比较高、生鲜产品的新鲜程度如何等，然后依据这种精确的调研结果进行具有杀伤力的打击。

商品的高流通性才是大卖场真正的法宝。相对而言，大卖场的净利率非常低，一般来说只有2%~4%，但是大卖场获利不是靠毛利高而是靠周转快。而大批量采购只是所有商场的商品高速流转的集中体现而已。而体现高流转率的具体支撑手段，就是实行品类管理，优化商品结构。沃尔玛与宝洁的一次合作，品类管理的效果是销售额上升32.5%，库存下降46%，周转速度提高11%。而家乐福也完全有同样的管理哲学。据罗定中介绍，家乐福选择商品的第一项要求是要有高流特性。比如，如果一个商品上了货架却卖得不好，家乐福就会把它30厘米的货架展示缩小到20厘米。如果销售数字还是上不去，陈列空间再缩小10厘米。如果没有任何起色，那么宝贵的货架就会让出来给其他的商品。家乐福这些方面的管理工作全部由电子计算机来完成，由POS机实时收集上来的数据进行统一的汇总和分析，对每一个产品的实际销售情况、单位销售量和毛利率进行严密的监控。这样做，使得家乐福的商品结构得到充分的优化，完全面向顾客的需求，减少了很多资金的搁置和占用。

涉及具体营运的管理，罗定中特意用"retails detail"这句简洁无比的英语来解释。以生鲜食品为例，流转的每一个过程点都要加一个控制点，从农田里采摘上来，放在车上，放在冷藏仓库里，放到商场货柜上，第一批顾客采购了以后，还要进一步整理。所有的这一切，都需要对一些细节进行特别的关注。家乐福在这方面发展了一套非常复杂的程序和规则。例如，对于食品进油锅的时候油温是多少度，切开后肉类保鲜的温度是多少度，多长时间必须要进行一次货架清理，商品的贴标签和商品新鲜度的管理，都有详详细细的规定，以确保自己"新鲜和质量"的卖点不会走样变形。为了使制度能够被不折不扣地执行，员工的培训也完全是从顾客的角度出发的，让员工把自己当成消费者来进行采购，结果当他们看到乱成一团的蔬菜，自己也不愿意买，其终于对管理制度有了深刻的理解。截至2003年，家乐福已经在中国的15个城市建立了27个商场。沃尔玛经典的"以速度抢占市场"的哲学，被家乐福抢了先。

资料来源：佚名.家乐福配送中心的选址策略[EB/OL].[2015-03-31].http://wenku.baidu.com/link? url= YfG3GBHEHqMTcKb- jkxdM2HoUwG7AeXxcf5pg9FpXDg7gGxK4Mepj72mjgxeLqLTIncNhS3pe00RjbAoU3OWzPv4WFVqYDi9Bi4x_5c7vOC.

问题：家乐福选址的策略主要体现在哪几个方面？

案例2：安达物流公司设施与设备管理的改进

安达物流公司位于我国中部地区，是一家由传统的物资储运公司发展起来的物流公司，公司成立于20世纪80年代，主要以仓库库位出租为核心业务，此外还提供运输、装车、卸车、对货品进行贴标、换包装、简单加工（如分包、重新组合包装、简单装配等）等流通加工服务。

该公司目前有员工约40名，包括5名管理人员，10名左右的叉车工人和搬运工人，另外还有客户服务人员、仓库管理员、运输司机、勤杂人员（含门卫和设备检修人员）等20多人。

公司仓库占地3 000多平方米，仓库内部储存区有立体货架区、托盘货架区、地面堆垛区。仓库内部主要布局如图2-7所示。

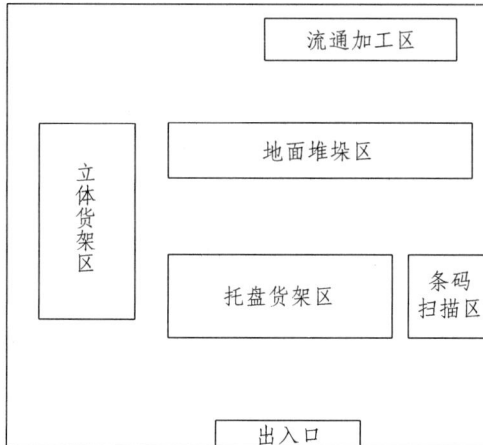

图2-7 仓库内部布局图

该仓库作业流程如图2-8所示。

该仓库以托盘为主要储存和搬运单元，立体货架区用1台巷道式堆垛机存取物品，用叉车和地牛进行进出库搬运和库内搬运，少量采用手工搬运。车辆停靠的月台有10多个车位，适合于中小型厢式货车的快速装卸作业。公司自有运输车辆5辆。

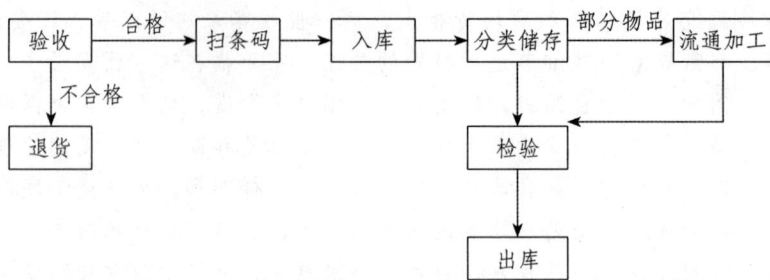

图2-8 作业流程图

公司的固定资产超过8 000万元，而每年的利润却不到500万元，仓库收入低，员工工资低，导致仓库区工作人员士气不佳，服务意识、服务品质也有待提高。

随着我国现代物流的快速发展，公司也希望向现代物流企业转变，希望大幅度扩大业务量，并提供更多增值服务，增加公司盈利，改善公司管理现状，提高士气。

在仓库设施与设备管理方面，该公司主要存在以下几个方面的问题：

（1）由于进出库的搬运设备的现代化程度低，只有几个半旧的叉车和地牛，部分作业仍处于人工作业的原始状态，工作效率低、花费时间长，且易损坏物品，是扩大业务量的"瓶颈"。

（2）设备管理方面，在计划经济体制下形成的就设备管设备的陈旧观念和消防式、跟着故障跑的被动检修方式，导致设备（包括货运车辆、叉车、堆垛机等）故障率高，技术状况下降，设备维修费大幅上升，严重制约了公司生存发展。仓库的立体货架区自购置安装后，一直都未充分利用；员工对设备使用技能不熟练，设备故障率高，导致储位空置率高。

资料来源：作者根据相关资料整理。

问题：面对上述主要问题，该公司应该怎样改进呢？

综合实训

一、实训目的

通过实训使学生运用所学知识，去思考和评价某些现有的物流设施的选址、内部布局是否合理，并熟悉物流设备的管理方法。

二、实训项目安排

（1）先了解某仓库的基本背景资料，包括主要经营的商品类型、规模、选址地点、历史情况等，为实地参观做准备。

（2）熟悉其平面布局，尽可能画出平面布局图，然后画出收货、验收、入库储存、拣选配货、送货和单据处理等作业流程。思考在该作业流程下，其平面布局是否合理。

（3）整个实训过程，要求学生认真细致地思考，能提出自己的看法。

三、背景资料

捷迅物流配送中心专门为某网上商城提供仓储、配送服务。顾客在网上订购商品后，由捷迅物流配送中心负责湖北及周边省市的配送。

该配送中心建立之初，有3处地址可供选择，各地址的选址因素比较表见表2-5，试用因素评分法选择最佳地址。

表 2-5 各地址的选址因素比较表 金额单位：万元

地址	地价	运输费用	能源费用	交通条件	劳动力条件	公共设施状况	周边状况
A	5 000	150	180	一般	很好	很好	一般
B	3 000	200	210	很好	较好	很好	较好
C	1 000	180	250	较好	一般	一般	很好
权重	0.2	0.15	0.15	0.2	0.1	0.1	0.1

第3章
现代仓储设备与设施

学习目标

知识目标

◎明确仓库设备设施管理；

◎掌握自动化立体仓库的含义、构成和功能；

◎了解油库和保税仓库；

◎掌握仓库设备类型及其用途。

技能目标

◎能使用简单的仓库设备；

◎能结合所学知识对仓库设施进行管理。

引例 各种仓储货架方式的比较与分析

某仓库长和宽是48米×27米，该仓库托盘单元货物尺寸为1 000毫米（宽）×1 200毫米（长）×1 300毫米（高），重量为1吨。仓库若采用窄通道（VNA）系统，可堆垛6层，仓库有效高度可达10米，而其他货架方式只能堆垛4层，有效高度为7米。下面比较几种不同的系统方案的货仓容量、叉车类型和最佳性价比。

窄通道系统。货物可先进先出，取货方便，适用于仓库屋架下弦较高的情况，如10米左右。因采用高架叉车，采购价为58万元，地面需要加装侧向导轨。叉车通道宽为1 760毫米，总存货量为2 088个货位，货架总造价为41.76万元，仓库总造价为129.6万元，工程总投资为229.36万元，系统平均造价为1 098元／货位。

驶入式货架系统。货物先进后出，且单独取货困难，但存货密度高，适用于面积小、高度适中、货品单一、成批量进出货的仓库。系统采用平衡重式电动叉车，采购价为22.5万元，叉车直角堆垛通道宽度为3 200毫米，总存货量为1 812个货位，货架总造价为43.5万元。仓库建筑总造价为123.12万元，工程总投资为189.12万元，系统平均造价为1 044元／货位。

选取式货架系统。货物可先进先出，取货方便。该系统对货物无特殊要求，适用于各种类型货物，但属于传统型仓库系统，货仓容量较小。系统采用电动前移式叉车，采购价为26万元，叉车直角堆垛通道宽度为2 800毫米，总存货量为1 244个货位，货架总造价为16.2万元，仓库建筑总造价为123.12万元，工程总投资为165.32万元，系统平均造价为1 329元／货位。

双深式货架系统。货物可先进后出，取货难度适中。该系统货仓容量较大，可与通廊式货架媲美，对货物和货仓无特殊要求，适应面广。系统采用站驾式堆高车和伸缩叉，采购价为25万元，叉车直角堆垛通道宽度为2 800毫米，总存货量为1 716个货位，货架总造价为24万元，仓库建筑总造价为123.12万元，工程总投资为172.12万元，系统平均造价为1 003元／货位。

该案例表明：除了投资成本的不同，不同的货架仓储方式有各自的特点。综合来看，每种仓库系统各有特色，企业要按照各自的行业特点来选择最适合的、性价比最好的系统。当然，每个系统并不是独立的，可以结合起来同时使用，可根据不同的物流方式、进出速度、货物品种、进出量来选择。

3.1 自动化立体仓库

3.1.1 自动化立体仓库的概念及分类

1）自动化立体仓库的概念

自动化立体仓库又称自动化高架仓库和自动存储系统。它是一种基于高层货架、采用电子计算机进行控制管理、采用自动化存取输送设备自动进行存取作业的仓储系统。自动化立体仓库是实现高效率物流和大容量储藏的关键系统，在现代化生产和商品流通中具有举足轻重的作用。

自动化立体仓库的产生和发展是第二次世界大战之后生产和技术发展的结果。20世纪50年代初，美国出现了采用桥式堆垛起重机的立体仓库；50年代末60年代初出现了司机操作的巷道式堆垛起重机立体仓库；1963年美国率先在高架仓库中采用计算机控制技术，建立了第一座计算机控制的立体仓库。此后，自动化立体仓库在美国和欧洲得到迅速发展，并形成了专门的学科。60年代中期，日本开始兴建立体仓库，并且发展速度越来越快，成为当今世界上拥有自动化立体仓库最多的国家之一。我国开始对立体仓库及其物料搬运设备的研制并不晚，1963年研制成第一台桥式堆垛起重机（机械部北京起重运输机械研究所），1973年开始研制我国第一座由计算机控制的自动化立体仓库（高15米，机械部起重所负责），该仓库1980年投入运行。到目前为止，我国自动化立体仓库数量已超过200座。自动化立体仓库由于具有很高的空间利用率、很强的出入库能力、采用计算机进行控制管理有利于企业实施现代化管理等特点，已成为企业物流和生产管理不可缺少的仓储技术，越来越受到企业的重视。

　　自动化立体仓库是当前技术水平较高的形式。自动化立体仓库的主体由货架、巷道式堆垛起重机、入（出）库工作台和自动运进（出）及操作控制系统组成。货架是钢结构或钢筋混凝土结构的建筑物或结构体，货架内是标准尺寸的货位空间，巷道堆垛起重机穿行于货架之间的巷道中，完成存取货的工作。其在管理上采用计算机及条形码技术。自动化立体仓库一般由高层货架、起重运输设备、土建公用设施以及控制和管理设施等部分组成。图3-1是两种自动化立体仓库。

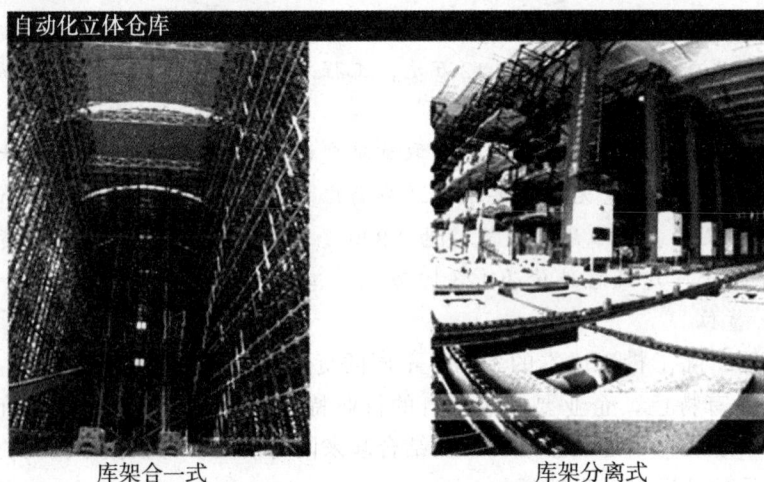

库架合一式　　　　　　　　　　库架分离式

图3-1　两种自动化立体仓库

案例分析3-1

某立体仓库简介

　　某立体仓库库房面积5 400平方米，高约11米，为钢结构大跨度的独立库房。与传统平面仓库相比，该立体仓库对大型货物的存储能力提高了1.6倍，小件物品的存储能力提升10倍，整体作业周期缩短。该立体仓库与传统平面仓库各方面比较如下：占收货总量35%左右的厂家自带托盘，货物的接收上架速度由原先的70分钟/整车，提升到45分/整车，效率提升近40%；整车散装货物的接收上架时间也从100分钟缩短至80分钟，基本维持了原有的水平，但效率提高了（以市内配送为例，从交货单生成到货物发运驶离库房，原有时间为52分钟，目前在日订单量同期比增加20%、扫描单数增加60%、每月扫描量从 2000 年的零扫描增长为 20 000 多条扫描需求，并且还呈不断上升的趋势的情况下，出货速度与以往基本持平）。另外，该仓库由于利用了 RF 手持终端设备实现了 PN 条形码扫描/粘贴等无纸化操作，物流作业的错误率大大降低。在存储量保持不变的前提下，每月因折旧、租金的微提升增加费用为 7 万元，但随着存储量的提升将每月节省租金约 12 万元。根据介绍，该立体仓库自接到网上订单后平均备货、出货过程在 15 分钟内，并在两小时内通过"神州特快"送达客户手中。

分析：该立体仓库和普通平面仓库在结构布局方面有很大的差异，带来的结果是高效率和低成本。

2）自动化立体仓库的分类

自动化立体仓库是一个复杂的综合自动化系统，作为一种特定的仓库形式一般有以下几种分类方式：

（1）按建筑形式可以分为整体式和分离式仓库

整体式仓库是指其货架除了储存货物以外，还可以作为建筑物的支撑结构，就像是建筑物的一个部分，即库房与货架形成一体化结构；分离式仓库是指其储存货物的货架独立存在，建在建筑物内部，在现有的建筑物内可改造为自动化仓库，也可以将货架拆除，使建筑物用于其他目的。

（2）按货物存取形式可以分为单元货架式、移动货架式和拣选货架式仓库

单元货架式仓库的货物先放在托盘或集装箱内，再装入仓库货架的货位中。移动货架式仓库的货架由电动货架组成，货架可以在轨道上行走，由控制装置控制货架的合拢和分离。其作业时货架分开，在巷道中可进行作业；不作业时可将货架合拢，只留一条作业巷道，从而节省仓库面积，提高空间的利用率。拣选货架式仓库的分拣机构是这种仓库的核心组成部分。它有巷道内分拣和巷道外分拣两种方式，每种分拣方式又分为人工分拣和自动分拣。

（3）按货架构造形式可分为单元货位式、贯通式、水平循环式和垂直旋转式仓库

单元货位式仓库是使用最广、适用性较强的一种仓库形式。其特点是货架沿仓库的宽度方向分成若干排，每两排货架为一组，其间有一条巷道供堆垛起重机或其他起重机作业。每排货架沿仓库纵长方向分为数列，沿垂直方向又分若干层，从而形成大量货位，用以储存货物。在大多数情况下，每个货位存放一个货物单元（一个托盘或一个货箱）。在某些情况下，例如货物单元比较小或者采用钢筋混凝土的货架，则一个货位内往往存放 2~3 个货物单元，以便充分利用货位空间，减少货架投资。在单元货位式仓库中，巷道占去了 1/3 左右的面积。为了提高仓库利用率，在某些情况下可以取消位于各排货架之间的巷道，将个体货架合并在一起，使同一层、同一列的货物互相贯通，形成能依次存放多个货物单元的通道。在通道一端，由一台入库起重机将货物单元装入通道，而在另一端由出库起重机取货。

（4）按作用可以分为生产性和流通性仓库

生产性仓库是指工厂内部为了协调工序和工序间进行有节奏的生产而建立的仓库。流通性仓库是一种服务性仓库，它是企业为了调节生产平衡而建立的仓库。这种仓库进出货物比较频繁，吞吐量较大。

（5）按自动化仓库与生产连接的紧密程度可分为独立型仓库、半紧密型仓库、紧密型仓库

独立型仓库也称为"离续"仓库，它是指从操作流程及经济性等方面来说都相对独立的自动化仓库。这种仓库一般规模都比较大，存储量较大，仓库系统具有自己的计算机管理、监控、调度和控制系统。独立型仓库又可分为存储型和中转型仓库。配送中心也属于这一类的仓库。半紧密型仓库是指它的操作流程、仓库的管理、货物的出入和经济性与其他厂（部门或上级单位）有一定关系，但又未与其他生产系统直接相连。济南第一机床厂中央立体库和第二汽车制造厂配套立体库是比较典型的例子。紧密型仓库也称为"在线"仓库，它是那些与工厂内其他部门或生产系统直接相连的立体仓库，两者间的关系比较紧密。仪征化纤股份公司涤纶长丝立体仓库、天水长城开关厂板材立体库（在柔性生产线计算机的统一指挥下直接送板材、半成品物料及其信息）是其中的例子。当然，自动化仓库还可以有其他分类方式，以上所述只是比较普适的几种。

（6）按环境分类

一般自动化立体仓库是在温度为0～40℃、湿度为45%环境下存储货物。低温自动化立体仓库是在温度为0℃以下的环境中存储货物。高温自动化立体仓库是在温度为40℃以上的环境中存储货物。防爆自动化立体仓库是在有防爆要求的环境中存储货物。其他特殊环境用的自动化立体仓库是在防毒、防污染和防辐射等环境下使用的自动化立体仓库。

（7）按布局分类

按导轨布置分类为：直线形、U形和转盘型。按入库站和出库站的平面布置分类为：单侧入库方式、中间入库方式。

3）自动化立体仓库的优越性

自动化立体仓库的优越性是多方面的，对于企业来说，可从以下几个方面得到体现：

（1）提高空间利用率。早期立体仓库的构想，其基本出发点就是提高空间利用率，充分节约有限且宝贵的土地。在西方有些发达国家，提高空间利用率的观点已有更广泛深刻的含义，节约土地已与节约能源、环境保护等更多的方面联系起来。有些甚至把空间的利用率作为系统合理性和先进性考核的重要指标来对待。立体仓库的空间利用率与其规划紧密相联。一般来说，自动化高架仓库的空间利用率为普通仓库的2～5倍，这是相当可观的。

（2）便于形成先进的物流系统，提高企业生产管理水平。传统仓库只是货物储存的场所，保存货物是其唯一的功能，是一种"静态储存"。自动化立体仓库采用先进的自动化物料搬运设备，不仅能使货物在仓库内按需要自动存取，而且可以与仓库以外的生产环节进行有机连接，并通过计算机管理系统和自动化物料搬运设备使仓库成为企业生产物流中的一个重要环节。企业外购件和自制生产件进入自动化仓库储存是整个生产的一个环节，短时储存是为了在指定的时间自动输出到下一道工序进行生产，从而形成一个自动化的物流系统，这是一种"动态储存"，也是当今自动化仓库发展的一个明显的技术趋势。

以上所述的物流系统又是整个企业生产管理大系统（订货、必要的设计和规划、计划编制和生产安排、制造、装配、试验、发运等）的一个子系统，建立物流系统与企业大系统间的实时连接，是目前自动化高架仓库发展的另一个明显的技术趋势。

（3）加快货物的存取节奏，减轻劳动强度，提高生产效率。建立以自动化立体仓库为中心的物流系统，其优越性还表现在自动化高架仓库具有快速入（出）库能力，能快速妥

善地将货物存入高架仓库中（入库），也能快速及时并自动地将生产所需零部件和原材料送达生产线。这一特点是普通仓库所不具备的。同时，自动化立体仓库的实现是减轻工人劳动强度的最典型的例子。这种劳动强度的减轻是综合的，具体包括：存取货作业机械化、管理信息化、出入库操作简化、人员及工作精简化。

（4）减少库存资金积压。一些大型企业由于历史原因造成管理手段落后，物资管理零散，使生产管理和生产环节的紧密联系难以到位，为了到达预期的生产能力和满足生产要求，就必须准备充足的原材料和零部件。这样库存积压就成为一个较大的问题。如何降低库存资金积压和充分满足生产需要，已成为大型企业不得不面对的一个大问题。自动化立体仓库系统是解决这一问题的最有效的手段之一。以自动化立体仓库为中心的工厂物流系统，解决了生产各环节的流通问题和供求矛盾，使原材料的供给、零部件的生产数量和生产所需的数量达到一个最佳值。计算机网络系统的建立使原材料和零部件外购件的采购更及时、更能满足实际需求。计算机管理系统的建立加强了宏观调控功能，使生产中各环节的生产量更能满足实际需求。通过建立成品库和半成品库，企业解决了市场供需的暂时的不一致，充分发挥了企业的生产潜力。

（5）现代化企业的标志。现代化企业采用的是集约化大规模生产模式。这就要求生产过程中各环节紧密相联，成为一个有机整体，要求生产管理科学实用，做到决策科学化，建立自动化高架仓库系统是其有力的措施之一。此外，自动化立体仓库有利于提升企业形象，具有巨大的社会经济效益。如联想电脑公司的自动化物流系统自建成后，接待了国内外团体 1 000 多次，其中包括许多国家元首、企业界的代表等，这对提升企业形象产生了巨大的作用。

知识链接3-1

自动化立体仓库的特点

自动化立体仓库具有很多优点，总体来说，它具有如下一些特点：采用高层货架、库存量大、占地面积小；采用巷道式堆垛起重设备，操作可采用计算机程序控制，自动装卸货物，省人省力，工作效率高；货架存取和仓库管理的全部活动都由计算机控制实现全过程自动化；自动化立体仓库应用范围很广，几乎遍布所有行业。在我国，自动化高架仓库应用的行业主要有机械、冶金、化工、航空航天、电子、医药、食品加工、烟草、印刷、配送中心、机场、港口等。

知识链接3-2

自动化立体仓库的主要设备

自动化立体仓库是一个有机的仓储系统，由各种各样的仓储设备组成，一般来说它由以下主要设备组成：高层货架——用于存储货物的钢结构。目前主要有焊接式货架和组合式货架两种基本形式。托盘（货箱）——用于承载货物的器具，亦称工位器具。巷道堆垛机——用于自动存取货物的设备。其按结构形式分为单立柱和双立柱两种基本形式；按服务方式分为直道、弯道和转移车三种基本形式。输送机系统——立体库的主要外围设备，负责将货物运送到堆垛机或从堆垛机将货物移走。输送机种类非常多，常见的有辊道输送机、链条输送机、升降台、分配车、提升机、皮带机等。AGV系统——自动导向小车。根据其导向方式分为感应式导向小车和激光导向小车。自动控制系统——驱动自动化立体仓库系统各设备的自动控制系统。目前以采用现场总线方式为主。库存信息管理系统——亦称中央计算机管理系统，是全自动化立体仓库系统的核心。目前典型的自动化立体仓库系统均采用大型的数据库系统（如ORACLE，SYBASE等）构筑典型的客户机/服务器体系，可以与其他系统（如ERP系统等）联网或集成。对于立体仓库构成而言，还应包括土建、消防、通风、照明等多方面的内容，共同构成完整的系统。

3.1.2　自动化仓库的系统构成

自动化立体仓库是机械和电气、强电控制和弱电控制相结合的产品。它主要由货物储存系统、货物存取和传送系统、控制和管理三大系统组成，还有与之配套的供电系统、空调系统、消防报警系统、称重计量系统、信息通信系统等。

1）货物储存系统

本系统由立体货架的货位（托盘或货箱）组成。立体货架机械结构可分为分离式、整体式和柜式三种，其高度分为高层货架（12米以上）、中层货架（5～12米）、低层货架（5米以下）。按货架形式分为单元货架、重力货架、活动货架和拣选货架等。货架按照排、列、层组合而成立体仓库储存系统。

2）货物存取和传送系统

本系统承担货物存取、出入仓库的功能，它由有轨或无轨堆垛机、出入库输送机、装卸机械等组成。堆垛机又称搬运机，其结构形式多种多样，通常可分为单柱、双柱结构；有轨、无轨结构；有人操作、无人操作；人控、机控、遥控等方式；行走动力有电力、电瓶、内燃动力等；其运行方式有直线运动和回转运动；出入库输送机可根据货物的特点采用带输送机、机动辊道、链传动输送机等，主要将货物输送到堆垛机上下料位置和货物出入库位置。装卸机械承担货物出入库、装车或卸车的工作，一般由行车、起重机、叉车等装卸机械组成。

3）控制和管理系统

该系统一般采用计算机控制和管理，视自动化立体仓库的不同情况，采取不同的控制方式。有的仓库只采取对存取堆垛机、出入库输送机进行单台控制，机与机无联系；有的仓库对各单台机械进行联网控制。更高级的自动化立体仓库的控制系统采用集中控制、分离式控制和分布式控制，即由管理计算机、中央控制计算机和堆垛机、出入库输送机等直接控制的可编程序控制机械组成控制系统。管理计算机是自动化立体仓库的管理中心，承担入库管理、出库管理、盘库管理、查询、打印及显示、仓库经济技术指标计算分析管理功能，它包括在线管理和离线管理。中央控制计算机是自动化立体仓库的控制中心，它沟通并协调管理计算机、堆垛机、出入库输送机等的联系；控制和监视整个自动化立体仓库的运行，并根据管理计算机或自动键盘的命令组织流程，监视现场设备运行情况和现场设备状态、监视货物流向及收发货显示，与管理计算机、堆垛机和现场设备通信联系，还具有对设备进行故障检测及查询显示等功能。直接控制是操作的单机自动控制器，它直接应用于堆垛机和出入库输送的控制系统，实现堆垛机从入库取货送到指定的货位，从指定的货位取出货物放置到出库取货台的功能。

3.1.3 自动分拣系统

自动分拣机是将混在一起而去向不同的物品，按设定要求自动进行分发配送的设备，它主要由输送装置、分拣机构、控制装置等组成。当分拣物到达分拣口时，通过推拉机构、拨块、倾倒、输送等方式，使分拣物滑动或传输到分拣口，可实现多品种、小批量、多批次、短周期的物品分拣和配送作业。自动分拣机的种类很多，但较为先进的主要有三种：滑靴式分拣机、翻盘/翻板式分拣机、交叉带式分拣机。

自动分拣系统是第二次世界大战后在美国、日本的物流中心中广泛采用的一种自动分拣系统，该系统目前已经成为发达国家大中型物流中心不可缺少的一部分。该系统的作业过程可以简单描述如下：物流中心每天接收成百上千家供应商或货主通过各种运输工具送来的成千上万种商品，在最短的时间内将这些商品卸下并按商品品种、货主、储位或发送地点进行快速准确的分类，将这些商品运送到指定地点（如指定的货架、加工区域、出货站台等），同时，当供应商或货主通知物流中心按配送指示发货时，自动分拣系统在最短的时间内从庞大的高层货架存储系统中准确找到要出库的商品所在位置，并按所需数量出库，将从不同储位上取出的不同数量的商品按配送地点的不同运送到不同的理货区域或配送站台集中，以便装车配送。

自动分拣系统的主要特点如下：

其能连续、大批量地分拣货物。由于采用生产中使用的流水线自动作业方式，自动分拣系统不受气候、时间、人的体力等的限制，可以连续运行，同时由于自动分拣系统单位时间分拣件数多，因此自动分拣系统可以连续运行100个小时以上，每小时可分拣7 000件包装商品，如用人工则每小时只能分拣150件左右，同时分拣人员也不能在这种劳动强度下连续工作8小时。

分拣误差率极低。自动分拣系统的分拣误差率大小主要取决于所输入分拣信息的准确性大小，这又取决于分拣信息的输入机制，如果采用人工键盘或语音识别方式输入，则误差率在3%以上；如采用条形码扫描输入，除非条形码的印刷本身有差错，否则不会出错。因此，目前自动分拣系统主要采用条形码技术来识别货物。

分拣作业基本实现无人化。国外建立自动分拣系统的目的之一就是减少人员的使用，减轻员工的劳动强度，提高人员的使用效率，因此自动分拣系统能最大限度地减少人员的使用，基本做到无人化。如美国一家公司配送中心面积为10万平方米左右，每天可分拣近40万件商品，仅使用400名左右员工，自动分拣线实现了无人化作业。

自动分拣系统一般由控制装置、分类装置、输送装置及分拣道口组成。控制装置的作用是识别、接收和处理分拣信号，根据分拣信号的要求指示分类装置、按商品品种、按商品送达地点或按货主的类别对商品进行自动分类。这些分拣需求可以通过不同方式，如可通过条形码扫描、色码扫描、键盘输入、重量检测、语音识别、高度检测及形状识别等方式，输入到分拣控制系统中去，对这些分拣信号进行判断，决定某一种商品该进入哪一个分拣道口。分类装置的作用是根据控制装置发出的分拣指示，在具有相同分拣信号的商品经过该装置时，该装置启动，改变其在输送装置上的运行方向进入其他输送机或分拣道口。分类装置的种类很多，一般有推出式、浮出式、倾斜式和分支式几种，不同的装置对分拣货物的包装材料、包装重量、包装物底面的平滑程度等有不完全相同的要求。

输送装置的主要组成部分是传送带或输送机，其主要作用是使待分拣商品鱼贯通过控制装置、分类装置和输送装置的两侧，一般要经过若干分拣道口，使分好类的商品滑下主输送机（或主传送带）以便进行后续作业。分拣道口是已分拣商品脱离主输送机（或主传送带）进入集货区域的通道，一般由钢带、皮带、滚筒等组成滑道，使商品从主输送装置滑向集货站台，在那里由工作人员将该道口的所有商品集中后入库储存或组配装车进行配送作业。

以上各部分装置通过计算机网络联结在一起，配合人工控制及相应的人工处理环节构成一个完整的自动分拣系统。

案例分析 3-2

自动化仓库的困惑

某汽车制造厂建造了一座高层货架仓库（即自动化仓库）作为中间仓库，存放装配汽车所需的各种零配件。此厂所需的零配件大多数是由其协作单位生产，然后运至自动化仓库。

该仓库结构分高库和整理室两部分，高库是采用固定式高层货架与巷道堆垛机结构，从整理室到高库之间设有辊式输送机。当入库的货物包装规格不符合托盘或标准货箱时，还需要对货物的包装进行重新整理，这项工作就在整理室进行。由于当时各种物品的包装没有标准化，因此，整理工作的工作量相当大。

货物的出入库是电脑控制与人工操作相结合的人机系统。这套设备在当时来讲是相当先进的。该库建在该厂的东南角，距离装配车间较远，因此，在仓库与装配车间之间需要进行二次运输，即将所需的零配件先出库，装车运输到装配车间，然后才能进行组装。

自动化仓库建成后，这个先进设施在企业的生产经营中所起的作用并不理想。因此其利用率也在逐年下降，最后不得不拆除。

分析：该厂自动化仓库的建造没有根据当时的实际情况进行，所以最后不得不拆除。

3.2　保税仓库

3.2.1　保税仓库的概念及类型

1）保税仓库的概念

保税仓库指经海关批准，在海关监管下所设立的专门存放未办理关税手续而入境或过境货物的仓库。保税期一般最长为两年，在这期间可以将货物存放在保税仓库中。保税仓库只适用于存放来料加工、进料加工复出口产品的料件和成品以及经海关批准缓办纳税手续进境的货物等。一般贸易进口货物不允许存入保税仓库。在保税期间，经营者可以寻找最有利的销售时机，一旦实现销售，再办理关税等通关手续。若两年之内未能销售完毕，则可再运往其他国家，保税仓库所在国不收取关税。保税仓库是保税制度中应用最广泛的一种形式，如龙口港公用型保税油库和保税堆场、江门市日新日盈公用型保税仓库。

随着国际贸易的不断发展及外贸方式的多样化，世界各国进出口货运量增长很快，如进口原料、配件进行加工、装配后复出口，补偿贸易、转口贸易、期货贸易等灵活贸易方式的货物，进口时要征收关税，复出口时再申请退税，手续过于繁琐，也不利于发展对外贸易。如何既方便进出口，把外贸搞活，又使未完税货物仍在海关有效的监督管理之下呢？实行保税仓库制度就可以解决这个问题。

2）保税仓库的类型

保税货物是指经海关批准未办理纳税手续进境，在国内储存、加工、装配后复出境的货物，这类货物如在规定的期限内复运出境，经海关批准核销；如果转为内销，进入国内市场，则必须事先提供进口许可证和有关证件，正式向海关办理进口手续并缴纳关税，货物才能出库。

保税仓库按照使用对象不同分为公用型保税仓库、自用型保税仓库。公用型保税仓库由主营仓储业务的中国境内独立企业法人经营，专门向社会提供保税仓储服务。自用型保税仓库由特定的中国境内独立企业法人经营，仅存储供本企业自用的保税货物。保税仓库中专门用来存储具有特定用途或特殊种类商品的称为专用型保税仓库。专用型保税仓库包括液体危险品保税仓库、备料保税仓库、寄售维修保税仓库和其他专用型保税仓库。液体危险品保税仓库，是指符合国家关于危险化学品仓储规定的，专门提供石油、成品油或者其他散装液体危险化学品保税仓储服务的保税仓库。备料保税仓库，是指加工贸易企业存储为加工复出口产品所进口的原材料、设备及其零部件的保税仓库，所存保税货物仅限于供应本企业。寄售维修保税仓库，是指专门存储为维修外国产品所进口寄售零配件的保税仓库。

3.2.2　保税仓库可存放的货物的范围

保税仓库作为一种受到严格监管的特殊仓库，其能够存储的货物也是受到严格限定的。以下货物可以存放到保税仓库：

（1）加工贸易进口货物；

（2）转口货物；

（3）供应国际航行船舶和航空器的油料、物料和维修用零部件；

（4）供维修外国产品所进口寄售的零配件；

（5）外商暂存货物；

（6）未办结海关手续的一般贸易货物；

（7）经海关批准的其他未办结海关手续的货物。

满足以下条件的货物不得存入保税仓库：

（1）国家禁止进境货物；

（2）未经批准的影响公共安全、公共卫生或健康、公共道德或秩序的国家限制进境货物；

（3）其他不得存入保税仓库的货物。

3.2.3　申请设立保税仓库的企业应具备的条件

不是所有企业都能够申请建立保税仓库，经营保税仓库的企业，应当具备下列条件：

（1）经工商行政管理部门注册登记，具有企业法人资格；

（2）注册资本最低限额为300万元人民币；

（3）具备向海关缴纳税款的能力；

（4）具有专门存储保税货物的营业场所；

（5）经营特殊许可商品存储的，应当持有规定的特殊许可证件；

（6）经营备料保税仓库的加工贸易企业，年出口额最低为1 000万美元；

（7）法律、行政法规、海关规章规定的其他条件。

要设立为保税仓库应当具备下列条件：

（1）符合海关对保税仓库布局的要求；

（2）具备符合海关监管要求的安全隔离设施、监管设施和办理业务必需的其他设施；

（3）具备符合海关监管要求的保税仓库计算机管理系统并与海关联网；

（4）具备符合海关监管要求的保税仓库管理制度、符合会计法要求的会计制度；

（5）符合国家土地管理、规划、交通、消防、安全、质检、环保等方面法律、行政法规及有关规定；

（6）公用保税仓库面积最低为2 000平方米；

（7）液体危险品保税仓库容积最低为5 000立方米；

（8）寄售维修保税仓库面积最低为2 000平方米；

（9）法律、行政法规、海关规章规定的其他条件。

知识链接3-3

海关对保税仓库的监管

保税仓库与一般仓库最不同的特点是：保税仓库及所有的货物受海关的监督管理，不经海关批准，货物不得入库和出库。保税仓库的经营者既要向货主负责，又要向海关负责。海关监管有哪些要求呢？我国现行海关法令规定如下：（一）保税仓库对所存放的货物，应有专人负责，要求于每月的前五天内将上月所存货物的收、付、存等情况列表报送当地海关核查。（二）保税仓库中不得对所存货物进行加工，如需改变包装、加刷唛码，必须在海关监管下进行。（三）海关认为必要时，可以会同保税仓库的经理人，双方共同加锁，即实行联锁制度。海关可以随时派人进入仓库检查货物的储存情况和有关账册，必要时要派人驻库监管。（四）保税货物在保税仓库所在地海关入境时，货主或其代理人（如货主委托保税仓库办理的即由保税仓库经理人）填写进口货物报关单一式三份，加盖"保税仓库货物"印章，并注明此货物系存入保税仓库，向海关申报，经海关查验放行后，一份由海关留存，两份随货带交保税仓库。保税仓库经理人应于货物入库后即在上述报关单上签收，其中一份留存保税仓库，作为入库的主要凭证，一份交回海关存查。（五）货主在保税仓库所在地以外的其他口岸进口货物，应按海关对转口运输货物的规定办理转口手续。货物运抵后再按上述规定办理入库手续。（六）保税货物复运出口时，货主或其代理人要填写出口货物报关单一式三份并交验进口时由海关签印的报关单，向当地海关办理复运出口手续，经海关核查与实货相符后签印，一份留存，一份发还，一份随货带交出境地海关凭以放行货物出境。（七）存放在保税仓库的保税货物要转为国内市场销售，货主或其代理人必须事先向海关申报，递交进口货物许可证件、进口货物报关单和海关需要的其他单证，并交纳关税和产品（增值）税或工商统一税后，由海关核准并签印放行。保税仓库凭海关核准单证发货，并将原进口货物报关单注销。（八）对用于中、外国际航行船舶的保税油料和零配件以及用于保税期限内免税维修有关外国产品的保税零配件，海关免征关税和产品（增值）税或工商统一税。（九）对从事来料加工、进料加工备料保税仓库提取的货物，货主应事先将批准文件、合同等有关单证向海关办理备案登记手续，并填写来料加工、进料加工专用报关单和"保税仓库领料核准单"一式三份，一份由批准海关备存，一份由领料人留存，一份由海关签盖放行章后交货主。仓库经理人凭海关签印的领料核准单交付有关货物并凭以向海关办理核销手续。（十）海关对提取用于来料、进料加工的进口货物，按来料加工、进料加工的规定进行管理并按实际加工出口情况确定免税或补税。（十一）保税仓库所存货物储存期限为一年。如因特殊情况可向海关申请延期，但延长期最长不得超过一年。保税货物储存期满既不复运出口又未转为进口的，由海关将货物变卖，所得价款按照《中华人民共和国海关法》第21条的规定处理，即所得价款在扣除运输、装卸、储存等费用和税款后，尚有余款的，自货物变卖之日起一年内，经收货人申请，予以发还，逾期无人申请的，上缴国库。（十二）保税仓库所存货物在储存期间发生短少，除因不可抗力的原因外，其短少部分应当由保税仓库经理人负交纳税款的责任，并由海关按有关规定处理。保税仓库经理人如有违反海关上述规定的，要按《中华人民共和国海关法》的有关规定处理。

3.3 仓储设备

3.3.1 货架与托盘

1）货架

仓储货架主要是区别于超市货架，超市货架除具有存储功能外，另一个重要的功能是展示作用。相对于超市货架，仓储货架普遍应用于工业仓库，更着重于向上发展，充分利用存储空间，最大高度可达到40米以上，大型物流中心的设计可以是库架一体式结构，即先建造货架部分，以货架为建筑物的支撑结构，后建造建筑结构，如围墙、屋顶等。其重点在于存储、充分利用空间和快速处理货物流通。在仓库设备中，货架是专门用于存放成件物品的保管设备。货架在物流及仓库中占有非常重要的地位，随着现代工业的迅猛发展，物流量的大幅度增加，为实现仓库的现代化管理，改善仓库的功能，不仅要求货架数量多，而且要求其具有更多功能，能实现机械化、自动化的要求。

仓库货架有如下类型：

（1）横梁式货架

其存取快捷、方便，保证任何物品都先进先出，无叉车类型限制，有较快的取货速度，空间利用率为30%~50%（由叉车类型决定）。横梁式货架如图3-2所示。

（2）重力式货架

其是高密度、高效率储存货物的理想之选，采用自由出入式设计，有极高的存货流转率，按单取货，取货快捷；有良好的地面利用率，储货净空间占仓库的60%。重力式货架如图3-3所示。

图3-2　横梁式货架

图3-3　重力式货架

知识链接3-4

有效的先进先出方式

1.贯通式（重力式）货架系统利用货架的每层形成贯通的通道，从一端存入物品，另一端取出物品，物品在通道中自行按先后顺序排队，不会出现越位等现象。贯通式（重力式）货架系统能非常有效地保证先进先出。

2．双仓法是给每种被储物都准备两个仓位或货位，轮换进行存取，再配以必须在一个货位中出清后才可以补充的规定，可以保证实现货物先进先出。

3．计算机存取系统采用计算机管理，在存货时向计算机输入时间记录，编入一个简单的按时间顺序输出的程序，取货时计算机就能按时间给予指示，以保证先进先出。这种计算机存取系统还能将不做超长时间的储存和快进快出结合起来，即在保证一定先进先出的前提下，将周转快的物资随机存放在便于存储之处，以加快周转，减少劳动消耗。

（3）阁楼式货架

阁楼式货架是用货架做楼面支撑，可设计成多层（通常为2～3层），设置有楼梯和货物提升电梯等，适用于库房较高、货物轻小、人工存取的仓库。储货量大的情况下可以使用提升机和液压升降平台。阁楼式货架如图3-4所示。

图3-4 阁楼式货架

（4）悬臂式货架

其适用于储存长而不规则的物件，如各类管道软管及钢材钢板等。悬臂式货架如图3-5所示。

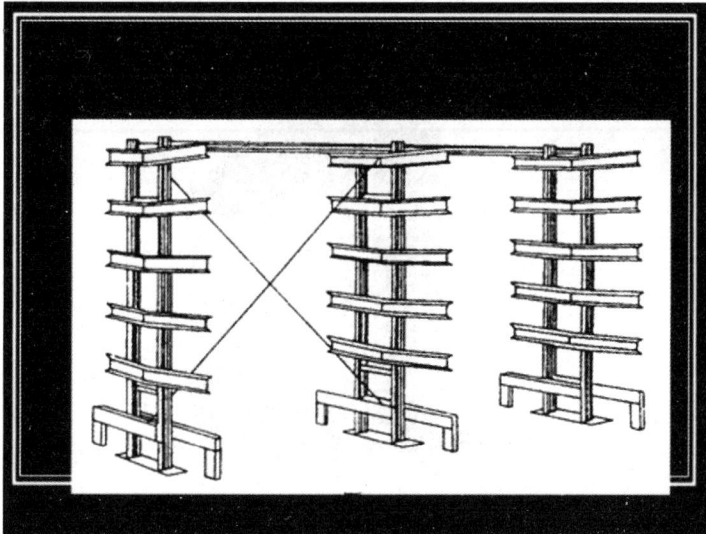

图3-5 悬臂式货架

（5）托盘式货架

托盘式货架是以托盘分割货物的方式来设计并保管货物的货架，一般采用叉车等装卸设备作业。托盘式货架如图3-6所示。

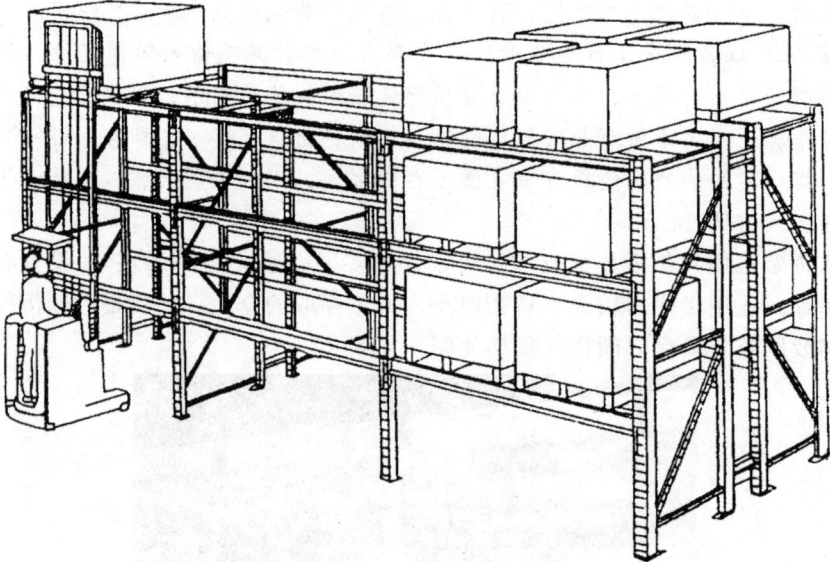

图3-6 托盘式货架

（6）自动化立体仓库货架

自动化立体仓库货架高速运转，操作简单，充分利用空间，最适合大规模储存货物的仓库。其使用仓储笼或托盘作为货位单元存放货物。自动化立体仓库由货架、堆垛机、货箱及辅助设备组成，具有扩大仓储能力、减少仓库占地面积的优势。其实现了微机自动化管理，提高了效率。其是由高层货架、巷道堆垛起重机（有轨堆垛机）、入出库输送机系统、自动化控制系统、计算机仓库管理系统及其周边设备组成，可对集装单元货物实现自动化保管，广泛应用于大型生产性企业的采购件、成品件仓库和柔性自动化生产系统以及流通领域的大型流通中心、配送中心。自动化立体仓库货架如图3-7所示。

图3-7 自动化立体仓库货架

（7）移动式货架

移动式货架易控制，安全可靠。每排货架有一个电机驱动，由装置于货架下的滚轮沿铺设于地面上的轨道移动。其突出的优点是提高了空间利用率，一组货架只需一条通道。在相同的空间内，移动式货架的储存能力比一般固定式货架高得多。移动式货架如图3-8所示。

图3-8　移动式货架

（8）装配式货架

装配式货架采用组合式结构，调节灵活，拆装方便。组合货架要实现标准化、系列化，因为如果每个单位自行设计、制造组合货架，质量会缺乏保证，成本也会比较高。货架实现标准化设计和专业化生产，不仅能提高产品质量，使产品规格多样化、系列化，而且能节约原材料，降低成本。装配式货架如图3-9所示。

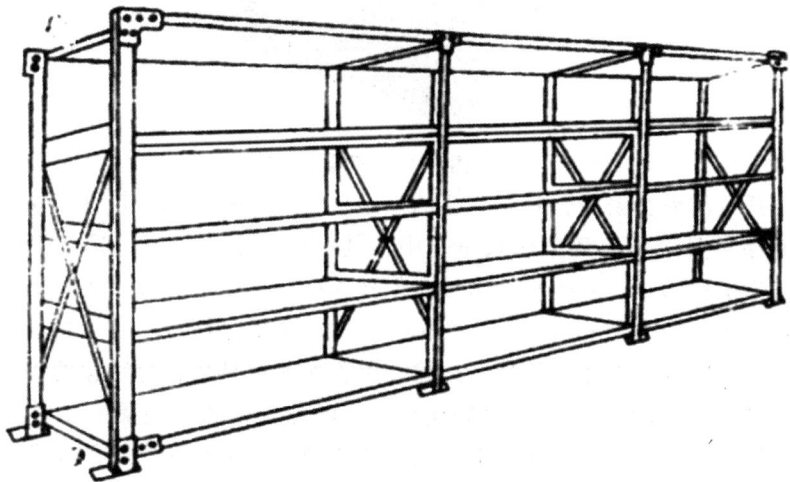

图3-9　装配式货架

（9）贯通式货架

贯通式货架又称通廊式货架、驶入式货架。贯通式货架采用托盘存取模式，适用于品种少、批量大类型的货物储存。贯通式货架除了靠近通道的货位，由于叉车需要进入货架内部存取货物，通常单面取货建议不超过7个货位深度。为提高叉车运行速度，可根据实际需要选择配置导向轨道，与货位式货架相比，贯通式货架（驶入式货架）的仓库空间利用率可提高30%以上。贯通式货架广泛应用于冷藏仓库及食品、烟草行业。贯通式货架如图3-10所示。

图3-10　贯通式货架

2）托盘

《中华人民共和国国家标准：物流术语（GB/T 18354—2006）》对托盘的定义是：用于集装、堆放、搬运和运输的放置作为单元负荷的货物和制品的水平平台装置。作为与集装箱类似的一种集装设备，托盘现已广泛应用于生产、运输、仓储和流通等领域，被认为是20世纪物流产业中两大关键性创新之一。托盘作为物流运作过程中重要的装卸、储存和运输设备，与叉车配套使用在现代物流中发挥着巨大的作用。托盘给现代物流业带来的效益主要体现在：可以实现物品包装的单元化、规范化和标准化，保护物品，方便物流和商流。托盘如图3-11所示。

图3-11　托盘

正是由于托盘的种类繁多，具有广泛的应用性和举足轻重的连带性，在装卸搬运、保管、运输和包装等各个物流环节的效率化中，其都处于中心位置，具有很重要的衔接功能，所以，托盘虽然只是一个小小的器具，但其规格尺寸是包装尺寸、车厢尺寸、集装单元尺寸的核心。从某种意义上讲，托盘的标准化，不单单是托盘租赁、托盘流通和循环使用的前提，也是实现装卸搬运、包装、运输和保管作业机械化、自动化的决定因素。没有托盘规格尺寸的统一，没有以托盘为基础的相关设施、设备、装置、工具等的系列化标准，就只能做到局部物流的合理化，难以达到整体物流的合理化。国际标准化组织在统一全球联运托盘的规格方面存在很大的困难，最终只能对已在相关地区和国家推行的1 200毫米×1 000毫米、1 200毫米×800毫米、1 219毫米×1 016毫米、1 140毫米×1 140毫米、1 100毫米×1 100毫米和1 067毫米×1 067毫米6种托盘的规格在相关规定中采取兼容并包的态度，将这6种托盘的规格并列成为全球通用的国际标准。

3.3.2　叉车、堆垛起重机、输送机械

1）叉车

叉车是指对成件托盘货物进行装卸、堆垛和短距离运输、重物搬运作业的各种轮式搬

运车辆。国际标准化组织 ISO/TC110 称其为工业车辆，属于物料搬运机械。叉车广泛应用于车站、港口、机场、工厂、仓库等各国民经济部门，是机械化装卸、堆垛和短距离运输的高效设备。自行式叉车出现于 1917 年。第二次世界大战期间，叉车得到发展。中国从 20 世纪 50 年代初开始制造叉车。

叉车通常可以分为三大类：内燃叉车、电动叉车和仓储叉车。

（1）内燃叉车

内燃叉车又分为普通内燃叉车、重型叉车、集装箱叉车和侧面叉车。图 3-12 为内燃叉车。

图 3-12　内燃叉车

（2）电动叉车

其以电动机为动力，蓄电池为能源，承载能力为 1.0～8.0 吨，作业通道宽度一般为 3.5～5.0 米。其由于没有污染、噪音小，因此广泛应用于室内操作和其他对环境要求较高的工况，如医药、食品等行业。随着人们对环境保护的重视，电动叉车正在逐步取代内燃叉车。由于其每组电池一般在工作约 8 小时后需要充电，因此对于多班制的工况需要配备备用电池。电动叉车如图 3-13 所示。

图 3-13　电动叉车

（3）仓储叉车

仓储叉车主要是为仓库内货物搬运而设计的叉车。除了少数仓储叉车（如手动托盘叉车）是采用人力驱动的外，其他都是以电动机驱动的，因其车体紧凑、移动灵活、自重轻和环保性能好而在仓储业被普遍使用。在多班作业时，电机驱动的仓储叉车需要有备用电池。仓储叉车如图 3-14 所示。

图3-14　仓储叉车

2）堆垛起重机

其是用货叉或串杆攫取、搬运和堆垛或从高层货架上存取单元货物的专用起重机，是一种仓储设备，分为桥式堆垛起重机和巷道式堆垛起重机（又称巷道式起重机）两种。

（1）桥式堆垛起重机

其是在桥式起重机的基础上结合叉车的特点发展起来的一种自动式堆货的机器。在从起重小车悬垂下来的立柱上有可升降的货叉，立柱可绕垂直中心线转动，因此货架间需要的巷道宽度比叉车作业时所需要的小。这种起重机在高架轨道上运行，除一般单元货物外还可堆运长物件。起重量和跨度较小时也可在悬挂在屋架下面的轨道上运行，这时它的起重小车可以运行到邻近的另一台悬挂式堆垛起重机上。立柱可以是单节的或多节伸缩式的。单节立柱结构简单、较轻，但不能跨越货垛和其他障碍物，主要适用于有货架的仓库。多节伸缩式的桥式堆垛起重机一般有2~4节立柱，可以跨越货垛，因此也可用于使单元货物直接堆码成垛的无架仓库。起重机可以在地面控制，也可在随货叉一起升降的司机室内控制。其额定起重量一般为0.5~5吨，有的可达20吨，主要用于高度在12米以下、跨度在20米以内的仓库。桥式堆垛起重机如图3-15所示。

图3-15　桥式堆垛起重机

（2）巷道式堆垛起重机

其专用于高架仓库。采用这种起重机的仓库高度可达45米左右。起重机在货架之间的巷道内运行，主要用于搬运装在托盘上或货箱内的单元货物；也可开到相应的货格前，由机上人员按出库要求拣选货物出库。巷道式堆垛起重机由起升机构、运行机构、货台司机室和机架等组成，起升机构采用钢丝绳或链条提升。机架有一根或两根立柱，货台沿立柱升降。货台上的货叉可以伸向巷道两侧的货格存取物品，巷道宽度比货物或起重机宽度多15～20厘米；起重量一般在2吨以下，最大达10吨；起升速度为15～25米/分，有的可达50米/分。起重机运行速度为60～100米/分，最大达180米/分。货叉伸缩速度为5～15米/分，最大已达到30米/分。

3）输送机械

输送机械是按照规定路线，输送散状物料或成件物品的设备，是现代物料搬运系统的重要组成部分，主要有带式输送机（如图3-16所示）、斗式提升机、埋刮板式输送机等。

图3-16 带式输送机

3.4 仓储设备设施管理

3.4.1 仓储设备设施管理概述

仓储设备设施管理是以仓储设备设施为管理对象，追求设备综合效率，应用一系列理论、方法，通过一系列技术、经济、组织措施，对仓储设施设备寿命周期全过程的科学管理，包括从规划、设计、正确选择设备、正确使用设备、维护修理到更新改造全过程的管理。

1）仓储设备选择原则

仓储设备的选用，应根据仓储作业的需要，因地制宜。企业应结合作业场地、货物的种类、特性、货运量大小、运输车辆或船舶的类型、运输组织方法、货物储存方式、各设备在仓储系统中的作用等，考虑是自行设计、制造还是购置，并进行技术经济论证，以选择最优方案。仓储设备的选择原则如下：

（1）符合货物的特性。货物的物理、化学性质以及外部形状和包装千差万别，在选择装卸机械时，必须与货物特性相符，以确保作业的安全和货物的完整无损。

（2）适应仓储量的需要。物流设备的作业能力应与物流量的大小相适应，应选择投资较少、作业能力恰当的设备。

（3）各类仓储设备之间的衔接和配合要协调。

（4）仓储设备的经济性和使用性。选择物流设备时，各设备应操纵灵活，维修保养方便，有较长的使用寿命，使用费用低，消耗能源少，生产率高，辅助人员少。

（5）应具有超前性和剩余量。在选择设备时，应有长远考虑，应使它们能满足不远将来的变化，这也是减少投资提高适应性的一个有效途径。

2）仓储设备设施管理的作用

仓储设备是构成仓储系统的重要组成因素，担负着仓储作业的各项任务，影响着仓储活动的每一个环节，在仓储活动中处于十分重要的地位，离开仓储设备管理，仓储系统就无法运行，服务水平及运行效率就可能极其低下。

仓储设备是提高仓储系统效率的主要手段。一个完善的仓储系统离不开现代仓储设备的应用。许多新的仓储设备的研制开发，为现代仓储的发展做出了积极贡献。实践证明，先进的仓储设备和先进的仓储管理是提高仓储能力、推动现代仓储迅速发展的两个关键因素，二者缺一不可。

仓储设备是反映仓储系统水平的主要标志。仓储设备与仓储活动密切相关，在整个仓储活动的过程中伴随着存储保管、存期控制、数量管理、质量养护等作业环节及其他辅助作业，这些作业的高效完成需要不同的仓储设备。因此其水平的高低直接关系到仓储活动各项功能的完善和有效实现，决定着物流系统的技术含量。

仓储设备是构筑仓储系统的主要成本因素。现代仓储设备是资金密集型的社会财富，其购置、投资数额较大，为了维持系统的正常运转，发挥设备效能，要不断投入大量的资金。仓储设备的费用对系统的投入产出分析有着重要的影响。

3.4.2　仓储设施设备的使用和维修

1）仓储设备的合理使用

物流设备使用寿命的长短、生产效率的高低，在很大程度上受制于设备的使用是否合理、正确。设备正确使用，可以在节省费用的条件下减轻磨损、保持其良好的性能和应用的精度，延长使用寿命，充分发挥其效率和效益。

设备的正确使用，是设备管理中的一个重要环节，具体应抓好以下几项工作：

做好设备的安装、调试工作。设备在正式投入使用前，应严格按质量标准和技术说明安装、调试设备，安装调试后要经试验运转验收合格后才能投入使用。

合理安排生产任务。使用设备时，必须根据工作对象的特点和设备的结构、性能特点来合理安排生产任务，防止和消除设备无效运转，严禁设备超负荷工作。

切实做好机械操作人员的技术培训工作。操作人员在上机操作之前，要做好上岗前培训，认真学习有关设备的性能、结构和维护保养等知识，掌握操作技能和安全技术规程等知识和技能，经过考核合格后方可上岗，严禁无证操作（或驾驶）现象的发生。

要建立健全一套科学的管理制度。现代物流企业要针对设备的不同特点和要求，建立各项管理制度、规章制度和责任制度等，如持证上岗、安全操作规程、操作人员岗位责任制、定人定机、定期检查维护、交接班制度及设备档案制度等。

知识链接 3-5

某公司叉车管理制度

为规范企业管理，做好生产安全工作，特制定本制度。

一、安全管理

1．定期对叉车司机进行安全教育（每周一次）。

2．操作者必须持证上岗，严格执行《安全操作规程》，并对驾驶员进行年审，对叉车进行年检，在得到合格确认后方可继续驾驶和使用叉车。

3．严格按公司机动车驾驶要求执行。

4．每天做好叉车的点检工作（按点检表进行），保持叉车良好的工作状态。

二、维修、保养管理

1．每周对车辆进行2次清洗，并检查油、电、刹车系统是否正常，定期更换齿轮油、液压油，对电池充电、水箱加水。

2．发现故障时由专人进行检修，如若不能排除故障，要通知制造商或专业维修厂来进行维修，并做好记录。

三、叉车维修、平时停放的位置管理

1．叉车维修必须在比较安全的位置进行（如车槽）。

2．叉车的备用轮胎必须固定存放，以免影响生产。叉车的备用轮胎应放置在方便取用和安全的地方。

3．班后叉车的停放必须离开作业区域，不要露天放置并切断电源，拉上手刹，如场地不平则必须在车轮底下垫上三角垫木，以确保车辆不发生滑行，以免发生安全事故。

四、叉车交接

1．不同班次，上下班时必须进行交接，填写交接表，让下一班人员知道叉车的状态，以确保安全。

2．同班次不同叉车司机交接使用叉车时，必须进行口头交接，以确保安全。

3．故障车维修完毕，维修人员与叉车司机必须进行交接，叉车司机进行试车，确认故障已排除后方可接车。

五、创造使用设备良好的作业条件和环境

仓库要保持设备作业条件和环境的整齐、清洁，并根据设备本身的结构、性能等特点，安装必要的防护、防潮、防尘、防腐、防冻、防锈等装置。有条件的还应该配备必要的测量、检验、控制、分析以及保险用的仪器、仪表、安全保护装置。这对精密、复杂、贵重设备尤为重要。

2）仓储设备的保养

设备在使用过程中，会产生技术状态的不断变化，不可避免地出现磨擦、零件松动、声响异常等不正常现象。这些都是设备故障隐患，如果不及时处理和解决，就会造成设备的过早磨损，甚至酿成严重事故。因此，只有做好设备的保养与维护工作，及时处理好技术状态变化引起的事故隐患，随时改善设备的使用情况，才能保证设备的正常运转，延长其使用寿命。

设备的保养维护应遵循设备自身运行的客观要求。其主要内容包括：清洁、润滑、紧固、调整、防腐等。目前，实行比较普遍的是"三级保养制"，即日常保养、一级保养和二级保养。

日常保养。日常保养是由操作人员每天对设备进行物理性保养。其主要内容有：班前班后检查、擦拭、润滑设备的各个部位，使设备经常保持清洁润滑；操作过程中认真检查设备运转情况，及时排除细小故障，并认真做好交接班记录。

一级保养。一级保养是以操作人员为主，维修人员为辅，对设备进行局部和重点拆卸、检查、清洗有关部位，疏通油路，调整各部位配合间隙，紧固各部位等。

二级保养。二级保养是以维修人员为主，操作人员参加，对设备进行部分解体检查和修理，更换或修复磨损件，对润滑系统清洗、换油，对电气系统检查、修理，局部恢复精度，满足物流作业要求。

此外，物流企业在实施设备保养过程中，应该对那些已运转到规定期限的重点和关键设备，不管其技术状态好坏、作业任务缓急，都应按保养作业范围和要求进行检查和保养，以确保这类设备运转正常完好并具有足够的精确度、稳定性。

知识链接3-6

货运车辆维修保养注意事项

货运车辆的保养非常重要，它会直接影响车辆的使用寿命，并间接影响车辆的安全。保养货车的注意事项如下：

将车开到一个相对平坦的地方，停稳后检查机油是否在油尺刻度的最上限，同时一定要注意发动机底部不要漏油。

启动前要检查水箱中的水是否加满。为避免发动机水温过高，最好使用防冻液，这样也可以清除水垢。要加满玻璃清洁剂，万一路上遇到下雨，清洁玻璃是必不可少的。

看一看刹车油的油面是否在油罐的中高位置，油色应十分清澈，要是发黑就应趁早更换。启动发动机，听喇叭声音是否正常。打开雨刷器，同时检查几个挡位速度是否正常。调整轮胎和备用胎的气压。检查灯光，从车外的大灯、示宽灯、雾灯、刹车灯、牌照灯到倒车灯等都应仔细检查。

3）仓储设备的检查

仓储设备检查是指对设备的运行情况、技术状态和工作稳定性等进行检查和校验，它是设备维修中的一个重要环节。

通过对设备的检查，可以全面掌握设备技术状态的变化和磨损情况，及时发现并消除设备的缺陷和隐患，找出设备管理中存在的问题，并对设备是否需要进行技术改造或更新提供可靠的技术资料和数据。

详细记录的点检表是设备技术状态和安全状况分析的原始记录，是设备维修和安全管理中最重要的原始资料。

知识链接3-7

某公司货运汽车维修保养、定期安全检查制度

一、实行定人、定车的保养制度，驾驶员应经常对车辆进行清洗、保养，保持车辆的干净、整洁，始终保持良好的运行状态。

二、驾驶员应在每天出车前或出车后，尤其是长途运输必须对车辆安全技术状况进行检查，有问题车辆坚决禁止营运，经检查安全性能良好方能出行。

三、营运车辆每月1～5日必须到公司指定的修理厂进行安全检查，缺席一次罚款50～100元。

四、安检前必须保持车辆内干净、整洁，漆皮完整，车牌、门徽、警语、资质证以及

行车证件齐全，车证相符。

五、必须依法购置车辆保险，保证合法有效，不能弄虚作假。

六、必须配备灭火器、枕木、防滑链、铁锹、随车工具等安全用具。

4）仓储设备的更新决策

对一台仓储设备来说，应不应该更新？应在什么时候更新？应该用什么样的设备来更新？这主要取决于更新的经济效果。适时更新设备，既能促进企业技术进步，加速经济增长，又能节约资源，提高经济效益。下面分别介绍设备的两种不同更新类型的决策方法。

（1）设备原型更新的决策

设备原型更新问题，可以通过分析设备的经济寿命进行更新决策，即在设备年平均费用最小时更新是最经济的。也就是说，设备原型更新问题也就是计算设备经济寿命问题。

计算设备经济寿命的方法有低劣化数值法、面值法等。

（2）出现新型设备更新的最佳时机选择

当市场上出现同类功能的新型物流设备时，选择旧设备的合理使用年限的原则是：当旧设备再继续使用一年的年费用（即旧设备的年边际成本）超过新型设备的最小年费用时，就应该立即更新。

案例分析3-3

某物流配送中心有旧叉车一台，若要现在出售，预计市场价格为40 000元，并估计还可以继续使用4年。目前市场上出现的新型叉车的价格为100 000元。两种叉车的年经营费用及残值见表3-1，旧叉车的合理使用年限是多少呢？

表3-1　　　　　　　　　　**旧叉车与新型叉车的年经营费用及残值**　　　　　　单位：元

使用年限（年）	旧叉车			新型叉车		
	年经营费用	残值	年总费用	年经营费用	残值	年总费用
1	30 000	30 000	44 000	20 000	75 000	55 000
2	35 000	20 000	45 905	22 500	56 200	52 050
3	40 000	10 000	47 744	26 000	43 000	49 862
4	45 000	0	49 528	29 600	33 000	48 583
5				34 000	21 000	48 697
6				38 500	10 000	46 159
7				50 000	1 000	46 458

分析：从表3-1中旧叉车与新型叉车年费用可以看出，旧叉车使用3年时年费用超过了新型叉车的最小年费用，即47 744元＞46 159元，因此，旧叉车的合理使用年限为2年，说明旧叉车再使用2年就应该更换为新型叉车。

案例分析3-4

输送机的技术改造

某煤矿是20世纪80年代初建成投产的矿井，原煤输送一直采用DX4型强力胶带机。随着原煤产量逐年提高，原煤运输环节的瓶颈问题逐渐凸显出来，为此，企业决定对输送机进行技术改造。其采取加大功率、提高带速（改造驱动和控制单元）等方式对胶带机进行技术改造。改造内容包括：（1）将原来2×500千瓦两机拖动改为3×500千瓦三机拖动，带速由2.5米/秒提升至3.15米/秒；（2）更换强力胶带，带强由2 000压强提高到 2 500压强；（3）改造原电控系统。通过改造，该矿井在短短10天之内实现了运输能力的大大提升。

分析：输送机可以通过技术改造增加其输送量。

基本训练

□ 知识题

3.1 阅读理解

1）仓储设施设备的使用和维修有哪些内容？

2）仓库有哪些设备？其各有何作用？

3）什么是保税仓库？

4）什么是自动立体化仓库？

5）仓库布局应考虑哪些因素？如何布局？

6）仓库有哪些类型？

3.2 知识应用

1）判断题

（1）设备更新问题也就是计算设备经济寿命问题。　　　　　　　　　　　（　　）

（2）日常保养是由操作人员每天对设备进行的物理性保养。　　　　　　（　　）

（3）重力式货架是高密度、高效率储存货物的理想之选。　　　　　　　（　　）

（4）移动式货架不易控制。　　　　　　　　　　　　　　　　　　　　（　　）

（5）叉车是指对成件托盘货物进行装卸、堆垛和短距离运输、重物搬运作业的各种轮式搬运车辆。　　　　　　　　　　　　　　　　　　　　　　　　　　　（　　）

2）选择题

（1）由货架、巷道式堆垛起重机、入（出）库工作台和自动运进（出）及操作控制系统组成的仓库是（　　　）。

A.自动化立体仓库　　　　　　　　　B.保税仓库

C.普通仓库　　　　　　　　　　　　D.危险品仓库

（2）由操作人员每天对设备进行的物理性保养是（　　　）。

A.一级保养　　　B.日常保养　　　C.二级保养　　　D.三级保养

（3）按照规定路线，输送散状物料或成件物品的设备是（　　　）。

A.输送机械　　　B.仓库　　　　　C.货架　　　　　D.叉车

（4）以托盘单元货物的方式来设计并保管货物的货架是（　　　）。

A.抽屉式货架　　B.横梁式货架　　C.托盘货架　　　D.重力式货架

（5）采用巷道式堆垛起重机的仓库高度可达（　　　）。

A.25米　　　　　B.20米　　　　　C.45米左右　　　D.90米

□ 技能题

要求学生参观1～2家仓储企业，了解仓储企业生产经营流程，其有哪些设备设施？

如何使用？仔细观察，认真听讲解，结合所学知识写一份参观报告。

综合案例

蒙牛乳业自动化立体仓库案例

内蒙古蒙牛乳业泰安有限公司乳制品自动化立体仓库，是蒙牛乳业公司委托太原刚玉物流工程有限公司设计制造的第3座自动化立体仓库。该库后端与泰安公司乳制品生产线相衔接，主要存放成品纯鲜奶和成品瓶酸奶。该库库区面积8 323平方米，货架最大高度21米，托盘尺寸1 200×1 000毫米，库内货位总数19 632个，其中，常温区货位数14 964个，低温区货位数46 687个。该库入库能力150盘/小时，出库能力300盘/小时。出入库采用联机自动进行。

一、工艺流程及库区布置

根据用户存储温度的不同要求，该库划分为常温和低温两个区域。常温区保存鲜奶成品，低温区配置制冷设备，恒温4℃，存储瓶酸奶。按照生产-存储-配送的工艺及奶制品的工艺要求，经方案模拟仿真优化，最终确定库区划分为入库区、储存区、托盘（外调）回流区、出库区和计算机管理控制室。

入库区由66台链式输送机、3台双工位高速梭车组成，负责将生产线码垛区完成的整盘货物转入各入库口。双工位穿梭车则负责生产线端输送机输出的货物向各巷道入库口的分配、转动及空托盘回送。

储存区包括高层货架和17台巷道堆垛机。高层货架采用双托盘货位，完成货物的存储功能。巷道堆垛机则按照指令完成从入库输送机到目标的取货、搬运、存货及从目标货位到出货输送机的取货、搬运、出货任务。

托盘（外调）回流区分别设在常温储存区和低温储存区内部，由12台出库口输送机、14台入库口输送机、巷道堆垛机和货架组成，分别完成空托盘回收、存储、回送、外调货物入库、剩余产品退库、产品入库、回送等工作。

出库区设置在出库口外端，分为货物暂存区和装车区，由34台出库输送机、叉车和运输车辆组成。叉车司机通过电子看板、RF终端扫描完成装车作业，反馈发送信息。维修区设在穿梭车轨道外侧，在某台穿梭车更换配件或处理故障时，其他穿梭车仍旧可以正常工作。

计算机控制室设在二楼，用于出入库登记、出入库高度调节、管理和联机控制。

二、设备选型及配置

（一）货架

1.货架主材

主柱：常温区选用刚玉公司自选轧制的126型异型材，低温区采用120型异型材。横梁：常温区选用刚玉公司自轧制异型材，低温区采用异型材。地、天轨：地轨采用30千克/米钢轨；天轨采用16#工字钢。

2.采用的标准、规范

其采用JB/T5323-1991立体仓库焊接式钢结构货架技术条件；JB/T9018-1999有轨巷道式高层货架仓库设计规范；CECS 23：90钢货架结构设计规范和Q/140100GYCC001-1999货架用异型钢材。

3.基础及土建要求

仓库地面平整度：地面允许偏差±10毫米；在最大载荷下，货架区域基础地坪的沉降变形应小于1/1 000毫米。

4.消防空间

货架北部有400毫米空间，200毫米安装背拉杆，200毫米安装消防管道。

（二）有轨巷道堆垛机

1.设备配置

巷道堆垛起重机主要由超升机构、货叉取货机构、载货台、限速装置、过载与松绳保护装置以及电器控制装置等组成。

驱动装置：采用德国德马格公司产品，性能优良，体积小、噪音低、维护保养方便。变频调整：驱动单元采用变频调速，可满足堆垛机出入库平衡操作和高速运行，具有起动性能好、调速范围宽、速度变化平衡、运行稳定并有完善的过压、过流保护功能。堆垛机控制系统：先用分解式控制，控制单元采用模块式结构，当某个模块发生故障时，在几分钟内便可更换备用模块，使系统重新投入工作。保护装置：堆垛机超升松绳和过载安全保护装置；载货台上、下极限位装置；运行及超升强制换速设备和紧急限位器；货叉伸缩机械限位挡块；位虚实探测、货物高度及歪斜控制；电器联锁装置；各运行端部极限设缓冲器；堆垛机设作业报警电铃和警示灯。

2.控制方式

手动控制：手动控制是由操作人员通过操作板的按钮和万能转换形状，直接操作机械运行，包括水平运行、载货台升降、货叉伸缩三种动作。

单机自动：单机自动控制是操作人员在出入库端通过堆垛机电控柜上的操作板，输入入（出）库指令，堆垛机将自动完成入（出）库作业，并返回入（出）库端待命。

在线全自动控制：操作人员在计算机中心控制室，通过操作终端输入入（出）库任务或入（出）库指令，计算机与堆垛机通过远红外通信连接将入（出）库指令下达到堆垛机，再由堆垛机自动完成入（出）库作业。

（三）输送系统

整个输送系统由2套PLC控制系统控制，与上位监控机相连，接收监控机发出的作业命令、返回命令的执行情况和子系统的状态等。

（四）双工位穿梭车

系统中一个工位完成成品货物的接送功能，另一个工位负责执行货物的拆卸分配。其主要技术参数有载荷：1 300千克；接送货物规格：1 200毫米×1 000毫米×1 470毫米（含托盘）；拆最大空托盘数：8个；空托盘最大高度： 1 400毫米；运行速度：5～160米/分（变频调速）；输送速度：12.4米/分。

（五）计算机管理与控制系统

依据蒙牛业泰安仓库招标的具体需求，考虑企业长远目标及业务发展需求，针对仓库的业务实际和管理模式，刚玉公司为本项目研发了一套适合用户需求的仓储物流管理系统。

其主要包括仓储物流信息管理系统和自动化立体仓库控制与监控系统两部分。仓储物流信息管理系统实现上层战略信息流、中层管理信息流的管理；自动化立体仓库控制与监控系统实现下层信息流与物流作业的管理。

1．仓储物流信息管理系统

（1）入库管理。实现入库信息采集、入库信息维护、脱机入库、条形码管理、入库交接班管理、入库作业管理、入库单查询等。

（2）出库管理。实现出库单据管理、出库货位分配、脱机出库、发货确认、出库交接班管理、出库作业管理。

（3）库存管理。对货物、库区、货位等进行管理，实现仓库调拨、仓库盘点、存货调价、库存变动、托盘管理、在库物品管理、库存物流断档分析、积压分析、质保期预警、库存报表、可出库报表等功能。

（4）系统管理。实现对系统基础资料的管理，主要包括系统初始设置、系统安全管理、基础资料管理。

（5）配送管理。实现车辆管理，派车、装车及运费结算等功能。

（6）质量控制。实现出入库物品、库存物品的质量控制管理。其包括抽检管理、复检管理、质量查询、质量控制等。

（7）批次管理。实现入库批次数字化、库存批次查询、出库发货批次追踪。

（8）配送装车辅助。通过电子看板、RF终端提示来指导叉车进行物流作业。

（9）RF信息管理系统。通过RF实现入库信息采集、出库发货数据采集、盘点数据采集等。

2．自动化立体仓库控制与监控系统

自动化立体仓库控制与监控系统是实现仓储作业自动化、智能化的核心系统，它负责管理高度仓储物流信息系统的作业队列，并把作业队列解析为自动化仓储设备的指令队列，根据设备的运行状况指挥协调设备的运行。同时，本系统以动态仿真人机交互界面监控自动化仓储设备的运行状况。

本系统包括作业管理、作业高度、作业跟踪、自动联机入库、设备监控、设备管理等几个功能模块。

资料来源：佚名.蒙牛乳业自动化立体仓库案例[EB/OL].[2014-05-12].http：//www.docin.com/p-810612289.html.

问题：（1）结合本案例分析自动化立体仓库由哪些设施组成？

（2）自动化立体仓库的特点是什么？

（3）分析蒙牛采用的立体化仓库的优点有哪些？

➤ 综合实训 ➤

一、实训目的

通过实训使学生能运用所学知识思考和评价某些仓库设备布局是否合理，并熟悉物流设备的管理方法。

二、实训要求

了解某仓库设施设备的类型，并尽可能地认识各类物流设备，了解其设备管理制度，多向现场工作人员请教。分组讨论其在设备管理制度上有哪些优点和缺点，有哪些可以改进的地方。

整个实训过程要求学生认真细致思考，能提出自己的看法。

三、背景资料

某配送中心作业时使用的设备情况如下：

（1）商品入库。进货验收后，用手持终端扫描该商品的条码，并用仓库管理系统进行登记，同时发出是否能入库的指示。如果可以入库时，工作人员将货物堆放在空托盘上，并扫描该托盘的条码进行登记。

在入库登记处理后，工作人员用手动叉车或电动叉车将货物搬运至货架储存。货架有托盘货架和普通的层格式货架。

（2）商品拣选。拣选人员用手动叉车、手推车以及周转箱，根据订单进行拣选和配货。

（3）商品包装。拣选结束后，进行合适的包装，有两台半自动打包机负责打包。

（4）商品配送。包装完成后，分类送到等待运输的车辆上进行配送。

该中心在设备的使用中，很注重设备安全性能的检测和维修，实施了"以点检制度为核心的设备管理模式"，希望将故障消灭在萌芽阶段。但是由于实施点检的人员多是操作人员，对设备的性能不够熟悉，因此经常不能及时发现故障隐患。

配送中心还实施了设备的日常管理制度，如在使用过程中建立设备的技术档案、操作人员的交接班制度。但通常在设备发生故障后，存在多个操作人员都不愿承担责任的情况，因不能及时找到责任人，导致修理时间长，设备使用效率低。

根据该配送中心的情况撰写一份实训报告。

第4章
仓储经营管理、成本和收入及商务

学习目标

知识目标

◎ 理解仓储商务的含义；

◎ 掌握仓储商务管理的内容；

◎ 了解仓储合同及仓单；

◎ 能够对仓储成本管理进行分析。

技能目标

◎ 能用所学知识对物流企业仓储商务状况进行分析；

◎ 能拟订仓储合同。

引例　配送中心仓库增值服务经营方法

　　配送中心仓库可以通过优化包装来提供增值服务，以满足整个渠道的顾客需求。例如，仓库可以通过延伸包装和变换托盘来增值。这种做法可以使配送中心只处理一种统一的商品，与此同时，还可以延期包装，以使包装需求专门化。另一个有关仓库增值的例子是在商品交付给零售商或顾客以前，解除保护性包装。在使用大型机械的情况下，这是一种有价值的服务，因为有时要零售商或顾客处理掉大量的包装是有困难的，因此解除或回收包装材料是在提供增值服务。

　　配送中心还可以通过改变包装特点来增值，例如厂商将大片的防冻剂运到仓库，由配送中心对该商品进行瓶装，以满足各种牌号和包装尺寸的需要。这类延期包装使存货风险降到最低程度，降低了运输成本，并减少了损坏（即相对于玻璃瓶包装的产品而言）。

　　还有一个增值服务是对诸如水果和蔬菜之类的产品进行温控。配送中心可以控制储存温度，提前或延迟香蕉的成熟过程，这样可以按照市场的需求提供产品。

　　该案例表明：仓储和配送管理对于一个物流企业来说非常重要。仓储配送增值管理只是仓储配送管理中的部分内容，作为物流企业特别是从事仓储配送服务的企业，应做出正确合理的经营决策，加强成本管理，提高服务质量。

4.1　仓储经营管理

4.1.1　仓储经营管理概述

1）仓储经营管理的含义

　　仓储经营管理是指在仓库管理活动中，运用先进的管理原理和科学的方法，对仓储经营活动进行的计划、组织、指挥、协调、控制和监督，以降低仓储成本，提高仓储经营效益的活动过程。

　　仓储经营管理既包括仓储企业对内部仓储业务活动的管理，也包括对整个企业资源的经营活动的管理，即仓储商务活动的管理。

　　仓储业务管理是指对仓库和仓库中储存的物资进行管理。这种业务管理是仓储经营管理的基础，是各种公共仓储、营业仓储和自营仓储都要进行的管理活动。这种对仓库和仓库中储存的物资的管理工作，是随着储存物资的品种多样化和仓库设计结构、技术设备的科学化而不断变化发展的。

2）仓储经营管理的内容

　　仓储经营管理的手段既有经济的，也有纯技术的，具体包括以下几个方面：

　　（1）仓库的选址与决策管理

　　企业在仓库选址时要依据生产经营的运行和发展来考虑；应保证所建仓库各种设备的有效利用，不断提高仓库的经济效益；要能保证仓库运营的安全，一方面要保证储存物资不受各种可能的自然灾害或人为破坏，另一方面要保证储存物资对企业及周围环境的安全。

　　（2）仓库的机械作业的选择与配置

　　企业应根据实际需要以及自身的实力决定是否采用机械化、智能化设备，若要使用，就要对智能化的程度、投资规模，设备选择、安装、调试与运行维护等进行管理。

（3）仓库的日常业务管理

其包括如何组织物资入库前的验收，如何存放入库物资，如何对物资进行有效保养，如何出库等。

（4）仓库的库存管理

库存管理包括对库存物资的分类、库存量、进货量、进货周期等的确定。

（5）仓库安全管理

仓库安全管理是其他一切管理工作的基础和前提，包括仓库的警卫和保卫管理、仓库的消防管理、仓库的安全作业管理等内容。

（6）其他业务管理

除了以上的业务管理外，仓库业务考核问题、新技术和新方法在仓库管理中的运用问题等都是仓储业务管理所涉及的内容。

3）仓储经营管理的意义

对于物流企业而言，仓储经营管理的全过程，是改变传统的经营理念，运用新技术，充分利用仓储资源，开发新的服务方式的过程。仓储经营管理的好与坏直接关系到物流企业的经济利益。

（1）搞好仓储经营管理能保证企业再生产活动的顺利进行

企业的原材料的生产、采购和使用在时间和空间上都存在矛盾，为了保证原材料的按时、按量供应和现代化生产的连续进行，必然要求对原材料保有一定的储备。储备量过少，必然会影响生产的顺利进行；储备量过多，会导致资金占用过大，增加资金使用成本，而且会增大市场风险，降低企业效益。从企业内部生产环节来看，由于专业化程度不断提高，社会分工深化，生产单位之间的产品交换在时间和空间上也存在同样的矛盾，为了保证各单位生产活动的顺利进行，也要在各环节之间保有一定的储备，保证大规模的现代化生产连续进行。从企业的产品销售来看，生产和消费之间也存在同样的时间和空间矛盾，有些产品的消费具有季节性，生产却要常年进行；有些产品的生产具有季节性，而消费却具有常年性，要解决这些时间矛盾，唯一的办法就是进行产品储存。同样，生产和消费之间的空间矛盾必然要求对产品进行集散，无论是"集"还是"散"都意味着储存。这种衔接生产与生产、生产与消费的仓储是有成本的，对仓储活动的计划、组织、协调、指挥、控制与监督等管理活动的好坏直接影响到仓储活动的效率，是企业再生产活动高效、低成本、连续进行的必要条件。

（2）搞好仓储经营管理，是企业提高仓储能力、加快资金周转、节约费用、降低成本、提高经济效益的有效途径

要搞好仓储经营活动，必须要充分利用仓储设施和资源，提高仓储服务能力，提升仓储经营的层次，提高仓储服务的附加值，以提高仓储企业的收益。企业应通过仓储经营管理减少物资在仓储过程中的沉淀，盘活资金，增加收益，减少物资耗损和劳动消耗，加速物资和资金的周转，节省费用支出，降低物流成本，开发"第三利润源泉"，提高社会和企业的经济效益。

（3）仓储经营是物流发展的需要，企业可将仓储设施向社会开放，开展多样化经营，提高效益

在物流高速发展的今天，对仓储的技术要求越来越高，加上市场竞争的加剧、符合

配送要求的地理位置的土地供给的减少、地价的大幅度上升、规模经济对仓储面积要求的增大等都使仓储经营设施的投资增大。为满足社会对仓储的需求，尤其是大量中小企业对仓储的需求，盘活仓储企业的资本，提高仓储设施的使用率，增加效益，必须将现有的仓储经营设施向社会开放，开展多样化经营，具体内容包括：①设施开放；②商品种类开放；③地区开放，行业开放；④服务对象开放；⑤经营项目开放；⑥服务时间延长等。

（4）开展仓储经营管理可以加强企业基础工作，提高管理水平

经营管理需要良好的生产管理、财务管理、人事管理等的支持，同时良好的经营管理又能促进各项管理的水平提高。仓储管理的基础工作包括建立仓储管理指标体系、制定仓容定额、折算商品储存吨数与计量等内容，这些是仓储管理工作的基石。为适应仓储管理的功能的变化，物流企业要以提高仓储经济效益为目标，加强各项基础工作，健全仓储管理体系，为提高仓储经营管理水平创造良好条件。

4.1.2　仓储经营方法

1）保管仓储经营

保管仓储经营是指保管人储存存货人交付的仓储物，存货人支付仓储费的一种仓储经营方法。

经营特点：原物返还，所有权不转移；保管对象是特定物；收入主要来自仓储费；仓储过程由保管人操作。

2）混藏仓储经营

混藏仓储经营是指存货人将一定品质、数量的货物交付保管人储存，在储存保管期满时，保管人只以相同种类、相同品质、相同数量的替代物返还的一种仓储经营方法。

经营特点：替代物返还，所有权不转移；保管对象是种类物；收入主要来自仓储费；仓储过程由保管人操作。

3）消费仓储经营

消费仓储经营是指存货人不仅将一定数量品质的货物交付仓储管理人储存保管，而且与保管人相互约定，将储存物的所有权也转移给了保管人。在合同届满时，保管人以相同种类、相同品质、相同数量的替代品返还的一种仓储方法。

经营特点：替代物返还，所有权随交付而转移；保管对象是实物；收入主要来自于仓储物消费的收入；仓储过程由仓库保管人操作。

4）仓库租赁经营

仓库租赁经营是指通过出租仓库、场地、仓库设备，由存货人自行保管货物的仓库经营方式。

经营特点：存货人自行保管货物；收入主要来自于租金；设备维修由保管人负责。

知识链接4-1

箱柜委托租赁保管业务

箱柜委托租赁保管业务是仓库经营者以一般城市居民和企业为服务对象，向他们出租

体积较小的箱柜来保管非交易物品的一种仓储业务。其对一般居民和家庭的贵重物品，如金银首饰、高级衣料、高级皮毛制品、古董、艺术品等，提供保管服务；对企业以法律或规章制度规定必须保存一定时间的文书资料、磁带记录资料等物品提供保管服务。箱柜委托租赁保管业务强调安全性和保密性，它为居住面积较小的城市居民和办公面积较窄的企业提供了一种便利的保管服务。箱柜委托租赁保管业务是一种城市型的仓库保管业务。

许多从事箱柜委托租赁保管业务的仓库经营人专门向企业提供这种业务，其根据保管物品、文书资料和磁带记录资料的特点建立专门的仓库，这种仓库一般有三个特点：一是注重保管物品的保密性，因为保管的企业资料中许多涉及企业的商业秘密，所以仓库有责任严守企业秘密，防止被保管的企业资料流失到社会上去；二是注重保管物品的安全性，防止保管物品损坏变质。因为企业的这些资料如账目发票、交易合同、会议记录、产品设计资料、个人档案等需要保管比较长的时间，必须防止保管物品损坏变质；三是注重快速服务反应。当企业需要调用或查询保管资料时，仓库经营人能迅速、准确地调出相关资料及时送达企业。

箱柜委托租赁保管业务作为一种城市型的保管业务具有较大的发展潜力。其在经营方法上要注意以下一些问题：①仓储经营人应该根据市场需要提供合适的仓库、场地和仓储设备，并保证所提供的仓储资源质量可靠；②仓储经营人应该加强对环境、安全的管理工作，协助租用人使用好仓储资源，必要时可为租用人提供仓储保管的技术支持；③应该签订仓储租赁合同，以明确双方的权利义务关系。

5）仓储多种经营

（1）仓储多种经营具备的条件

仓储多种经营是指仓储企业为了实现经营目标，采用多种经营方式。如在开展仓储业务的同时，还开展运输中介、商品交易、配载与配送、仓储增值服务等。

仓储企业要开展多种经营必须具备一定的条件。第一，要能适应瞬息万变的物流市场。消费者需求受市场环境等多种不可控因素影响，环境因素在不断变化，市场需求也在不断变化。第二，能更好地减少风险。任何一个企业的经营活动都存在风险，问题在于如何减少风险、分散风险和增强抗风险的能力。多元化经营能分散风险，但实践证明，若经营项目选择不当会带来风险。实施仓储经营多样化，可使仓储的经营范围更广。把资金分散经营，其前提条件就是这些项目是企业的优势项目，可以减少风险，确保企业的正常经营。

（2）仓储多种经营中的仓储增值服务

随着物流业的快速发展，仓储企业充分利用其联系面广、仓储手段先进等有利条件，向多功能的物流服务中心方向发展，开展加工、配送、包装、贴标签等多项增值服务，增加仓储利润。

仓储可提供的增值服务主要有：

①托盘化。这就是将产品转化为一个独立托盘的作业过程。

②包装。产品的包装环节由仓储企业和企业的仓储部门共同完成，把仓储的规划与相关的包装业务结合起来综合考虑，有利于整个物流效益的提高。

③贴标签。这是在仓储过程中完成在商品上或商品包装上贴标签的工序。

④产品配套、组装。当某产品需要由一些组件或配件组装配套而成时，就有可能通过仓储企业或部门的配套组装增值服务来提高整个供应链过程的效率。在仓储过程中，这些配件不出仓库就直接由装配工人完成配装，提高了物流的效率，节约了供应链成本，不但使得存储企业的竞争力增强、效率提高，同时也使得生产部门和企业的压力减轻。

⑤简单的加工生产。一些简单的加工生产业务本来在生产过程中是作为一道单独的工序来完成的，把这些简单加工过程放到仓储环节来进行，可以从整体上节约物流流程，降低加工成本，并使生产企业能够专心于主要的生产经营业务活动。如把对商品的涂油漆过程放到仓储环节来进行，可以缩短物流流程，节约物流成本，提高仓储企业的效率。

⑥退货和调换服务。当产品销售之后，产品出现质量问题或出现纠纷，需要实施退货或货物调换业务时，由仓储企业来帮助办理有关事项。

⑦订货决策支持。由于仓储过程中仓储企业掌握了每种货物的消耗过程和库存变化情况，这就有可能对每种货物的需求情况进行统计分析，从而为客户提供订货及库存控制的决策支持，甚至帮助客户进行相关的决策。

知识链接4-2

仓储多种经营中的运输中介

运输中介即运输服务中间商。运输中介通常不拥有运输设备，但向其他厂商提供间接服务。其职能类似营销渠道中的批发商，即从各种托运人手中汇集一定数量的货源，然后购买运输。中间商主要有货运代理人、经纪人。

所谓的货运经纪人实际上是运输代办，其以收取服务费为目的。货运经纪人相当于整个物流业务的润滑剂，有机地结合托运人与承运人，并且方便了小型托运人的托运活动，因为小型托运人无法得到承运人的较好服务。货运经纪人同时也简化了承运人的作业，使很多小托运人不用亲自到承运人处办理托运业务。出于对利润的追求，货运经纪人会根据托运人的要求合理安排运输方式，从而节约费用，避免物流浪费。

货运代理人（简称货代）常常把来自各种客户手中的小批量装运整合成大批量装载，然后利用专业承运人进行运输；到达目的地后，再把大批量装载的货物拆成原来的装运量。货运代理人的主要优势在于大批量的装运可以获得较低的费率，而且在很多时候小批量装运的速度甚至快于个别托运人直接与专业承运人打交道的速度。

社会分工导致货运代理人的产生，其有以下优点：第一，通过对货物的整合，使专业承运人的规模经济效益提高。第二，缩短专业承运人发出货物的时间，减少货物在专业承运人处的储存时间，提高作业效率。第三，缩短托运人的发货时间，货运代理人收集的大量货物可以让专业承运人快速发货而不必等待集货发运。许多时候，托运人的小批量货物暂时没有同样目的地的货物无法发运，只有积累到一定数量后才可发运。第四，货运代理人收集的大量货物可以集中一次发运到目的地，不用中途重新装运，减少了工作量，减少了货物二次装运的破损率。第五，货运代理人具有熟练的运输专业技能，充分掌握运输市场的信息，且与众多的实际承运人有着密切的关系和简单而有效的业务流程。

案例分析 4-1

四种市场定位

某新成立的第三方物流企业拥有 3 吨普通卡车 50 辆，10 吨普通卡车 30 辆，高级无梁仓库 20 000 平方米，层高 14 米，企业地处上海市闵行地区，闵行地区是上海最早的经济技术开发区，外商投资企业多，邻近有沪闵路和莘松公路，交通便利。请比较以下四种市场定位中哪一种最适合于该企业，为什么？（1）上海西部地区的国际货运代理；（2）企业的第三方物流企业；（3）车辆外包、仓库出租；（4）省际运输仓储企业。

分析：最适合该企业的市场定位应当是成为企业的第三方物流企业。要成为国际货运代理企业，需要相关部门批准，手续繁琐，更重要的是国际货运代理企业主要处理集装箱业务，车辆最好是集装箱卡车，而本企业只有普通卡车，不具备条件，因而不予考虑。闵行地区是上海最早的经济技术开发区，外商投资企业较多，并且具有较长的历史，更往西部的松江经济开发区也有许多外商投资企业，这些货主企业对于采购第三方物流早有需求，只要掌握了他们的物流需求，并充分结合自己的能力，就有可能提供令人满意的服务。车辆外包、仓库出租尽管可以极大地调动司机工作的积极性并提高仓库使用效率，但是不能发挥企业的规模优势，与物流的整合资源的理念也是截然对立的。省际运输仓储业的定位是基于传统方式，面向公众的服务方式，并没有凸显物流企业的特点。

4.2　仓储成本及仓储收入

4.2.1　仓储成本

1）仓储成本的含义

仓储成本是指仓储企业在开展仓储业务活动中各种要素投入的以货币计算的总和。仓储成本是物流成本的重要组成部分，对物流成本的高低有直接影响。大多数仓储成本不随存货水平变动而变动，而是随存储地点的多少而变。仓储成本包括仓库租金、仓库折旧、设备折旧、装卸费用、货物包装材料费用和管理费等。

与库存成本不同，货物的仓储成本主要是指货物保管的各种支出，其中一部分为仓储设施和设备的投资，另一部分则为仓储保管作业中的活劳动或者物化劳动的消耗，主要包括工资和能源消耗等。根据货物在保管过程中的支出，可以将仓储成本分成以下几类：

保管费。为存储货物所支付的货物养护、保管等费用，其包括：用于货物保管的货架、货柜的费用开支，仓库场地的房地产税等。

仓库管理人员的工资和福利费。仓库管理人员的工资一般包括固定工资、奖金和各种生活补贴。福利费可按标准提取，一般包括住房基金、医疗以及退休养老支出等。

折旧费或租赁费。仓储企业有的是以自己拥有所有权的仓库以及设备对外承接仓储业务，有的是以向社会承包租赁的仓库及设备对外承接业务。自营仓库的固定资产每年需要提取折旧费，对外承包租赁的固定资产每年需要支付租赁费。仓储费或租赁费是仓储企业的一项重要的固定成本。对仓库固定资产按折旧期分年提取主要包括：库房、堆场等基础设施的折旧和机械设备的折旧等。

修理费。其主要用于设备、设施和运输工具的定期大修理，每年可以按设备、设施和运输工具投资额的一定比率提取。

装卸搬运费。装卸搬运费是指货物入库、堆码和出库等环节发生的装卸搬运费用，包括搬运设备的运行费用和搬运工人的成本。

管理费用。管理费用指仓储企业或部门为管理仓储活动、仓储业务而发生的各种间接费用，主要包括仓库设备的保险费、办公费、人员培训费、差旅费、招待费、营销费、水电费等。

仓储损失。其是指保管过程中货物损坏而需要仓储企业赔付的费用。造成货物损失的原因一般包括仓库本身的保管条件，管理人员的人为因素，货物本身的物理、化学性能，搬运过程中的机械损坏等。实际中，应根据具体情况，按照企业的制度标准，分清责任合理计入成本。

2）仓储成本的构成

仓储成本是因为储存或持有存货而产生的，是由投入仓储保管活动中的各种要素的费用构成的，其与所持有的平均库存量大致为正向关系。仓储成本的主要项目如下：

（1）固定资产折旧和租赁费。独立经营的仓库以自己拥有所有权的仓库和设备对外承接仓储业务，附属仓库一般都进行相对独立的核算。两类仓库都需要按年提取折旧进入当期仓储成本。固定资产主要指建筑物、堆场、道路、运输工具、仓储机械设备等大额投资，这些投资在仓库建设时一次性投入，通过逐年折旧方式收回。固定资产折旧年限一般在5~20年。

企业仓储与设施不足时，可以向社会租赁仓库及设备设施。对外承租的固定资产每年需要交纳租赁费，例如仓储企业所使用的铁路线和码头不属于仓储企业，则应按协议规定来支付这些设施的租赁费用。固定资产折旧和租赁费是仓储企业的固定成本，与仓储业务量间为反函数关系，即仓储业务量增加时，单位平均固定成本减少；当仓储业务量减少时，单位固定成本增加。

（2）设备维修费。其主要指用于大型设备设施的定期大修理费用。每年的大修理基金从仓储经营收入中提取，提取额度为设备投资额的3%~5%，专项用于设备大修理费用。大修理费属于仓储固定成本。

（3）工资和福利费。其是指发给仓储企业内各类人员的工资、奖金和各种补贴，以及由企业缴纳的住房公积、医疗保险、养老保险等费用。福利费可按实发工资的一定标准计算提取。计提的工资和福利费都要计入当期的仓储成本。其中仓储管理人员的工资和福利费列入管理费用，属于固定成本；一般人员的工资和福利费是直接人工费，属于变动成本。

（4）仓储保管费。其包括：①仓储生产经营耗用的能源费、水费；②仓库的货架货柜、装卸搬运生产使用的工具等低值工具的耗费；③绑扎、衬填、苫盖、包装等材料的耗费；④进出仓短途搬运装卸费、盘点倒垛费、加工费、重型机械使用费等耗费；⑤因保管不善等原因造成的物品残损费。

因仓储保管发生的费用较多，多数属于与仓库业务量有关的变动成本或固定成本，有的属于两者皆有的混合成本。这时应配合相应的数学模型进行分解，使其归类到两种不同的成本类型中去，以利分析计算用。

（5）管理费用、财务费用、营销费用。管理费用是仓储企业为组织和管理仓储经营业务所发生的费用。其包括行政办公费、公司经费、工会经费、职工教育费、排污费、绿化费、信息咨询费、审计费、土地使用费、业务费、劳保费、坏账准备等。附属仓储企业分摊的管理费包括：仓储设备的保险费、公司分摊到仓储企业的管理费，仓储部门管理人员的工资福利费和办公费、人员培训费、水电费等。

财务费用主要指仓储企业使用投资基金所要承担的利息，即资本成本。当资金为借款时，直接支付利息。如果使用自有资金，也应当对资金支付利息，让利息进入经营成本。

营销费用包括企业宣传、业务广告、仓储促销、交易费用等仓储经营业务活动的费用支出。

（6）保险费。保险费是仓储企业对于意外事故或者自然灾害造成仓储物资损坏所要承担赔偿责任进行保险所支付的费用。一般来说如果没有专门约定，仓储物资的财产险由存货人承担，仓储保管人仅承担责任险投保。

（7）税费。由仓储企业承担的税费也可看作费用支出。其包括仓储营业税或企业所得税在仓储中的分摊，以及仓库场地的房地产税。

（8）仓储损失。其是指保管过程中货物损坏而需要仓储企业赔付的费用。造成货物损失的原因一般包括仓库本身的保管条件，管理人员的人为因素，货物本身的物理、化学性能，搬运过程中的机械损坏等。实际中，应根据具体情况，按照企业的制度标准，分清责任，合理计入成本。

3）仓储成本分析

仓储成本管理是仓储企业管理的基础，对提高企业整体管理水平、经济效益有重大影响，但是由于仓储成本与物流成本的其他构成要素如运输成本、配送成本以及服务质量和水平之间存在二律背反的现象，因此，降低仓储成本要在保证物流总成本最低和不降低企业的总体服务质量、目标水平的前提下进行。其常见的措施有：采用"先进先出"方式，减少仓储物的保管风险；提高储存密度，提高仓容利用率；采用有效的储存定位系统，提高仓储作业效率；采用有效的监测清点方式，提高仓储作业的准确程度；加速周转，提高单位仓容产出；采取多种经营，盘活资产；加强劳动管理；降低经营管理成本。

仓储成本是为完成货物保管任务而消耗的各种经济要素，其中一部分是仓库建筑和设备的投资与维护费用，另一部分为仓储保管作业中的劳动消耗。

企业仓储成本是物流总成本的重要组成部分，物流总成本的高低常常取决于仓储管理成本的大小。企业物流系统所保持的库存水平，对于为企业生产经营服务、为客户服务起着重要的作用。在物流管理初期，企业早已清醒地认识到，降低仓储成本是继降低制造成本和扩大销售之后的"第三利润源泉"。

仓储成本分析是以会计核算资料为基础，结合业务核算和统计核算资料，采用多种分析计算方法，对仓储成本的静态结构和动态变化进行分析研究，揭示其降耗增效的机会和规律。通过仓储成本分析开发出的信息资料，是正确核算仓储成本、制造仓储服务收费价格等策略的依据。

4）降低仓储成本的途径与方法

（1）ABC分类控制法

存货的ABC分类控制法是运用数理统计原理，根据"关键的少数和一般的多数"理论，将仓储的货物分为A、B、C三类。A类存货在品种上占总数的5%~10%，其资金占用较多，一般占储存总成本的70%以上，应进行重点管理。B类存货为一般存货，品种数占20%左右，资金占用也是20%左右，应进行常规管理。C类存货品种数量繁多，占总数的70%以上，资金占用比例则只有10%左右，不必花费太多精力，一般凭经验管理即可。

采用ABC分类控制法时，对于A类存货，由于占用资金较大，应严格按照最佳库存量的方法，采取定期订货方式，设法将库存降到最低限度，并对库存变动实行经常或定期检查，严格盘存。C类存货虽然品种数量较多，但占用资金不大，一般按订货点组织订货，在库管上定期盘点，适当控制库存即可。对B类存货，可进一步再分类，对金额偏高的可参照A类存货管理，金额偏低的参照C类管理。

（2）加速周转，提高仓容利用率

存货周转速度加快，能使企业的资金循环周转加快、资本增值加快、货损货差降低、仓库吞吐能力增强、成本下降。

（3）充分利用现代仓储技术和设备

企业可以采用计算机定位系统、计算机存取系统、计算机监控系统，使用仓储条码技术，通过现代化货架、专业作业设备、叉车、新型托盘等进行仓储管理。

（4）加强劳动管理，降低管理成本

人工费是仓储成本的重要组成部分，加强管理能避免人力浪费和劳动效率低下。经营管理费用的支出时常不能产生直接的收益和回报，但也不能完全取消，所以加强管理是很必要的。

（5）加强企业成本管理的核算

降低仓储服务产品的价格，目的是提高企业的市场竞争能力。仓储服务成本是制定仓储服务价格的主要依据。通过对仓储服务产品成本的科学管理，在逐步提升服务质量的前提下使仓储服务成本降至最低，便可在社会平均利润率的基础上降低其产品价格，企业就能取得更大的市场份额。

（6）充分利用电子商务下仓储管理信息化、网络化、智能化的优势

企业应有效控制进销存系统，使物流、资金流、信息流保持一致。运用物流、资金流、信息流的动态资料辅助决策，能有效降低库存的成本费用，提高仓储服务的效率。

案例分析4-2

美国布鲁克林酿酒厂物流成本管理

布鲁克林酿酒厂于1987年11月将它的第一箱布鲁克林拉格运到日本，并在最初的几个月里使用了各种航运承运人。最后，日本金刚砂航运公司被选为布鲁克林酿酒厂唯一的航运承运人。金刚砂公司之所以被选中，是因为它向布鲁克林酿酒厂提供了增值服务。

金刚砂公司在飞往东京的商务航班上安排运输，在日本报关并办理清关手续。这些服务有利于保证产品完全符合保鲜要求。布鲁克林酿酒厂对物流时间与价格进行控制。啤酒之所以能达到新鲜的要求，是因为这样的物流作业可以在啤酒酿造后的1周内将啤酒从酿酒厂直接运送到顾客手中。新鲜啤酒能超过一般的价值定价，高于海运装运的啤酒价格的5倍。虽然布鲁克林拉格在美国是一种平均价位的啤酒，但在日本，它是一种溢价产品，获得了极高的利润。布鲁克林酿酒厂还通过装运小桶装啤酒而不是瓶装啤酒来降低运输成本。虽然小桶重量与瓶的重量相等，但减少了玻璃瓶破碎而使啤酒损毁的机会。此外，小桶啤酒对保护性包装的要求也比较低，这进一步降低了装运成本。

資料来源：佚名.美国布鲁克林酿酒厂物流成本管理[EB/OL].[2011-11-16].http：//wenku.baidu.com/link?url=_Aygd2FHYeWf5cUqzZKNngSNK3Jey8GAKTL24IVabaNR24Gb7phxZ6JqWBVnnkfpb_M34NrEA_T0tQMmGX395b1HIwNLkOF7YmXWv8Ksu.

分析：该酒厂非常重视成本管理，对成本进行了分析，并从细微处着手采取一系列措施降低物流成本。

4.2.2　仓储业务收入

1）仓储业务收入的构成

要确定仓储业务的收入，首先应明确收入的组成部分，即仓储收入的构成，然后据此计算出各种收费的费率。仓储收入可以分为货物进出库的装卸收入，货物存储于库场的存储收入，对货物进行挑选、整理、包装等加工和代办的收入。

（1）货物进出库的装卸费。货物进出库的装卸费应根据装卸货物的数量（吨数或件数）、所使用的装卸机械设备使用费并考虑货物的装卸难易程度确定。

（2）货物存储费。货物存储费一般根据货物储存的数量、体积、时间、货物的价值及保值的要求等因素确定。

（3）货物加工费与代办费。对货物进行挑选、整理、包装、贴标签等加工费应根据不同的规格要求确定其收费。仓储企业一般可从事的加工业务有：货物的分拣、整理、修补、包装、成组、熏蒸、代验、计量、刷标、更换商品包装、货物的简单装配等；对客户代办业务包括代收发货、代办保险、代办运输等。

（4）集装箱辅助作业费。集装箱辅助作业费包括拆装箱费、存箱费、洗箱费以及集装箱修理费等，还包括仓储企业自有集装箱供用户租用所收取的租金。

（5）其他收入。其他收入是指以上收入以外的收入。例如，拥有铁路专用线或码头的仓储企业还可收取用户使用这些设施的使用费，将富余的或暂时闲置的仓库设施，甚至库房、技术条件租赁给用户并收取租金等。

2）货物仓储费率

货物仓储费率由存储费率、进出库装卸搬运费率和其他劳务费率构成。

（1）存储费率。存储费率可根据货物保管的难易程度、货物价值、进出库场的作业方式等制定。库房、库场的货物储存费率以吨/天为单位，按成本加成等方法计算，其基础是吨/天保管成本。对于储存中使用苫垫材料的，要按使用的苫垫材料数量另加苫垫费。仓库性质不同，其存储费率的计算方法也不同。对于长期存储的仓库，每天存储费率一般不变；对于中转性的仓库，则往往采用按存储时间费用递增的计算方法，其目的是加快有限的库场的周转。

（2）进出库装卸搬运费率。进出库场的装卸、搬运费率包括设备使用费率和劳动力费率。计费项目包括：进出库场货物的装卸、搬运、过磅、点数、堆码、拆垛、拼垛等方面的设备使用费、修理费、折旧费和人工费用等。

（3）其他劳务费率。因货物保管以及货主要求所进行的对仓储货物的加工，其费率可以根据加工项目、数量以及加工等难易程度确定费率；有些特殊要求的加工，其费率还可采取协议方式确定。

3）结算

仓库的及时结算并收取各种费用是一项加速资金周转、提高资金使用效率的重要工作。存储费的收计天数从货物进仓之日起至货物出库的前一天为止。仓库业务部门每天根据存货单位当天的货物出入库凭证，分别计算出各存货单位的货物进仓数量、出仓数量和结余数量，填写货物进出日结单。在每月月末结算出各存货单位的结存累计数量和进、出库累计数量，交仓库财务部门计算应收的各项费用，然后向存货单位及时收取存货款。

4.3 仓储商务

4.3.1 仓储商务的概念、内容

1）仓储商务的概念

仓储商务是指仓储经营人利用其仓储保管能力向社会提供仓储保管产品并获取经济收益的商业行为。商务活动是企业对外的一种经济交换活动，因此，若企业自营仓储则不发生仓储商务活动。

2）仓储商务的内容

仓储商务活动是企业对外经济活动的综合体现，其内容包括制定企业经营战略、市场调研和市场开拓、商务磋商和签订商务合同以及合同的履行。

（1）制定企业经营战略。仓储企业要实现可持续性发展，离不开一支合理高效的商务队伍、一套完善的商务管理和作业规章制度、一个科学合理的管理体系，因此，在全面了解企业资源的情况下制定企业经营战略，对仓储企业的发展至关重要。在制定企业经营战略时，要综合考虑企业自身的人力、财力和物力以及市场对仓储产品的需求和供给状况，以实现可持续发展和利润最大化为原则，合理制定企业经营发展目标和经营发展方法。仓储企业可以在总体经营战略的基础上选择租赁经营、公共仓储、物流中心、配送中心，采用单项专业经营、综合经营或者实行独立经营。

（2）市场调研和市场开拓。市场调研是企业进行有效经营决策不可缺少的一步，市场调研的资料和结论往往能成为企业经营决策的重要依据。仓储企业市场调研的目的在于寻找和发现潜在的商业机会，对市场进行分析并合理选择商业机会。仓储企业市场调查的重点应放在仓储市场的供求关系、仓储服务需求方的需求变化、同行业的竞争状况等方面。市场开拓的目的在于通过采取针对性的有效措施，挖掘有潜在需求的客户，并与其建立业务关系。市场开拓可采用广告宣传、人员促销、关系营销、企业联系等方法。企业也可结合有效的市场开拓进行企业形象宣传。

（3）商务磋商和签订商务合同。合同是市场经济主体之间权利义务关系的综合体现。

仓储企业经营者应本着诚实信用、互惠互利的原则积极与客户进行商务沟通和商务谈判。由于物资仓储往往需要较长时间，而且在保管的过程中可能涉及加工处理、分拆等作业，也有可能涉及仓单持有人，为了避免产生争议，商务磋商的内容应该尽可能使条款细致、内容充分。双方在意思表示一致的基础上应该订立较为完备的商务合同，以明确仓储合同双方的债权债务关系，为仓储活动的顺利开展提供有保障的法律依据。

（4）合同的履行。合同的履行是双方权利义务得以实现的阶段，也是仓储企业实现其经济利益的阶段。

知识链接4-3

仓储商务合同履行的关键环节

对于一项仓储商务合同而言，其履行主要包括以下一些关键环节：

1. 存货人交付仓储物。存货人应按合同约定的时间和地点准备好仓储物。仓储物应该适合仓储，存货人对仓储物的状态、质量应提供相应的证明。若存放危险品或易变质的物资，存货人应向保管人详细说明仓储物的性质和存放时的注意事项。

2. 保管人接收仓储物并保管仓储物。这是保管人在仓储过程中的主要义务。其具体包括：保管人按合同约定在接受仓储物之前准备好合适的仓库；保管人在接受仓储物时对仓储物进行严格检验，确定仓储物的状态、质量和数量；按合同约定对仓储物妥善进行卸载、堆放；货物接受完毕后，向存货人签发仓单；采取有效措施对仓储物进行妥善保管和相应的作业；对于存放期间仓储物的损害或变化应采取必要的处理措施并及时通知存货人。

3. 存货人提货。仓储期满后，存货人或仓单持有人可凭仓单向保管人提取仓储物。提货人提货时应对仓储物进行检验，确定仓储物的状态、数量和质量是否完好。提货人对仓储中产生的残损货物、收集的地脚货、货物残余物等有权一并提取。

4. 存货人支付仓储费用。这是存货人的一项义务。按合同的约定，仓储费的支付可采取预付、定期支付、提货时支付等方法。存货人应严格按照合同履行仓储费用的支付义务，包括支付保管人的垫付费用、仓储物的性质造成保管人的损失、超期存货费和超期加收费等。

4.3.2 仓储商务管理的概念、作用和特征

1) 仓储商务管理的概念

仓储商务管理是指仓储经营者对仓储商务所进行的计划、组织、指挥和控制的活动，属于独立经营的仓储企业内部管理之一。作为仓储企业管理的组成部分，仓储商务管理包括对仓储商务工作的人、财、物的组织和管理，涉及企业资源的合理利用、制度建设、激励机制以及仓储商务队伍的教育培养等各方面。其具体内容包括：组建仓储商务机构，选配仓储商务人员，制定仓储商务工作制度和管理制度；有效组织市场调研，广泛收集和分析市场信息，捕捉有利的商业机会，科学地制定竞争策略；根据当前市场的需要和发展，科学规划和设计营销策略；充分利用先进的技术和有效的手段降低成本；准确进行成本核算，细致进行成本分析，实现企业整体成本管理的效果，进一步降低成本；以优质的服务

满足客户的需要，实现企业经济和社会效益的提高；加强交易磋商管理和合同管理，严格依合同办事，守信用、讲信誉；建立风险防范机制，妥善处理商务纠纷和冲突，防范和降低商务风险；加强仓储商务人员管理，以人为本，充分调动全体商务人员的积极性，发挥其聪明才智；重视仓储商务人员的培养，确保其跟上时代发展的要求，保持企业发展后劲。

2）仓储商务管理的作用

仓储商务管理的作用具体表现在以下几个方面：

（1）满足社会需要。仓储企业的商务管理就是为了通过仓储服务，向社会提供尽可能多的仓储产品，满足社会对仓储产品的需要。其任务就是积极开发市场，适应市场需求的变化，提高服务水平，降低产品价格，提高产品竞争力。

（2）充分利用企业资源。在有效的仓储管理之下，仓储企业在获得大量的商业机会的同时，也承担起按时提供仓储服务的义务。这需要仓储企业充分利用企业的人力、物力、财力资源，完成仓储任务，使仓储企业的一切资源都得到充分利用。

（3）降低成本。成本的高低是决定企业竞争力的关键因素。仓储商务管理不仅要尽可能地提高交易回报，在市场竞争激烈的形势之下，更重要的是采取先进的经济管理理论、现代化技术、有效的经营手段，控制和减少成本，借以提高企业竞争力。

（4）降低风险。一般来讲，企业的经营风险绝大部分来自于商务风险，高水平的商务管理应尽可能避免商务风险与责任事故的发生，规避经营风险。建立有效的风险防范机制、妥善地处理协议纠纷、构建仓储商务质量管理体系是仓储商务管理的重要任务。

（5）塑造企业形象。商务的每一项工作都会对企业形象产生直接的影响，例如，商务人员在对外交往的过程中，其一言一行常常代表着企业的形象，关系到客户对企业的信赖程度。因此，仓储商务管理要以以人为本、权责分明为原则建立一支精明能干、业务熟练的商务队伍，提倡合作和服务的精神，加上企业整体守合同、讲信用的商务管理，逐步树立起仓储企业可信赖、高水平的企业形象。

（6）提高效益。一方面，通过有效的成本管理、最少的经营风险使成本降低，进而实现仓储企业效益的提高；另一方面，良好的企业形象将促进仓储企业社会效益的提高。

3）仓储商务管理的特征

相对于其他企业项目管理，仓储商务管理具有以下特征：

（1）经济性。虽然企业管理的最终目标是要追求企业利润最大化，各方面的管理也是围绕这一总目标展开，但与企业经营管理、人力资源管理等相比，商务管理直接涉及企业的经营目标和经营收益，更为重视管理的效益性。

（2）外向性。仓储商务活动是企业对外的一种经济交换活动，仓储商务管理是围绕着仓储企业与外部发生的经济活动的管理。

（3）整体性。仓储商务活动直接涉及企业整体的经营和效益，因此在仓储企业内部，高层管理者会将仓储商务管理作为自己的核心工作。仓储商务管理的好与坏，直接影响到其他各部门的工作。

4.3.3　仓储合同及仓单

1）仓储合同

（1）仓储合同的含义及特征

仓储合同是保管人储存存货人交付的仓储物，存货人支付仓储费的合同。提供储存保管服务的一方称为保管人，接受储存保管服务并支付报酬的一方称为存货人。交付保管的货物为仓储物，仓储合同属于保管合同的一种特殊类型，具有保管合同的基本特征，同时仓储合同又具有自己的特征。

仓储合同有其法定的特点，所以在签订履行时要注意企业权利义务的内容、起始时间，这决定着承担责任的内容和开始时间。

仓储合同的性质及其与保管合同的区别。其包括：①合同生效时间不同，仓储合同为成立时生效，保管合同为货物交付时生效。②仓储合同均为有偿，而保管合同有偿与否则由当事人自行约定。③仓储的货物所有权不发生转移，只是货物的占有权暂时转移，保管合同货物的所有权或其他权利仍属于存货人所有。④仓储保管的对象必须是动产，不动产不能作为仓储合同的保管对象。这也是仓储合同区别于保管合同的显著特征。⑤仓储合同的保管人，必须具有依法取得从事仓储保管业务的经营资格。⑥仓储合同是诺成合同。诺成合同是指以缔约当事人意思表示一致为充分成立条件的合同，即一旦缔约当事人的意思表示达成一致即宣告成立的合同，自当事人双方意思表示一致时即可成立，不以一方交付标的物为合同的成立要件，当事人交付标的物属于履行合同，与合同的成立无关。

（2）保管方的义务

保管方应保证货物完好无损；对库场因货物保管而配备的设备，有义务加以维修，保证货物不受损害；在由保管方负责对货物搬运、看护、技术检验时，应及时委派有关人员；保管方对自己的保管义务不得转让；不得使用保管的货物，其不对此货物享有所有权和使用权；保管方应做好入库的验收和接收工作，并办妥各种入库凭证手续，配合存货方做好货物的入库和交接工作；对危险品和易腐货物，如不按规定操作和妥善保管，造成毁损，由保管方承担赔偿责任；一旦接受存货方的储存要求，保管方应按时接受货物入场。

（3）存货方的义务

存货方入库场的货物数量、质量、规格、包装应与合同规定内容相符，并配合保管方做好货物入库场的交接工作；按合同规定的时间提取委托保管的货物；按合同规定的条件支付仓储保管费；存货方应向保管方提供必要的货物验收资料；对危险品货物，必须提供有关此类货物的性质、注意事项、保管的方法等资料；由于存货方原因造成退仓、不能入库场，存货方应按合同规定赔偿保管方；由于存货方原因造成不能按期发货，由存货方赔偿逾期损失。

（4）仓储合同签订的注意事项

一是保管人的资格。在签订仓储合同之前，一定要查明保管人是否具有从事仓储的资格，并且是否在其营业执照上写明。当保管人一方是代理人来签合同时，存货人应注意审查其是否具有代理人资格。

二是关于仓储物。仓储物是否违法，在订立仓储合同时，保管人应确切地知晓存货人所存放的是什么物品，防止存货人利用仓储公司存放违法物品。合同中应注明仓储物的品名、品种、规格、数量、质量、包装；规定仓储物的验收内容、出入库手续；合同中要明确约定仓储物在储存期间和运输过程中的损耗、磅差标准的执行原则，其有国家或专业标准的，按国家或专业标准规定执行；没有国家或专业标准的，可以商定在保证运输和存储安全的前提下由双方进行规定。

三是保管条件。仓储物的储存条件和储存要求必须在合同中明确进行规定，需要在冷冻库里储存或是在高温、高压下储存，都应通过合同订明。特别是对易燃、易爆、易渗漏、易腐烂、有毒等危险物品的储存，要明确操作要求以及储存条件和方法。原则上有国家规定操作程序的，按国家规定执行；没有国家规定的，按合同约定储存。

（5）仓储合同中的违约责任

仓储合同中保管人的违约责任：保管人验收仓储物后，在仓储期间发生仓储物的品种、数量、质量、规格、型号不符合合同约定的，承担违约赔偿责任；仓储期间，因保管人保管不善造成仓储物毁损、灭失，保管人承担违约赔偿责任；仓储期间，因约定的保管条件发生变化而未及时通知存货人，造成仓储物的毁损、灭失，由保管人承担违约损害责任。

仓储合同中存货人的违约责任：存货人没有按合同的约定对仓储物进行必要的包装或该包装不符合约定要求，造成仓储物的毁损、灭失，自行承担责任，并由此承担给仓储保管人造成的损失；存货人没有按合同约定的仓储物的性质交付仓储物，或者超过储存期，造成仓储物的毁损、灭失，自行承担责任；危险有害物品必须在合同中注明，并提供必要的资料，存货人未按合同约定执行而造成损失，自行承担民事和刑事责任，并承担由此给仓储人造成的损失；逾期储存，承担加收费用；储存期满不提取仓储物，经催告后仍不提取，仓储人承担违约赔偿责任。

（6）合同范本

仓储合同

甲方：存货人：＿＿＿＿＿＿＿＿＿＿＿＿＿＿＿（以下简称甲方）

乙方：保管人：上海共青仓储有限公司（以下简称乙方）

为适应市场经济发展、提高企业经济效益，在乙方具备法人资格、拥有仓库所有权的前提下，双方就甲方所有的仓储物资在乙方仓库储存的相关事宜进行协商，本着互惠互利、双方自愿、真诚合作、共同发展的原则，达成如下协议：

一、标的：＿＿＿＿＿＿＿＿＿＿＿＿＿采购的各种钢材。

二、数量：仓储物资的具体品种、规格、数量由甲方提供。

三、仓储物资的交付、验收方式及期限：

1.甲方的仓储物资在交付给乙方仓库保管前，应事先将有关仓储物资的到货信息资料以书面形式及时通知乙方，以便乙方能及时安排货位和做好接货的准备工作。

2.甲方的铁路、水路运单收货人栏内填写：

收货人：上海共青仓储有限公司（代＿＿＿＿＿＿＿＿＿＿＿＿）

整车到站：杨浦车站；整船到站：复兴岛木材码头

3.为了方便联系，乙方应配备基本的通信设备：长途电话机、传真机。乙方根据甲方验收单的内容及时组织入库验收并在货到3个工作日内验收完毕，验收完毕后将验收结果填写在验单上，加盖乙方公章及经办人章（或签字）后转给甲方，以作为甲方的入库验收凭证，乙方对甲方发到仓库的仓储物资要建立单独的收、发、存台账。

4.对甲方入库的存储物资，乙方必须一车一位存放、集中摆放整齐、设置标识、专人管理，并按国家同类物资存放的标准存放，以确保钢材在存放期间的质量。

四、仓储费及结算方式：

1.收费标准：

（1）货物出库费15元/吨，如需装船每吨加收装船费10元/吨。

（2）货物到达乙方仓库全部费用由乙方实行包干：①铁路运输卸车费780元/车皮，短驳运输费320元/车皮；②船进起驳费10元/吨。每月20日之前向甲方结清上月所发生费用。

（3）货物加工，开平费____元/吨（免出库费）；切边费____元/吨；厚度超过12毫米加工费另议。

2.结算方式：转账。

五、数量及质量异议提出期限：

1.乙方在接受甲方交付的仓储物资入库时，应当按照合同的约定对仓储物资进行验收，验收中出现与甲方提供的入库验收单不符现象，乙方应在3个工作日内以书面形式通知甲方，以便甲方核实。

2.验收中出现盈亏、残损及外观质量问题，乙方应在仓储物资到库的3个工作日内，以书面形式及时通知甲方（按标准允许的交货公差除外），并提供盈亏磅码单或残损单等有关资料，由甲方负责处理，乙方负责处理异议时的复磅及进库物资的商检等工作。

3.仓储物资在规定的期限内验收完毕后，在以后的储存和出库过程中发生的残损、短重量等数量、质量等问题，由乙方负责。

4.甲方验收凡是应与_____质保书的验收方式相同。

六、仓库物资出库的手续：

1.甲方在乙方处留存_____公司物资出库单的票样。

2.乙方凭甲方出据的_____公司物资出库单（原始件），经核实无误后，方可出库，并在_____公司物资出库单上加盖乙方公章及经办人签字，出库单发生涂改或印件不全的为无效出库单。乙方不得擅自出库或拖延出库时间，由于乙方业务差错造成甲方的损失，由乙方负责赔偿。

3.乙方协助甲方办理铁路运输、汽车及水路运输工作，其运输费用由货物买方承担。

七、其他约定：

1.甲方对交付给乙方存储的仓储物资拥有所有权。乙方在未经甲方同意的情况下，不得擅自动用、扣留、质押、留置甲方的仓储物资。

2.乙方对甲方的仓储物资负有妥善保管的义务，无论货物位于室内还是室外，都负有防止仓储物资污染、变质的责任。

3.乙方在仓储物资存储期间，不得擅自将仓储物资转交第三人保管。乙方的仓库经营权及法定代表人等有关权属、人员方面发生变动时，乙方应及时以书面形式通知甲方，但不得以变动为由变更或解除仓储合同，否则由此给甲方造成的实际经济损失，由乙方承担。

4.对甲方在乙方仓库内仓储物资，双方应按月核对库存，并提供每月收、发、存报表。

八、违约责任：

甲、乙双方任何一方不履行合同义务或履行合同义务不符合约定，给双方造成损失的，应赔偿实际损失。

1.乙方不能按合同约定的时间、品种、数量接受仓储物资入库或者违反货物出库规定的，必须向甲方交付违约金。违约金的数额为违约所涉及那部分货物的实际损失及由此造成的其他费用。

2.乙方提供的货位不符合要求或者在仓储物资存储期间因保管不善、非因不可抗力造成仓储物资损毁、灭失、短少、变质的，应当承担损害赔偿责任。赔偿金按甲方进货金额赔偿。

3.由乙方负责发运的货物，不能按期发货，应赔偿甲方逾期交货的损失；错发到货地点，除按合同规定无偿运到规定地点外，应赔偿甲方因此造成的损失。

九、因执行本协议而发生的争执，双方应通过协商解决；协商不成，申请仲裁委员会裁决。

十、本合同一式四份，双方各执两份，经双方签字、加盖公章后生效。

十一、附加条款：本协议有效期自____年____月____日至____年____月____日止。

合同期满双方均无书面材料要求终止合同，本合同有效期可顺延壹年。

甲方：   乙方：上海共青仓储有限公司

法定代表人：   法定代表人：薛歆栋

地址：   地址：

邮政编码：   邮政编码：

电话：   电话：

传真：   传真

签订日期：

2）仓单

（1）仓单的定义及性质

仓单是保管人收到仓储物后给存货人开付的提取仓储物的凭证。仓单除作为已收取仓储物的凭证和提取仓储物的凭证外，还可以通过背书，转让仓单项下货物的所有权，或者用于出质。存货人在仓单上背书并经保管人签字或者盖章，转让仓单开始生效。存货人以仓单出质应当与质权人签订质押合同，在仓单上背书并经保管人签字或者盖章，将仓单交付质权人后，质押合同开始生效。

仓单为有价证券。《中华人民共和国合同法》第387条规定："仓单是提取仓储物的凭证。存货人或者仓单持有人在仓单上背书并经保管人签字或者盖章的，可以转让提取仓储物的权利。"可见，仓单表明存货人或者仓单持有人对仓储物的交付请求权，故为有价证券。

仓单为要式证券。《中华人民共和国合同法》第386条规定："仓单须经保管人签名或者盖章，且须具备一定的法定记载事项，故为要式证券。"

仓单为物权证券。仓单上所载仓储物的移转，必须自移转仓单开始生效时，故仓单为物权证券。

仓单为文义证券。所谓文义证券，是指证券上权利义务的范围以证券的文字记载为准。仓单的记载事项决定当事人的权利义务，当事人要依仓单上的记载主张权利义务，故仓单为文义证券。

仓单为自付证券。仓单是由保管人自己填发的，又由自己负担给付义务，故仓单为自付证券。仓单证明存货人已经交付了仓储物和保管人已经收到了仓储物的事实，它作为物品证券，在保管期限届满时，存货人或者仓单持有人可凭仓单提取仓储物，也可以背书的形式转让仓单所代表的权利。

（2）仓单的作用

仓单作为仓储保管的凭证，其作用是显而易见的，主要表现在以下几个方面：

仓单是保管人向存货人出具的货物收据。当存货人交付的仓储物经保管人验收后，保管人就向存货人填发仓单。仓单是保管人已经按照仓单所载状况收到货物的证据。

仓单是仓储合同存在的证明。仓单是存货人与保管人双方订立的仓储合同存在的一种证明，只要签发仓单，就证明了合同的存在。

仓单是货物所有权的凭证。它代表仓单上所列货物，谁占有仓单就等于占有该货物，仓单持有人有权要求保管人返还货物，有权处理仓单所列的货物。仓单的转移也就是仓储物所有权的转移，因此，保管人应该向持有仓单的人返还仓储物。也正由于仓单代表着其项下货物的所有权，所以仓单作为一种有价证券，也可以按照《中华人民共和国担保法》的规定设定权利质押担保。

仓单是提取仓储物的凭证。仓单持有人向保管人提取仓储物时，应当出示仓单。保管人一经填发仓单，则持单人领取仓储物时，不仅应出示仓单，而且还应缴回仓单。仓单持有人为第三人，而该第三人不出示仓单的，只能证明其提货身份，保管人应当拒绝返还仓储物。

此外，仓单还是处理保管人与存货人、提单持有人之间关于仓储合同纠纷的依据。

知识链接4-4

仓单生效必须具备的两个要件

保管人要在仓单上签字或者盖章。保管人在仓单上签字或者盖章表明保管人对收到存货人交付仓储物的事实进行确认。保管人未签字或者盖章的仓单说明保管人还没有收到存货人交付的仓储物，故该仓单不发生法律效力。当保管人为法人时，由其法定代表人或其授权的代理人及雇员签字；当保管人为其他经济组织时，由其主要负责人签字；当保管人为个体工商户时，由其经营者签字。盖章指加盖保管人单位公章。签字或者盖章由保管人选择其一即可。

（3）仓单的主要事项

根据《中华人民共和国合同法》第386条的规定，仓单包括下列事项：

存货人的名称或者姓名和住所。仓单是记名证券，因此应当记载存货人的名称或姓名和住所。

仓储物的品种、数量、质量、包装、件数和标记。在仓单中，有关仓储物的有关事项必须记载，因为这些事项与当事人的权利义务直接相关。这些事项应当记载准确、详细，以防止发生争议。

仓储物的损耗标准。仓储物在储存过程中，由于自然因素和货物本身的自然性质可能发生损耗，如干燥、风化、挥发等，这就不可避免地会造成仓储物在数量上的减少。对此，在仓单中应当明确规定仓储物的损耗标准，以免在返还仓储物时发生纠纷。

储存场所是存放仓储物的地方。仓单上应当明确载明储存场所，以便存货人或仓单持有人能够及时、准确地提取仓储物。同时，也便于确定债务的履行地点。

储存期间是保管人为存货人储存货物的起止时间。储存时间在仓储合同中十分重要，它不仅是保管人履行保管义务的起止时间，也是存货人或仓单持有人提取仓储物的时间界限。因此，仓单上应当明确储存期间。

仓储费是保管人为存货人提供仓储保管服务而获得的报酬。仓储合同是有偿合同，仓单上应当载明仓储费的有关事项，如数额、支付方式、支付地点、支付时间等。

仓储物已经办理保险的，仓单应当列明保险金额、期间以及保险人的名称。如果存货人在交付仓储物时，已经就仓储物办理了财产保险，则应当将保险的有关情况告知保管人，由保管人在仓单上记载保险金额、保险期间以及保险公司的名称。

保管人在填发仓单时，应当将自己的名称或姓名以及填发仓单的地点和时间记载于仓单上，以便确定当事人的权利义务。

◄━━ **基本训练** ━►

□　知识题

4.1　阅读理解

1）什么叫仓储商务？其内容有哪些？

2）仓储的经营方法有哪些？其分别是怎样进行的？

3）仓储合同应如何订立？

4）仓储企业应如何控制仓储成本？

5）仓储成本的构成是怎样的？

4.2　知识应用

1）判断题

（1）保管人在填发仓单时，应当将自己的名称、姓名以及填发仓单的地点和时间记载于仓单上。　　　　　　　　　　　　　　　　　　　　　　　　　　（　　）

（2）仓单是仓储合同存在的证明。　　　　　　　　　　　　　　　　（　　）

（3）在签订仓储合同之前，没必要查明保管人是否具有从事仓储的资格。（　　）

（4）存储费率可根据货物保管的难易程度、货物价值、进出库场的作业方式等制定。　　　　　　　　　　　　　　　　　　　　　　　　　　　　　　（　　）

（5）消费仓储收入主要来自于仓储物消费的收入。　　　　　　　　　（　　）

2）选择题

（1）分拣费用包括（　　）。

A．车辆费用和营运间接费用

B．分拣人工费用和分拣设备费用

C．配装材料费用、配装辅助费用和配装人工费用

D.流通加工设备费用和流通加工材料费用

（2）保管过程中因货物损坏需要仓储企业赔付的费用属于（　　）。

A.保险费　　　　　　B.税费　　　　　　C.福利费　　　　D.保管费

（3）在开展仓储业务的同时，还开展运输中介、商品交易、配载与配送、仓储增值服务属于（　　）。

A.保管仓储　　　　B.混合仓储　　　　C.仓储租赁　　　D.仓储多种经营

（4）仓储合同规定仓库保管方的义务与存货方的权利包括（　　）。

A.保证货物完好无损

B.对库场因货物保管而配备的设备，保管方有义务加以维修，保证货物不受损害

C.对危险品和易腐货物，如不按规定操作和妥善保管，造成毁损，则由保管方承担
　　赔偿责任

D.存货方入库场的货物数量、质量、规格、包装应与合同规定内容相符

（5）仓储成本的构成包括（　　）。

A.保管费　　　　　　　　　　　　B.折旧费或租赁费

C.装卸搬运费　　　　　　　　　　D.仓储损失

□　技能题

4.1　某汽车装配厂从国外进口一批汽车零件，准备在国内组装、销售。2014年3月5日，该厂与某仓储公司签订了一份仓储合同。合同约定，仓储公司提供仓库保管汽车配件，期限为10个月，从2014年4月15日起到2015年2月15日止，保管仓储费为10万元。双方约定，任何一方有违约行为，要承担违约责任，违约金总金额为总金额的20%。汽车装配厂交给仓储公司定金2 000元。

合同签订后，仓储公司开始为履行合同做准备，清理了合同约定的仓库，并且从此拒绝了其他人的仓储要求。2014年3月27日，仓储公司通知装配厂已经清理好仓库，可以开始送货入库。但汽车装配厂表示已找到更便宜的仓库，如果仓储公司能降低仓储费的话，就送货仓储。仓储公司不同意，汽车装配厂明确表示不需要对方的仓库。4月2日仓储公司再次要求配装厂履行合同，汽车装配厂再次拒绝。4月5日，仓储公司向法院起诉，要求汽车装配厂承担违约责任，支付违约金、没收定金并支付仓储费。汽车装配厂辩称合同未履行，因而不存在违约问题。

试分析：（1）该仓储合同是否生效？

（2）仓储公司的要求是否合理？为什么？

（3）如果你是法官，会进行怎样的判决？

4.2　某玩具生产厂于2014年9月5日向某仓储公司发出要约，希望和对方签订仓储合同。该仓储公司于2014年9月10日向玩具生产厂发出承诺，提出要与玩具生产厂于2014年9月20日签订正式仓储合同。而该玩具生产厂于2014年9月16日已经与另一仓储公司签订了仓储合同，原因是其仓储费更便宜。请分析：该玩具厂是否违约？为什么？

➡ 综合案例 ➡

案例1：美的——供应链双向挤压

中国制造企业有90%的时间花费在物流上，物流仓储成本占据了总销售成本的

30%~40%，供应链上物流的速度以及成本更是令中国企业苦恼的老大难问题。美的针对供应链的库存问题，利用信息化技术手段，一方面从原材料的库存管理做起，追求零库存标准；另一方面针对销售商，以建立合理库存为目标，从供应链的两端实施挤压，加速了资金、物资的周转，实现了供应链的整合成本优势。

零库存梦想。美的虽多年名列空调产业的"三甲"之位，但是不无"一朝城门失守"之忧。自2000年以来，在降低市场费用、裁员、压低采购价格等方面，美的频繁变招，其路数始终围绕着成本与效率。其在广东地区已经悄悄为终端经销商安装进销存软件，实现了"供应商管理库存"（以下简称VMI）。

对于美的来说，其较为稳定的供应商共有300多家，其零配件（出口、内销产品）加起来一共有30 000多种。从2002年中期开始，利用信息系统，美的集团在全国范围内实现了产销信息的共享。有了信息平台做保障，美的原有的100多个仓库精简为8个区域仓，在8小时可以运到的地方都能进行配送。这样一来，美的集团流通环节的成本降低了15%~20%。运输距离长（运货时间为3~5天）的外地供应商，一般都会在美的的仓库里租赁一个片区（仓库所有权归美的），并把其零配件放到片区里面储备。

在美的需要用到这些零配件的时候，它就会通知供应商，然后再进行资金划拨、取货等工作。这时，零配件的产权才由供应商转移到美的手上，在此之前，所有的库存成本都由供应商承担。此外，美的在ERP基础上与供应商建立了直接的交货平台。供应商在自己的办公地点，通过互联网的方式就可登录到美的的公司的页面上，看到美的的订单内容，如品种、型号、数量和交货时间等，然后由供应商确认信息，这样一张采购订单就完成了。

实施VMI后，供应商不需要像以前一样疲于应付美的的订单，只需有一些适当的库存即可。供应商不用备很多货，一般有能满足3天的需求即可。美的零部件库存周转率在2002年上升到70~80次/年，零部件库存也由原来平均的5~7天存货水平大幅降低为3天左右，而且这3天的库存也是由供应商管理并承担相应成本的。

库存周转率提高后，一系列相关的财务"风向标"也随之"由阴转晴"，美的实现了资金占用降低、资金利用率提高、资金风险下降、库存成本直线下降。

消解分销链存货。在业务链后端的供应体系进行优化的同时，美的也在加紧对前端销售体系的管理进行渗透。在经销商管理环节上，美的利用销售管理系统可以统计到经销商的销售信息（分公司、代理商、型号、数量、日期等），其近年来公开了与经销商的部分电子化往来，以前半年一次的手工性的繁杂对账现在通过进行业务往来的实时对账和审核实现了。

在前端销售环节，美的作为经销商的供应商，为经销商管理库存。这样的结果是经销商不用备货了，即使备也是5~10台。经销商缺货，美的立刻就会自动送过去，不需经销商提醒。经销商的库存实际是美的自己的库存。这种存货管理上的前移，使美的可以有效地削减销售渠道上昂贵的存货，不是任其堵塞在渠道中，让其占用经销商的大量资金。美的以空调为核心对整条供应链资源进行整合，更多的优秀供应商被纳入美的空调的供应体系，美的的空调供应体系的整体素质有所提升。依照企业经营战略和重心的转变，为满足制造模式"柔性"和"速度"的要求，美的对供应资源布局进行了结构性调整，供应链布局得到优化。通过厂商的共同努力，美的整体供应链在成本、品质、响应期等方面的专业化能力得到了不同程度的发育，供应链能力得到提升。

目前，美的空调成品的年库存周转率大约10次，而美的的短期目标是将成品空调的库存周转率提高1.5～2次。目前，美的空调成品的年库存周转率不仅远低于戴尔等电脑厂商，也低于年周转率大于10次的韩国厂商。库存周率每提高一次，可以直接为美的空调节省超过2 000万元人民币的费用，因而保证了其在激烈的市场竞争下维持了相当的利润。

资料来源：佚名.美的——供应链双向挤压[EB/OL].[2013-08-10].http://www.clb.org.cn/Print/InfoPrint.aspx？ID=17114.

问题：（1）结合案例分析仓储成本的构成。

（2）结合案例分析美的采取仓库零库存给生产带来了哪些好处。

（3）分析美的的成功之处。

案例2：仓储保管合同是否有效

某五金公司与某贸易货栈有着多年的业务往来，两个公司的经理也是"铁哥儿们"，私交很深。某年5月，五金公司经理王某找到贸易货栈经理张某，提出"我公司购回走私彩电500台，有关部门正在追查，想请张经理帮帮忙，将这批货暂时在贸易货栈存放一段时间，待避过风头之后，立即想办法处理"。货栈经理张某说："咱们都是经营单位，货栈目前效益也不是很好，并且寄存你这批货还要承担很大风险，因此，适当收点仓储费。另外，一旦有关部门得到信息，将该批货查封、扣押或者没收，我单位不承担任何责任。"五金公司王经理表态："费用按标准支付，签个仓储合同。"双方随即签订了一份仓储保管合同。合同约定，贸易货栈为五金公司储存彩电500台，期限6个月，每月仓储费1 000元。10月，该批货物在贸易货栈存放期间，被有关部门查获，并依法予以没收。后来双方当事人为仓储费问题发生争执，经多次磋商未果，贸易货栈诉至法院，要求五金公司依约支付仓储费并赔偿损失。

问题：（1）五金公司与贸易货栈之间所签订的仓储保管合同是否有效？

（2）五金公司是否应支付仓储费？为什么？

➡ 综合实训 ➡

一、实训目的

正确认识仓储商务管理，掌握现代仓储商务管理的内容，掌握仓储合同的制定。

二、背景资料

（1）甲乙双方于2012年4月20日签订了仓储租赁合同，甲方将自己仓库租给乙方使用，租赁期限为3年，从2012年5月10日至2015年5月10日；如一方违约须向另一方支付违约金30万元并赔偿损失，乙方向甲方支付定金2万元。乙方租赁期间，经营效益很好，平均每月有5万元利润收入。甲方于2013年3月10日突然提出将原租赁给乙方的仓库收回。乙方此时应提出什么索赔要求？

（2）作为仓储业来讲，除了经济利益和服务利益外，还必须提供其他的增值服务，以保持其竞争能力。这种情况对与配送中心、公共仓库和合同仓库的经营人以及私有仓储的经营人来说非常重要。仓库增值服务主要集中在包装或生产上。

最普通的增值服务与包装有关。在通常情况下，产品往往是以散装形式或无标签形式装运到仓库里来的，所以，这种存货基本上没有什么区别。一旦收到顾客的订单，配送中心的仓库管理就要按客户要求对产品进行定制和发放。如制造商把未贴标志的电池发送到仓库中，向仓库的作业人员提供销售所需带有的商标牌号的包装材料。接到订货，仓库作业人员按要求将标志图案贴到电池上，然后用定制的盒子将其包装上。即使该产品在仓库里存放时是没有区别的，但是零售商实际收到的是已经定制化了的产品和包装。由于支持个别零售商需求所需要的安全储备量较少，所以配送中心可以减少其存货。与此同时，还可以相应减少市场预测和配送计划的复杂性。此外配送中心仓库可以通过优化包装来提供这种增值服务，以满足整个渠道的顾客需求。例如，仓库可以通过延伸包装和变换托盘来增值。这种做法可以使配送中心只处理一种统一的商品，与此同时，可以延期包装，以使包装需求专门化。另一个有关仓库增值的例子是在商品交付给零售商或顾客以前，解除保护性包装。这是一种有价值的服务，因为有时要零售商或顾客处理掉大量的包装是有困难的，因此解除或回收包装材料是仓库提供的增值服务。提供增值的仓储服务，是配送中心对监督合同的履行承担特别的责任。尽管外部活动及其经营管理可以提高存货的有效性和作业的效率，但其也要承担厂商控制范围外的责任，例如，仓库包装需要仓库经营者符合厂商内部所制定的质量标准。因此，仓库要按相同的质量执行，并符合外部厂商的标准。

分析：仓储增值服务的功能主要有哪些？

（3）2014年9月3日，某市盛大粮油进出口有限责任公司（下称盛大公司）与东方储运公司签订了一份仓储保管合同。合同主要约定：由东方储运公司为盛大公司储存保管小麦60万千克，储存费用为5万元，任何一方违约，均按储存费用的25%支付违约金，请拟定一份仓储合同。两个小组一起完成任务，一组为甲方，一组为乙方，小组长宣读合同，其他小组成员提问。

三、实训项目安排

分小组查阅资料，实地考察仓储企业，进行分组讨论。

第5章
仓储业务作业流程及操作

学习目标

知识目标

◎理解入库、出库管理的含义；

◎明确仓储业务流程；

◎了解货物的仓库管理；

◎掌握仓储作业流程并进行简单操作。

技能目标

◎能按照入库、出库的程序组织货物出入库；

◎能结合企业具体情况制定特殊货物保管的一些措施。

引例　某家具仓储管理成功案例

某公司是专业生产实木门、实木窗的制造商，实力雄厚，现已成为集进口、国产珍贵木材加工、成品加工、产品技术开发和销售为一体的现代化企业。

存在的问题：柜体包装发货错误、标准件库存不准、橱柜单套生产无法实现最大化产能。

实施管理的内容：建立标准件库存体系，标准件库存准确，下单后系统自动预扣标准件库存；利用先进发货系统，仓库人员通过PDA扫描包装标签，自动包装发货核对，无发错发漏情况；合并订单生产，最大利用设备产能，接单量增大，减少飞单情况。

（1）板材仓管理：提供喷码打印板材标签，进行板材出入库盘点，管理原料仓库存。

板材入库验收时通过喷码打印机打印条码到每块板材上作为跟踪板材使用情况依据，每块板材的条码唯一。通过PDA扫描每块板材条码进行板材出入库业务操作，扫描的同时根据设定规则判断出入库是否容许、是否符合指定订单使用条件。系统同时记录生产板件对应领用的板材信息，作为跟踪板材情况的依据。进行板材仓库盘点、板件条码盘点或人工点数盘点，板材仓按品种、花色抽盘，月末整体盘点。

（2）原材料仓库管理：提供五金、胶等原料仓库日常出入库业务，管理原料库。对原材料仓库按照存放库位/库存量、管理单位进行日常管理。登记原材料的出入库业务，包括采购入库、委托入库、领用出库等业务。登记原材料的委外出入库业务，登记委外加工商和加工方法。原料仓库盘点，原料仓按品种、花色抽盘，月末整体盘点。

（3）半成品仓库管理：登记半成品的入库业务，登记半成品库存。半成品包装标签生成打印，半成品按照固定块数进行包装，在包装袋外贴上半成品包装标签，半成品标签根据半成品编号和生产流水号规则生成。扫描半成品包装标签，输入领用数量完成半成品领用业务。半成品仓按品种、花色抽盘，月末整体盘点。

（4）成品包装发货管理：系统根据预设好的包装规则（单包重量、尺寸规则、花色规格等混包规格），自动计算出订单对应的装箱单，并打印出对应的装箱单和装箱标签。检查发货：仓库人员通过PDA扫描需要发货的装箱标签，系统将自动核对发货是否完整，未完整扫描包装标签不可以通过PDA发货确认，并提示剩余包装的板件状态和具体位置。物流追踪系统提供订单物流货运登记，登记物流单号，并且自动更新订单状态。

该案例表明：该公司的系统使用了原料仓管理、半成品仓管理、成品仓管理、条码标签、数据采集、出入库管理、盘点管理、包装发货管理、PDA发货核对、定义包装规则、自动计算包装清单、检查发货、物流追踪等仓库管理方法，这些方法对于企业的仓库管理非常重要。

仓储的基本作业过程可以分为三个阶段，即货物入库阶段、货物保管阶段和货物出库阶段，图5-1为仓储运作流程。

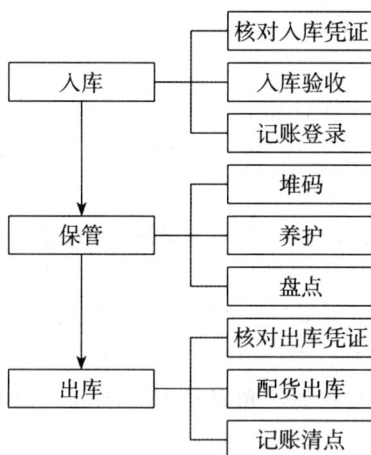

图 5-1　仓储运作流程

5.1　货物入库业务作业

入库作业是指仓储部门按照存货方的要求合理组织人力、物力等资源，按照入库作业程序，认真履行入库作业各环节的职责，及时完成入库任务的工作过程。商品入库管理，是根据商品入库凭证，在接受入库商品时所进行的卸货、查点、验收、办理入库手续等各项业务活动。图 5-2 为入库步骤图。

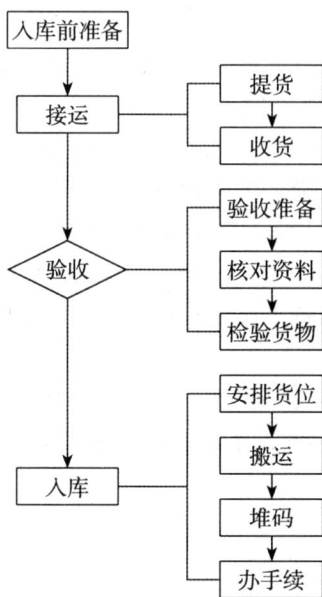

图 5-2　入库步骤图

影响入库作业的因素包括：货品供应商及货物运输方式；商品种类、特性与数量；入库作业的组织管理情况。入库作业的组织管理应根据不同的管理策略、货物属性、数量以及现有库存情况，自动设定货物堆码位置、货物堆码顺序建议，从而有效地利用现有仓库容量，提高作业效率。

5.1.1   货物入库前准备

仓库应根据仓储合同或者入库计划、入库单，及时调整仓库场地，以便货物能按时顺利入库。仓库的入库准备需要由仓库的业务部门、仓库管理部门、设备作业部门相互合作，共同努力。具体要做好以下工作：

（1）了解仓库库场情况。熟悉在货物入库期间、保管期间，仓库的库容、设备、人员的变动情况，以便对工作进行具体安排。必要时对仓库进行清查、清理归位，以便腾出仓容。对于要使用重型设备操作的货物，一定要事先准备好货位。

（2）熟悉入库货物。管理人员应认真核对入库物品的资料，必要时向存货人询问，掌握入库货物的规格、数量、包装状态、单件体积、到库确切时间、货物存期、货物的理化特性以及保管的要求等，据此精确和妥善进行库场安排、准备。

（3）制订仓储计划。仓库业务部门要根据货物情况、仓库情况、设备情况制订仓储计划，并将任务下达到各相应的作业单位、管理部门。

（4）妥善安排货位。仓库业务部门要根据入库货物的数量、性能、类别，结合仓库分区分类保管的具体要求，核算货位大小，妥善安排货位、验收场地，确定堆垛方法、苫垫方案等。

（5）进行货位准备。仓库理货人员要及时进行货位准备，对货位进行清洁，清除残留物，清理排水管道（沟），必要时安排消毒、除虫工作。详细检查照明、通风等设备，发现任何损坏及时进行修理。

（6）验收准备。仓库理货人员要根据货物情况和仓库管理制度，确定验收方法。准备验收所需的调试、称量、开箱装箱、丈量、移动照明等用具和工具。

（7）装卸搬运工艺设定。仓库理货人员要根据货物、货位、人员、设备条件等情况，合理科学地制定卸车搬运工艺，确定工作的顺序。

（8）文件单证准备，仓库理货人员要将货物入库所需的各种票据凭证、单证、记录簿（如入库记录、理货检验单、料卡、残损单等）预填备妥，以备查用。由于货物不同、仓库不同、业务性质不同，入库准备工作也有很大差别，需要根据具体情况和仓库制度做好充分准备。

（9）准备苫垫材料、作业用具。在货物入库前，仓库理货人员要根据所确定的苫垫方案，准备相应的材料，并组织衬垫铺设作业，将作业所需的用具准备妥当，以便能及时使用。

5.1.2   货物接运

1）货物接运的作用

货物的接运是入库业务流程的第一道作业环节，也是仓库直接与外部发生的经济联系。它的主要任务是及时而准确地提取入库货物，要求手续清楚，责任分明，为仓库验收工作创造有利条件。因为接运工作是仓库业务活动的开始，如果接收了损坏的或错误的商品，那将直接导致商品出库装运时出现差错。商品接运是商品入库和保管的前提，接运工作完成的质量直接影响商品的验收和入库后的保管保养。因此，在接运由交通运输部门（包括铁路）转运的商品时，必须认真检查，分清责任，取得必要的凭证，避免将一些在运输过程中或运输前就已经损坏的商品带入仓库，造成验收中责任难分，给保管工作造成困难或损失。

2）货物接运的方法

接运人员要了解交通运输部门及供货单位的准则和需求，并依据不同的接运方法处置接运中的各种难题。常见的接运方法有以下几种：

（1）铁路专用线接运

铁路专用线接运是指铁路运输部门将货品直接运送到库房内部专用线，由仓储部门直接与铁路运输部门在库内交接货品的接运方法。库房接到车站的到货通知后，应确定卸车货位，准备好卸车所需的人员和设备；列车抵达后，要引导入位。

知识链接 5-1

铁路专用线接运注意事项

接到专用线到货通知后，应立即确定卸货货位，力求缩短场内搬运距离；组织好卸车所需要的机械、人员以及有关资料，做好卸车准备。

车皮到达后，引导对位，进行检查。看车皮封闭情况是否良好（即车窗、铅封、苫布等有无异状）；根据运单和有关资料核对到货品名、规格、标志和清点件数；检查包装是否有损坏或有无散包；检查是否有进水、受潮或其他损坏现象。在检查中发现异常情况，应请铁路部门派员复查，进行普通或商务记录，记录内容应与实际情况相符，以便交涉。

卸车时要注意为商品验收和入库保管提供便利条件，分清车号、品名、规格，不混不乱；保证包装完好，不碰坏、不压伤，更不得自行打开包装。应根据商品的性质合理堆放，以免混淆。卸车后在商品上应标明车号和卸车日期。

编制卸车记录，记明卸车货位规格、数量，连同有关证件和资料，尽快向保管员交代清楚，办好内部交接手续。

（2）车站、码头接货

车站、码头接货是指由公路或铁路运输将货品运送至车站，或由水路运输将货品运送至港口码头，库房自备运输工具，派车把货品从车站或码头接运到库房的方法。

（3）库内接货

库内接货是指供货单位直接将货品运送到库房，由保管员或查验员直接与送货人处理交接手续的接运方法。

（4）自提货

自提货是指库房提货员直接到供货单位提货的接运方法。选用该方法时，接运和入库查验往往一起进行，查验员应向提货员具体阐明有关的查验事项，必要时查验员可伴随提货。

3）仓库收货

货物到库后，仓库收货人员首先要检查货物入库凭证，然后根据入库凭证开列的收货单位和货物名称与送交的货物内容和标记进行核对，检查无误后可以与送货人员办理交接手续。如果在以上工序中无异常情况出现，收货人员在送货回单上盖章表示货物收讫。如发现有异常情况，必须在送货单上详细注明并由送货人员签字，或由送货人员出具差错、异常情况记录等书面材料，作为事后处理的依据。

5.1.3　商品验收入库

凡商品进入仓库储存，必须经过检查验收，只有验收后的商品，方可入库保管。货物入库验收是仓库把好"三关"（入库、保管、出库）的第一道，抓好货物入库质量关，能防止劣质商品流入流通领域，划清仓库与生产部门、运输部门以及供销部门的责任界线，也可为货物在库场中的保管提供第一手资料。

1）商品验收的基本要求

（1）及时。到库商品必须在规定的期限内完成验收入库工作。这是因为商品虽然到库，但未经过验收的商品没有入账，不算入库，不能供应给用料单位。只有及时验收，尽快提出检验报告才能保证商品尽快入库入账，满足用料单位的需求，加快商品和资金的周转。

（2）准确。验收应以商品入库凭证为依据，准确查验入库货物的实际数量和质量状况，并通过书面材料准确反映出来，做到货、账、卡相符，提高账货相符率，降低收货差错率，提高企业的经济效益。

（3）严格。仓库的各方都要严肃认真地对待商品验收工作。验收工作的好坏直接关系到国家和企业的利益，也关系到以后各项仓储业务的顺利开展。

（4）经济。商品在验收时，多数情况下，不但需要检验设备和验收人员，而且需要装卸搬运机具和设备以及相应工种工人配合。这就要求各工种密切协作，合理组织调配人员与设备，以节省作业费用。此外，在验收工作中，应尽可能保护原包装，减少或避免破坏性试验，这也是提高作业经济性的有效手段。

2）商品验收的程序

商品验收包括验收准备、核对凭证、检验货物等。

（1）验收准备

验收准备是货物入库验收的第一道程序。仓库接到到货通知后，应根据商品的性质和批量提前做好验收的准备工作，包括以下内容：全面了解验收物资的性能、特点和数量，根据其需求确定存放地点、垛形和保管方法；准备堆码苫垫所需材料和装卸搬运机械、设备及人力，以便使验收后的货物能及时入库保管存放，减少货物停顿时间；若是危险品则需要准备防护设施；准备相应的检验工具，并做好事前检查，以便保证验收数量的准确性和质量的可靠性；收集和熟悉验收凭证及有关资料；进口物资或上级业务主管部门指定需要检验质量者，应通知有关检验部门会同验收。

（2）核对凭证

核对凭证，就是将上述凭证加以整理后全面核对。入库通知单、订货合同要与供货单位提供的所有凭证逐一核对，相符后才可以进入下一步的实物检验；如果发现有证件不齐或不符等情况，要与存货、供货单位及承运单位和有关业务部门及时联系解决。

入库商品要具备下列凭证：货主提供的入库通知单和订货合同副本，这是仓库接收商品的凭证；供货单位提供的验收凭证，包括材质证明书、装箱单、磅码单、发货明细表、说明书、保修卡及合格证等；承运单位提供的运输单证，包括提货通知单和登记货物残损情况的货运记录、普通记录以及公路运输交接单等，这些可以作为向责任方进行交涉的依据。

（3）检验货物

检验货物是仓储业务中的一个重要环节，包括检验数量、检验外观质量和检验包装三方面的内容，即复核货物数量是否与入库凭证相符、货物质量是否符合规定的要求、货物包装能否保证商品在储存和运输过程中的安全。

数量检验是保证物资数量准确不可缺少的措施，应在物资入库时一次进行完毕。其一般在质量验收之前，由仓库保管职能机构组织进行。按商品性质和包装情况，数量检验分为三种形式，即计件、检斤、检尺求积。计件是按件数供货或以件数为计量单位的商品，在进行数量验收时清点件数。检斤是对按重量供货或以重量为计量单位的商品，进行数量验收时的称重。检尺求积是对以体积为计量单位的商品，例如木材、竹材、沙石等，先检尺，后求体积所进行的数量验收。

凡是经过数量检验的商品，都应该填写磅码单。在做数量验收之前，还应根据商品来源、包装好坏或有关部门的规定，确定对到库商品进行抽验还是全验。

质量检验包括外观检验、包装检验、机械物理性能检验和化学成分检验四种形式。仓库一般只进行外观检验和尺寸精度检验，后两种检验如果有必要，则由仓库技术管理机构取样，委托专门检验机构检验。

外观检验是指通过人的感觉器官检查商品外观质量的检查过程。其主要检查货物的自然属性是否因物理及化学反应而造成负面的改变，如是否受潮、沾污、腐蚀、霉烂等；检查商品包装的牢固程度；检查商品有无损伤，例如撞击，变形，破碎等。对外观检验有严重缺陷的商品，要单独存放，防止混杂，等待处理。凡经过外观检验的商品，都应该填写"检验记录单"。

包装检验是检验物资包装的好坏、干潮，直接关系物资的安全储存和运输。对物资的包装要进行严格验收，凡是产品合同对包装有具体规定的要严格按规定验收，如箱板的厚度，纸箱、麻包的质量等。对于包装的干潮程度，一般是用眼看、手摸的方法进行检查验收。

5.1.4　商品入库手续的办理

入库物品经过点数、查验之后，可以安排卸货、入库堆码，表示仓库接受物品。卸货、搬运、堆垛作业完毕，相关人员要与送货人办理交接手续，并建立仓库台账。

入库手续主要是指交货单位与库管员之间所办理的交接工作，其中包括：商品的检查核对，事故的分析、判定，双方认定后在交库单上签字。仓库一方面给交货单位签发接收入库凭证，并将凭证交给会计入账、登记；另一面安排仓位，提出保管要求。入库交接手续是指仓库对收到的货物向送货人进行确认，表示已接受货物。

1）交接手续

交接手续是指仓库对收到的物品向送货人进行的确认，表示已接受物品。办理完交接手续，意味着划分完毕运输、送货和仓库的责任。完整的交接手续包括：

（1）接受物品。仓库通过理货、查验物品，将不良物品剔出、退回或者编制残损单证等明确责任，确定收到物品的确切数量、物品表面状态情况。

（2）接受文件。接受送货人送交的物品资料、运输的货运记录、普通记录等，以及随货在运输单证上注明的相应文件，如图纸、准运证等。

（3）签署单证。仓库与送货人或承运人共同在送货人交来的送货单、交接清单上签字，留存相应单证。残损单证、事故报告等由送货人或承运人签署。

到接货交接单见表5-1。

表5-1 到接货交接单

收货人	发站	发货人	品名	标记	单位	件数	重量	号车	运单号	货位	合同号
备注											

送货人　　　　　　　　　接收人　　　　　　　　经办人

2）登账

物品入库后，仓库应建立详细反映物品仓储的明细账，登记物品入库、出库、结存的详细情况，用以记录库存物品动态和入出库过程。登账的主要内容有：物品名称、规格、数量、件数、累计数或结存数、存货人或提货人、批次、金额，还应注明货位号或运输工具、接（发）货经办人。

3）立卡

物品入库或上架后，要将物品名称、规格、数量或出入库状态等内容填在料卡上，称为立卡。料卡又称为货卡、货牌，插放在货架物品下方的货架支架上或摆放在货垛正面明显位置。

5.2 货物储存作业

5.2.1 储位管理

案例分析5-1

安利（中国）物流中心的分区管理

安利（中国）物流中心按照产品类型，将库仓区分为几种类型，分别存放不同的产品。干货仓库区（面积14 416平方米，可储存10 621个卡板）存放家居护理和个人护理系列产品，以及印刷和音像制品；恒温仓库区专门存放营养保健食品和美容化妆品；危险品库区（面积385平方米，可储存500个卡板）专门存放压缩气体及含酒精成分的货品。安利（中国）物流中心是如何进行仓储库位管理的？

资料来源：佚名.安利（中国）物流中心的分区管理[EB/OL].[2013-11-03].http：//wenku.baidu.com/view/5c30d718ff00bed5b9f31de8.html？from=search.

1）储位管理的含义及对象

储位管理就是利用储位来使商品处于"被保管状态"并且能够明确显示所储存的位置，同时当商品的位置发生变化时能够准确记录，使管理者能够随时掌握商品的数量、位置，以及去向。

储位管理的对象，分为保管商品和非保管商品两部分。

（1）保管商品。保管商品是指在仓库的储存区域中的保管商品，由于它对作业、储放搬运、拣货等方面有特殊要求，使得其在保管时会有很多种的保管形态出现，例如托盘、箱、散货或其他方式，这些虽然在保管单位上有很大差异，但都要用储位的方式加以管理。

（2）非保管商品。非保管商品包括包装材料、辅助材料和回收材料。包装材料就是一些标签、包装纸等。辅助材料就是一些托盘、箱、容器等搬运器具。回收材料就是经补货或拣货作业拆箱后剩下的空纸箱。

2）储位管理的范围

货物进入仓库之后，应该如何科学和合理地摆放、规划和管理，这就是储位管理。仓库的全部作业都在保管区内进行，因此，保管区均属储位管理的范围。按照仓库作业性质，保管区可分为预备储区、保管储区、动管储区和移动储区。

预备储区是商品进出仓库时的暂存区，预备进入下一保管区域，虽然商品在此区域停留的时间不长，但是也不能在管理上疏忽大意，给下一作业程序带来麻烦。在预备储区，不但要对商品进行必要的保管，还要将商品打上标识、分类，再根据要求归类，摆放整齐。

保管储区是仓库中最大最主要的保管区域，商品在此的保管时间最长，商品在此区域以比较大的存储单位进行保管，所以是整个仓库的管理重点。为了最大限度地增大储存容量，要考虑合理运用储存空间，提高使用效率。

动管储区是在拣货作业时所使用的区域，此区域的商品大多在短时间内即将被拣取出货，其商品在储位上流动频率很高，所以称为动管储区。由于这个区域是为了让拣货时间及距离缩短、降低拣错率，就要在拣取时能很方便迅速地找到商品所在位置，因此对于储存的标示与位置指示就非常重要，而要让拣货顺利进行及拣错率降低，就得依赖一些拣货设备来完成，例如，电脑辅助拣货系统 CAPS、自动拣货系统等，动管储区的管理方法就是这些位置指示及拣货设备的应用。

移动储区在进行配送作业时，配送车货物放置的区域称为移动储区。货物在配送车上的放置位置一般应依据"先达后装"的原则，使货物到达目的地时能够顺利卸货，不至于因顺序混淆而造成"该卸的货物卸不掉，不该卸的货物挡在外侧"的局面。

3）储位管理的基本原则

储位管理与其他管理一样，其管理方法要遵循一定的原则，基本原则有以下三个：

（1）储位标识明确。先将储存区域详细划分，并加以编号，让每一种预备存储的商品都有位置可以存放。此位置必须是很明确的，而且经过储位编码的，不可以是边界含糊不清的位置，例如走道、楼上、角落或某商品旁等。

（2）商品定位有效。依据商品保管方式的不同，应该为每种商品确定合适的储存单位、储存策略、分配规则，以及其他储存商品要考虑的因素，把货品有效配置在先前所规划的储位上，例如是冷藏的商品就该放冷藏库，流通速度快的商品就该放置在靠近出口处，香皂就不应该和食品放在一起等。

（3）变动更新及时。当商品被有效地配置在规划好的储位上之后，接下来的工作就是储位的维护，也就是说商品不管是因拣货取出、被淘汰或是受其他作业的影响，商品的位置或数量发生了改变时，就要及时地把变动情形加以记录，以使记录与实物数量能够完全吻合，如此才能进行管理。

知识链接5-2

储位编码的方式

区段方式是指把保管区域分割为几个区段，再对每个区段编码。这种编码方式是以区段为单位，每个号码所代表的储区较大，因此，适用于单元化装载的存货，以及大量或保管周期短的存货。ABC分类中的A、B类存货很适合这种编码方式。

存货类别方式是把一些相关存货经过集合后，区分为几个存货大类，再对每类存货进行编码。这种编码方式适用于按存货类别保管或品牌差距大的存货，如服饰类、五金类等。

地址式是利用保管区域中的现成参考单位，例如建筑物栋、区段、排、行、层、格等，依照其相关顺序来进行编码，就像地址的几段、几巷、几弄、几号一样。这种编码方式所标注的区域通常以一个储位为限，具有相对顺序性，使用起来简明方便，所以为目前仓库中使用最多的编码方式。但由于其储位体积所限，适合一些量少或单价高的货物储存使用，例如ABC分类中的C类货物。

坐标式是指利用空间概念来编排储位的方式。这种编排方式对每个储位定位切割细小，在管理上比较复杂，对于流通率很小、需要长时间存放的货物，即一些生命周期较长的货物比较适用。

5.2.2 商品堆码与苫垫

1）商品堆码

商品堆码是将物品整齐、规则地摆放成货垛的作业。

（1）商品堆码的原则

商品堆码的原则主要是：尽量利用库位空间，较多采取立体储存的方式；仓库通道与堆垛之间保持适当的宽度和距离，提高物品装卸的效率；根据物品的不同收发批量、包装外型、性质和盘点方法的要求，利用不同的堆码工具，采取不同的堆码形式。其中，危险品和非危险品的堆码、性质相互抵触的物品应该区分开来，不得混淆；不要轻易地改变物品存贮的位置，大多应按照先进先出的原则；在库位不紧张的情况下，尽量避免物品堆码的覆盖和拥挤。

（2）商品堆码的操作要求

①安全。堆码的操作工人必须严格遵守安全操作规程；使用各种装卸搬运设备，严禁超载，同时要防止建筑物超过安全负荷量。码垛要不偏不斜、不歪不倒、牢固坚实，以免倒塌伤人、摔坏商品。

②合理。不同商品的性质、规格、尺寸不相同，应采用各种不同的垛形。不同品种、产地、等级、单价的商品，要分别堆码，以便收发、保管。货垛的高度要适度，不压坏底层的商品和地坪，与屋顶、照明灯保持一定距离；货垛的间距、走道的宽度，货垛与墙面、梁柱的距离等，都要合理、适度。垛距一般为0.5~0.8米，主要通道为2.5~3米。

③方便。货垛行数、层数，力求成整数，便于清点、收发作业。若过秤商品不成整数时，应分层表明重量。

④整齐。货垛应按一定的规格、尺寸叠放，排列整齐、规范。商品包装标志应一律朝外，便于查找。

⑤节约。堆垛时应注意节省空间位置，适当、合理安排货位的使用，提高仓容利用率。

（3）货物堆码的方法

货物堆码的方法主要有三种：货架堆码法、散堆法和垛堆法。

货架堆码法是指把物资堆放在货架上的方法。其适用于标准化的物资、带包装密度较小的物资，以及不带外包装的各种零星小物资。

散堆法是指散装堆放货物的方法。其适用于没有包装的或不需要包装的大宗物资，如煤炭、砂石、小块生铁等。

垛堆法是指把物资堆码成一定垛形的方法。其适用于有包装或裸装但尺寸较整齐划一的大件物资，如钢材的型钢、钢板等。

（4）垛堆法的主要形式

重叠式指逐件逐层向上重叠堆码物资的方法。钢板、箱装物资等质地坚硬、占地面积较大，可采用这种垛形。在重叠堆码厚钢板时，可以逢十略加交错，既便于清点数字也利于叉车出库。

仰伏相间式指将材料一层仰放、一层伏放，仰伏相间、相扣的码垛方法。其适用于钢轨、工字钢、槽钢、角钢等物资的堆码。在露天码此垛形，应一头稍高，以利排水。

压缝式指将垛底层排列成正方形、长方形或环行，然后起脊压缝向上码垛的方法。其适用于卷板、钢带、卷筒纸、卧放的桶装物资等。

纵横交错式指将长短一致、宽度排列能和长度相等的物资，纵横交错堆码成方形垛的方法。其适用于铜线锭、管材、型材、狭长的箱装物资等。

宝塔式指在四件物体中心上放物堆码，逐层缩小的方法。其适用于铁合金等桶装物资竖码。

载柱式指在货垛的两旁各插上两根或三根木柱、钢棒，然后将材料铺平在柱中，每层或隔几层在两侧对应的柱子上用铁丝拉紧，以防倒塌的方法。其适用于长条形的金属材料，如少量的圆钢、钢管、有色管棒材等。

衬垫式是在每层或每隔几层之间夹进衬垫物（如木板），利用衬垫物使货垛的横截面面积平整，物资互相牵制，加强货垛稳定性的方法，如橡胶垛。

另外，还有行列式、鱼鳞式、串联式等物资堆码方法。一个货垛的形式可能是多样的，如箱装薄板在下几层是重叠式的，最上一层可能是压缝式的。因为这样可以使货垛稳固，也可以充分利用地坪负荷。再如捆装铝锭，每捆是仰伏相间的，货垛是重叠的。有些货垛形式因不适应机械化作业基本被淘汰，如鱼鳞式。有些货垛形式使用得也较少了，如衬垫式（木材堆垛使用较多）、纵横交错式（不适应叉车作业）等，货垛的形式趋于简单。图 5-3 是几种主要的堆垛。各种垛形的堆码方式及特点对比见表5-2。

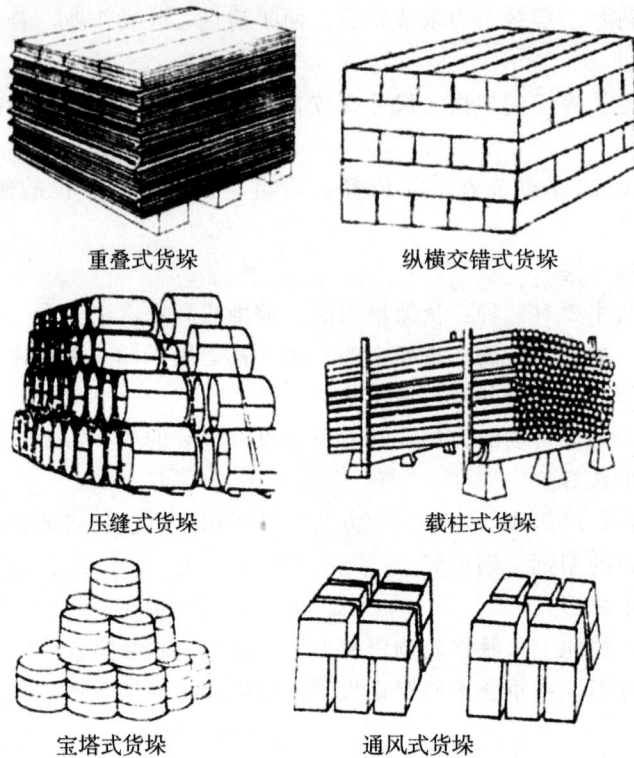

重叠式货垛　　　　　　纵横交错式货垛

压缝式货垛　　　　　　载柱式货垛

宝塔式货垛　　　　　通风式货垛

图 5-3　几种主要货垛

2）商品苫垫

（1）苫盖

苫盖是指采用专用苫盖材料对货垛进行遮盖，以减少自然环境中的阳光、雨、雪、风、露、霜、尘、潮气等对物品的侵蚀、损害，并使物品由于自身理化性质所造成的自然损耗尽可能减少，保护物品在储存期间的质量。特别是露天存放的物品在码垛以后，一般都应进行妥善的苫盖，以避免物品受损。需要苫盖的物品，在堆垛时应根据物品的特性、堆存期的长短、存放货场的条件，合理选择苫盖材料和堆码的垛型。

苫盖材料通常使用的苫盖材料有：塑料布、席子、油毡纸、苫布等，也可以利用一些商品的旧包装材料改制成苫盖材料。

苫盖方法主要有以下几种：

①垛形苫盖法。

②鱼鳞苫盖法。

③隔离苫盖法。

④活动棚架苫盖法。。

（2）商品垫垛

垫垛就是在商品堆垛前，根据货垛的形状、底面积大小、商品保管养护的需要、负载重量等要求，预先铺好货垛的作业。

垫垛是为了使堆垛的商品免受地坪潮气的侵蚀，使垛底通风透气，提高储存商品的保管养护质量，是仓储保管作业中不可缺少的一个环节。

表 5-2　各种垛形的堆码方式及特点对比表

序号	垛形	堆码方式	特点
1	重叠式堆码	是逐件逐层向上重叠码高，是机械作业的主要形式之一，适用硬质整齐的物资包装	工人操作速度快，承载能力大，容易发生塌垛。货物量小时稳定性好，装卸操作省力
2	压缝式堆码	将垛底的底层排列成正方形或长方形，上层起压缝堆码，每件物品压住下层的两件货物	能较大限度节省空间，方便操作。适用于卷板、钢带、卷筒纸、卧放的桶装物资等。稳定性能好
3	纵横交错式堆码	相邻两层货物的摆放旋转90度角，一层成横向放置，另一层成纵向放置，纵横交错堆码	有咬合效果，但是稳定性的强度不高。适合自动装盘操作，这种方法较为稳定，但操作不便
4	正反交错式堆码	同一层、不同列的货物以90度垂直码放，相邻两层的货物码放形式是另一层旋转180度的形式	不同层间咬合强度较高，稳定性高，操作麻烦，且包装体之间相互挤压，下部容易压坏
5	旋转交错式堆码	第一层相邻的两个包装体互为90度，两层间码放又相差180度，这样相邻两层之间互相咬合交叉	货体的稳定性较高，不易塌垛，码放的难度较大，且中间形成空穴，降低托盘的利用效率
6	仰俯相间式堆码	钢轨等物品，一层仰放，另一层伏放，两层相扣，使货架稳定。露天存放要一头稍高，便于排水	适用于钢轨、工字钢、槽钢、角钢等物资的堆码。稳定强度不好
7	五五化堆码	以五为基本计数单位，堆码成各种总数为五的倍数的货垛，便于清点，收发快，适用按件计数的物资	把大小不一、形状各异、无规则的物资，变成比较有规则的各种定型定量的货垛。美观整洁，过目知数，有利于物资的保管、养护、盘点和发放，减少差错，提高收发货效率。其多占货位，耗费劳动力

垫垛材料通常采用枕木、石墩、水泥墩、木板、防潮纸等，根据不同的储存条件、商品的不同要求，采用不同的垫垛材料。

常用的垫垛方法主要以下几种：

①架式。

②垫木式。

③防潮纸式。

5.2.3　盘点作业

1）盘点作业的目的

仓库盘点作业是指对在库的物品进行账目和数量上的清点作业。仓库盘点作业的主要目的是：

（1）核查实际库存数量。盘点可以查清实际库存数量，并通过盈亏调整使库存账面数量与实际库存数量一致。

（2）计算企业资产的损益。库存物品总金额直接反映企业流动资产的使用情况，库存量过高，流动资金的正常运转将受到威胁，因此为了能准确地计算出企业实际损益，必须进行盘点。

（3）发现物品管理中存在的问题。通过盘点查明盈亏的原因，发现作业与管理中存在的问题，并通过解决问题来改善作业流程和作业方式，提高人员素质和企业的管理水平。

2）盘点作业的内容

（1）检查数量。通过点数计数查明物品在库的实际数量，核对库存账面资料与实际库存数量是否一致。

（2）检查质量。检查在库物品质量有无变化、有无超过有效期和保质期、有无长期积压等现象，必要时还必须对物品进行技术检验。

（3）检查保管条件。检查保管条件是否与各种物品的保管要求相符合。

3）仓库盘点作业的方法

（1）账面盘点法。通常对在库的"次要"物品采用账面盘点的方法进行盘点，一般一个月或一个季度进行一次实物盘点。

（2）实物盘点法。通常对在库的"重要"物品采用实物盘点的方法进行盘点。对"重要"物品每天或每周至少对实物清点一次。

（3）账物盘点。通常对在库的"一般"物品采用账物盘点的方法进行盘点。如相对"重要"物品每天或每周至少对实物清点一次，而相对"次要"物品则采用账面盘点，一般一个月或一个季度进行一次实物盘点。

4）仓库盘点作业的步骤

一般情况下，盘点可以按以下步骤进行：

（1）盘点前的准备工作。事先对可能出现的问题、盘点中易出现的差错，进行周密的研究和准备是相当重要的。准备工作主要包括以下内容：确定盘点的程序和具体方法；配合财务人员做好准备工作；设计盘点用的各种表格；准备盘点使用的基本器具。

（2）确定盘点时间。每一次盘点，都要耗费大量的人力、物力和财力。因此，应根据实际情况确定盘点的时间。如可按ABC分类法将货物科学地分为A、B、C不同的等级，分别制定相应的盘点周期，重要的A类物品，每天或每周盘点一次，一般的B类物品每两周或三周盘点一次，C类物品可以一个月甚至更长的时间盘点一次。

（3）确定盘点方法。因盘点场合、要求的不同，盘点的方法也有差异。为适合不同状况，盘点方法必须明确，在盘点时不致混淆。一般采用两种盘点方法，即动态盘点法和循环盘点法。动态盘点法有利于及时发现差错并及时处理。循环盘点法进行时日常业务照常进行，按照顺序每天盘点一部分。

（4）确定并培训盘点人员。盘点前一日最好对盘点人员进行必要的指导，如盘点要求、盘点常犯错误及异常情况的处理办法等。盘点、复盘、间盘人员必须经过训练。盘点人员按职责分为填表人、盘点人、核对人和抽查人。

（5）清理储存场所。清理工作主要包括以下几方面的工作内容：对尚未办理入库手续的商品，应予以标明不在盘点之列；对已办理出库手续的商品，要提前通知有关部门，运到相应的配送区域；账卡、单据、资料均应整理后统一结清；整理商品堆垛、货架等，使其整齐有序以便于清点记数；检查计量器具，使其误差符合规定要求。

（6）开始盘点。在盘点过程中一定要仔细认真，由于盘点工作涉及大量的数字，如果因一时大意看错数字，在核对时就会出现差异从而导致重新盘点。在盘点过程中还要注意因自然原因导致某些商品挥发、吸湿使货物重量有变化。

（7）盘点的盈亏处理。查清差异原因后，为了使盘点使账面数与实物数保持一致，需要对盈亏和报废品一并进行调整。

5.3　货物出库作业

5.3.1　出库的基本要求

出库作业是仓库根据业务部门或存货单位开出的商品出库凭证（提货单、调拨单），按其所列商品名称、规格、型号、数量等项目，组织商品出库一系列工作的总称。商品出库是商品储存阶段的终止，也是仓库作业的最后一个环节，它使仓库工作直接与运输单位和商品使用单位发生联系。因此，做好出库工作对改善仓库经营管理、降低作业成本、提高服务质量具有重要作用。商品出库要求所发放的商品必须准确、及时、保质保量地发给收货单位，包装必须完整、牢固、标记正确清楚，符合交通运输部门及使用单位的要求，防止出现差错。

1）商品出库的依据

商品出库依据货主开的"商品调拨通知单"进行。不论在任何情况下，仓库都不得擅自动用、变相动用或外借货主的库存商品。"商品调拨通知单"的格式不尽相同，不论采用何种形式，都必须是符合财务制度要求的有法律效力的凭证。应避免凭信誉或无正式手续的发货。

2）商品出库的要求

商品出库要求做到"三不三核五检查"。"三不"，即未接单据不翻账，未经审核不备货，未经复核不出库；"三核"，即在发货时，要核实凭证、核对账卡、核对实物；"五检查"，即对单据和实物要进行品名检查、规格检查、包装检查、件数检查、重量检查。

3）商品出库形式

（1）送货。仓库根据货主开的"商品调拨通知单"，把商品交由运输部门或提供配送服务送达收货单位。

（2）自提。由收货人或其代理持"商品调拨通知单"直接到库提取，仓库凭单发货。自提具有"提单到库，随到随发"的特点。

（3）过户。过户是一种就地划拨的形式，商品虽未出库，但是所有权已从原存货单位转移到新存货单位。仓库必须根据原存货单位开出的正式过户凭证才能办理过户手续。

（4）取样。取样是货主单位出于对商品质量检验、样品陈列等需要，到仓库提取货样。仓库根据正式取样凭证才发给样品，并做好账务记录。

（5）转仓。转仓是货主单位为了业务方便或改变储存条件，需要将某批库存商品自甲库转移到乙库。仓库必须根据货主单位开出的正式转仓单办理转仓手续。

5.3.2　商品出库业务流程

1）出库前的准备工作

出库前的准备工作可分为两个方面：一方面是计划工作，即根据货主提出的出库计划或出库请求，预先做好物品出库的各项安排，包括货位、机械设备、工具和工作人员，提高人、财、物的利用率；另一方面是要做好出库物品的包装和标志标记。发往异地的货物，需经过长途运输，包装必须符合运输部门的规定，如捆扎包装、容器包装等；成套机械、器材发往异地，事先必须做好货物的清理、装箱和编号工作，在包装上挂签（贴签）、书写编号和发运标记（去向），以免错发和混发。

2）出库程序

商品出库业务流程如图 5-4 所示。出库程序包括核单备货—复核—包装—点交—登账—清理过程。出库必须遵循"先进先出，推陈储新"的原则，使仓储活动的管理实现良性循环。

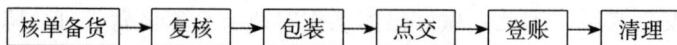

$$\boxed{核单备货} \rightarrow \boxed{复核} \rightarrow \boxed{包装} \rightarrow \boxed{点交} \rightarrow \boxed{登账} \rightarrow \boxed{清理}$$

图 5-4　商品出库业务流程

不论是哪一种出库方式，都应按以下程序做好管理工作：

（1）核单备货。如属自提物品，首先要审核提货凭证的合法性和真实性；其次核对品名、型号、规格、单价、数量、收货单位、有效期等。

出库物品应附有质量证明书或副本、磅码单、装箱单等。机电设备、电子产品等物品，其说明书及合格证应随货同付。易霉易坏的商品先出，接近失效期的商品先出。

备货过程中，凡计重货物，一般以入库验收时标明的重量为准，不再重新计重。需分割或拆捆的应根据情况进行。

（2）复核。为了保证出库物品不出差错，备货后应进行复核。出库的复核形式主要有专职复核、交叉复核和环环复核三种。除此之外，在发货作业的各道环节上，都贯穿着复核工作。例如，理货员核对货物，守护员（门卫）凭票放行，账务员（保管会计）核对账单（票）等。这些分散的复核形式，起到分头把关的作用，有助于提高仓库发货业务的工作质量。

复核的内容包括：品名、型号、规格、数量是否同出库单一致；配套是否齐全；技术证件是否齐全；外观质量和包装是否完好。只有加强出库的复核工作，才能防止错发、漏发和重发等事故的发生。

（3）包装。出库物品的包装必须完整、牢固，标记必须正确清楚，如有破损、潮湿、捆扎松散等不能保障运输中安全的，应加固整理，破包破箱不得出库。各类包装容器上若有水渍、油迹、污损，也均不能出库。

出库物品如需托运，包装必须符合运输部门的要求，选用适宜包装材料，其重量和尺寸应便于装卸和搬运，以保证货物在途的安全。

包装是仓库生产过程的一个组成部分。包装时，严禁互相影响或性能互相抵融的物品混合包装。包装后，要写明收货单位、到站、发货号、本批总件数、发货单位等。

（4）点交。出库物品经过复核和包装后，需要托运和送货的，应由仓库保管机构移交调运机构，属于用户自提的，则由保管机构按出库凭证向提货人当面交清。

（5）登账。点交后，保管员应在出库单上填写实发数、发货日期等内容，并签名。然后将出库单连同有关证件资料，及时交给货主，以便货主办理货款结算。

（6）现场和档案的清理。经过出库的一系列工作程序之后，实物、账目和库存档案等都发生了变化。应按下列几项工作彻底清理，使保管工作重新趋于账、物、资金相符的状态。

5.4　货物保管作业

5.4.1　商品养护技术和方法

1）商品质量变化的原因

商品养护是指商品在储存过程中所进行的保养和维护。从广义上说，商品离开生产领域未进入消费领域之前这段时间的保养与维护工作，都称为商品养护。

商品只能在一定的时间内、一定的条件下，保持其质量的稳定性。商品经过一定的时间，则会发生质量变化，这种情况在运输和储存中都会出现。而且商品的不同，其质量变化的快慢程度也不同。商品本身和储运条件决定商品质量的变化程度，同时也决定了商品流通的时间界限。商品越容易发生质变，它对储运条件要求的就越严格，它的空间流通就越狭窄，它的销售市场就越带有地方性。因此，易发生变质的商品，对它的流动时间限制就越大，就越需要商品养护。

要做好商品养护工作，首先必须研究商品储存期间导致其质量变化的两个因素：第一个因素是商品本身的自然属性，即商品的结构、成分和性质，是内因；第二个因素是商品的储存环境，它包括空气的温度、湿度及氧气、阳光、微生物等，是外因。

影响库存商品质量的因素很多，主要有两个方面：一是商品内在的因素，二是商品外在的因素。外在因素通过内在因素而起作用，对此我们必须进行全面了解，方能掌握库存商品变化的规律，科学地进行商品保管工作。

（1）商品质量变化的内在因素

商品在储存期间发生各种变化，起决定作用的是商品本身的内在因素。因为商品的组织结构、化学成分及理化性质等，这些都是在制造中决定了的。在储存过程中，要充分考虑这些性质和特点，创造适宜的储存条件，减少或避免其内部因素发生作用而造成商品质量的变化。

商品的化学性质。其指商品的形态、结构以及商品在光、热、氧、酸、碱、湿度、温度等作用下，改变商品本质的性质。与商品储存密切相关的商品的化学性质包括：商品化学稳定性、毒性、腐蚀性、燃烧性、爆炸性等。

商品的物理性质。商品的物理性质主要包括导热性、耐热性、吸湿性、含水率、吸湿率、透气性、透湿性、透水性。物理性质是决定和判断商品品质、种类的依据，也能反映商品种类、品种的特征，特别是能判断许多食品品质优劣以及正常与否。

商品的机械性质。这是指商品的形态、结构在外力作用下的反应。商品的这种性质与其质量关系极为密切，是体现适用性、坚固耐久性和外观的重要内容。其主要包括商品的弹性、塑性、强度等。

（2）商品质量变化的外在因素

温湿度。温度的变化会使物质微粒的运动速度发生变化，高温能促进发生商品挥发、渗漏、熔化等物理变化及一些化学变化，低温易引起商品的冻结、沉淀等变化，同时温度适宜时会给微生物和仓库害虫的生长和繁殖创造有力条件；同样，湿度的变化也会使商品的含水量、化学成分、外形或体态结构发生变化，所以在商品保管与养护过程中，一定要控制和调节仓储的温湿度，尽量创造适合商品储存的温湿度条件。

日光照射。太阳光含有热量、紫外线、红外线等，对商品起着正反两方面的作用。一方面，日光能加速受潮商品的水分蒸发，杀死微生物和害虫，是有利于商品的养护的；另一方面，某些商品在光的照射下，会发生物理化学变化，如挥发、老化、退色等。所以要根据不同商品特点，避免或减少日光的照射。

臭氧和氧的作用。仓库内一定量的臭氧可以高效、快速、广谱的杀菌，也能够起到商品防护保鲜的作用，但是若含量过高，对人和物都会造成损伤。氧很活跃，空气中21%左右的气体是氧气，能和许多商品发生反应，对商品质量变化影响很大，所以，在商品保管养护中，要对受臭氧和氧影响较大的商品采取方法进行隔离。

有害气体的影响。有害气体主要来自燃料燃放时放出的烟尘以及工业生产过程中产生的粉尘、废气。商品储存在有害气体浓度大的空气中，其质量变化明显，特别是金属商品，必须远离二氧化硫气体。

微生物及虫鼠害的侵害。微生物和虫鼠会使商品发生霉腐、虫蛀现象。微生物可使商品产生腐臭味和色斑霉点，影响商品的外观，同时使商品受到破坏、变质、丧失其使用或食用价值。虫鼠在仓库不仅蛀食动植物性商品和包装，有的还能危害塑料、化纤等化工合成商品，甚至毁损仓库建筑物。

另一个引起商品质量变化的外在因素就是社会因素，主要包括：国家的方针政策、生产经济形势、技术政策和企业管理人员素质以及规章制度等。这些因素影响商品的储存规模、储存水平及储存时间，对储存质量具有间接影响。

知识链接5-3

库存啤酒的质量控制措施

首先，啤酒入库验收时外包装要求完好无损、封口严密，商标清晰；啤酒的色泽清亮，不能有沉淀物；内瓶壁无附着物；抽样检查具有正常的酒花香气，无酸、霉等异味。其次，鲜啤酒适宜储存温度为0℃～15℃，熟啤酒适宜储存温度为5℃～25℃，高级啤酒适宜储存温度为10℃～25℃，库房相对湿度要求在80%以下。再次，瓶装酒堆码高度为5～7层，不同出厂日期的啤酒不能混合堆码，严禁倒置。最后，严禁阳光曝晒，冬季还应采取相应的防冻措施。

2）商品的养护技术和方法

（1）防霉腐方法

低温防霉腐有冷却法和冷冻法。冷却法又称冷藏法，是使贮存温度控制在0～10℃的低温防霉腐方法。在低温下，低温性霉腐微生物仍然适于繁殖，因此，采用冷却法的食品贮存期不宜过长。冷冻法一般是贮存温度控制在-18℃的低温防霉腐方法。其先将食品进行深冷速冻处理，使食品深层温度达到-10℃左右时，再移至-18℃温度下贮存。这时，所有霉腐微生物都停止繁殖，长时间的冷冻还能造成部分微生物死亡。因此，采用冷冻法适宜长期贮存生鲜动物食品。

干燥防霉腐。其是通过脱水干燥，使商品的水分含量在安全贮存水分之下，以抵制霉腐微生物的生命活动而达到商品防霉腐目的的一种养护方法。按照脱水手段的不同，分为自然干燥法和人工干燥法。自然干燥法是利用阳光、风等自然因素，对商品进行日晒、风吹、阴凉而使商品脱水的干燥方法，此法简单易行，成本低廉，常用于粮食、食品等商品的贮存。人工干燥法是利用热风、直火、远红外线、微波、真空等手段使商品干燥的方法，此法需要一定的设备、技术和较大的能量消耗，成本较高，主要用于食品的贮存。

缺氧气调节防霉腐。根据好氧微生物需氧代谢的特性，通过调节密封环境中气体的组成成分来抵制霉腐微生物的生理活动、酶的活性和减弱鲜活食品的呼吸强度，以达到食品防霉变、防腐烂和保鲜的目的。按照设备条件的不同，缺氧气调节防霉腐分为自发气调法和机械气调法。自发气调法又称普通气调法，是利用鲜活食品本身的呼吸作用来降低塑料薄膜内氧的含量，增加二氧化碳浓度，起到气调的作用。机械气调是在密封库或密封垛内，利用二氧化碳或氮气发生器等设备，填充二氧化碳或氮气、排出空气的气调方法，此法较先进，适用于粮食、水果等生鲜食品的贮存。气调常与低温结合使用，效果更好。

药剂防霉腐。这是利用化学药剂使霉腐微生物的细胞和新陈代谢活动受到抑制或破坏，从而达到抑制或杀灭微生物、防止商品霉腐目的的一种防霉腐方法。选用药剂，应考虑低毒、高效、无副作用、价廉等原则，同时还应考虑对人体健康有无影响、对环境有无污染等。

辐射防霉腐。其主要用于鲜活食品贮存，是利用同位素钴60与铯137放射出的穿透力很强的射线辐射状照射食品，以杀灭食品上的微生物，破坏酶的活性，抵制鲜活食品的生理活动，从而达到防酶腐目的的一种贮存养护方法。但存在食品色泽变暗，有轻微异味等问题。

（2）防金属腐蚀方法

涂油防腐蚀。这是在金属商品表面涂覆一层油脂薄膜的隔离防腐蚀方法。但由于防腐蚀油脂存在干裂、变质的问题，仍有发生金属腐蚀的危险，因此，是一种短期防腐蚀的方法。

密封防腐蚀。这是采用可剥性塑料将金属商品封存的一种隔离防腐蚀方法。这种方法可较长期地防止金属商品发生腐蚀。

气相缓蚀剂防腐蚀。这是在金属制品的封闭包装内使用具有挥发性的气相缓蚀剂，使缓蚀气体充满包装空间以防止商品腐蚀的方法。这是一种新方法，使用方便，不污染商品及其包装，特别适用于结构复杂的金属制品，可长期防止金属商品发生腐蚀。

（3）防治虫害方法

使用化学药剂防治害虫的方法：熏蒸杀虫法，熏蒸杀虫剂汽化后，通过害虫呼吸系统进入虫体，使害虫中毒死亡。接触杀虫法，利用杀虫剂接触虫体后，透过表皮进入体内，引起害虫中毒死亡。胃毒杀虫法，利用杀虫剂随食物进入虫体，通过胃肠吸收而使害虫中毒死亡。

物理杀虫法是利用各种物理因素，破坏害虫生理活动和机体结构，使其不能生存或繁殖的方法。

生物学杀虫法是利用害虫的天敌和人工合成的昆虫激素类似物来控制和消灭害虫。

（4）防老化方法

妥善包装：有利于与商品外界隔离，从而减弱空气中氧和温湿度对贮存商品的不良影响。

合理放置：库房应清洁、干燥、凉爽，门窗玻璃涂刷白色以防阳光直射；不与油类、腐蚀性商品或含水量大的商品同库存放。堆码不要过高、过重并要注意通风。

管好温湿度：依据商品特性，认真调节库内温湿度，将其稳定地控制在商品要求的范围内。

案例分析5-2

德国食品和农产品的保鲜

在德国，食品、农产品的保鲜非常讲究科学性和合理性。无论是肉类、鱼类，还是蔬菜、水果，从产地或加工厂到销售点，只要进入流通领域，这些食品就始终在一个符合产品保质要求的冷藏链的通道中运行。这些保鲜通道都是由电脑控制的全自动设备，如冷藏保鲜库全部采用风机在电脑的控制下调节库温，叶菜类在这种冷藏环境中能存放2~5天。对香蕉则有一整套完全自动化的后熟系统，香蕉从非洲通过船舶和铁路运到批发市场时是半熟的，批发市场则要根据客户、零售商的订货需要进行后熟处理。在这套温控后熟设备中，除了温度控制外，还可使用气体催熟剂，使后熟控制在3~7天，具体时间完全掌握在批发商的手中。在瓜果蔬菜方面，只要是块类不易压坏的均用小网袋包装，对易损坏产品则用透气性良好的硬纸箱包装。叶菜类一般平行堆放在箱内，少量的产品则采用盒装，且包装盒都具有良好的透气性。对肉类则通过冷冻、真空和充气等包装形式保鲜。在肉类制品加工上，原料肉每500千克装一个大冷藏真空包装袋后再装入塑料周转箱内，到了超市或零售店后则改用切片真空包装或充气包装。

资料来源：佚名.德国食品和农产品的保鲜[EB/OL].[2011-04-18].http://wenku.baidu.com/view/a9dc1598daef5ef7ba0d3c3f.html? from=search.

分析：食品和农产品要采用特殊的保鲜方法，而且要分类储存，储存的时间也有规定。

（5）鼠害及白蚁的防治

老鼠属啮齿目鼠科动物，种类很多，繁殖力很强，而且性格机警狡猾，喜欢藏在阴暗隐蔽，多在夜间活动，食性广杂，它直接损害粮食及其他库存商品，破坏商品包装，并传播病菌，对人类危害很大，据资料记载，25%的偶发性火灾是由老鼠啃咬电线而引起的。仓库鼠害的防治主要有以下几种方法：

物理灭鼠。使用鼠夹、鼠笼、粘鼠板、超声波驱鼠器等器械防治鼠害。使用鼠夹时可在鼠夹上放些引诱老鼠的食物，在小范围内，可先布饵不放夹，以消除鼠的新物反应。然后支夹守候，并及时取走死鼠。鼠笼适宜于老鼠数量多，危害严重的地方。粘鼠板就是使用粘鼠胶涂在木板上，中间放饵来诱鼠，鼠粘上就不易逃脱。超声波驱鼠器使用简便，安全可靠，效率高，不污染环境，尤其适合在粮食、食品、编织品仓库使用。

化学灭鼠法，又称药物灭法。其包括胃毒剂、熏杀剂、驱避剂和绝育剂等。其中，以胃毒剂的使用最为广泛，使用方式是制成各种毒饵。其效果好，用法简单，用量很大。目前，主要应用抗凝血类杀鼠剂有溴敌隆、大隆（敌鼠隆）等。

白蚁等翅目昆虫，是世界性害虫之一。白蚁主要靠吃蚀木竹、分解纤维素作为营养来源，也能吃蚀棉、麻、丝、毛及其织品、皮革和其制品，以及塑料、橡胶、化纤等商品，对仓库建筑、货架、商品包装材料等都有危害。据统计，在我国白蚁虫害主要分布在长江以南及西南各省，长江流域房屋建筑的白蚁危害率可占虫害总数的40%～50%，华南地区可达60%～80%，因此白蚁有"无牙老虎"之称。影响白蚁生存的环境条件是气温、水分和食料。预防白蚁，应根据其生活习性，阻断传播入库途径。其防治措施如下：

预防方法。对库内的木制材料可涂抹一层灭蚁药剂防白蚁。

检查方法。在白蚁活动繁殖期间，要加强检查库房木结构、苫垫物料、包装、易被白蚁危害的储存商品以及库外周围环境中的树木等，观察是否有白蚁活动或危害的迹象，发现后采取措施及时灭杀。

杀灭方法。在白蚁的危害处，要想法找到蚁路和蚁巢，将灭蚁粉剂尽可能喷洒到蚁路内的白蚁身上和蚁巢内，使其能够相互传染药物，以达到灭治效果。在发现白蚁危害的地方，例如木制门窗处，可将木制门窗框按一定距离钻孔灌注药液，周边土壤同时也要喷洒药液，使木制门窗框及土壤都含有一定的毒素，白蚁活动取食或触毒后都会中毒死亡。诱杀法可在发现白蚁危害处设立诱杀桩、诱杀坑、诱杀堆、诱杀毒饵等，这几种灭蚁方法可单独使用也可结合使用。熏杀法是采用热气或毒气的杀灭方法。

5.4.2　库房温湿度控制

1）温湿度的概念

温度是指必须对仓库进行适合于商品长期安全储存的温度界限，即安全温度。湿度的表示方法有：绝对湿度、饱和湿度、相对湿度等。

◆绝对湿度（e）是指在单位体积的空气中，实际所含水蒸气的量。可以按密度来计算，即按每立方米空气中实际所含水蒸气的重量来计算，用克/立方米表示。

◆饱和湿度（E）是指在一定湿度下单位体积中最大限度能容纳水蒸气的量。用克/立方米表示，空气的饱和温度随着温度的升高而升高，随温度降低而降低。

◆相对湿度=绝对湿度/同温度下的饱和湿度×100%，相对湿度表示空气中实际水蒸气量距离饱和状态程度，相对湿度大空气就潮湿，水分不易蒸发；反之，即易蒸发。

几种商品的温湿度要求见表5-3。

露点：指空气中所含水蒸汽因气温下降达到饱和状态而开始液化成水时的温度。

温湿度管理方法：在库内外适当地点设立"干湿球温度计"，一般可在每个库房内的中部悬挂一个，悬挂的高度离地面约1.5米。库外则应挂在"百叶箱"内；指定专人每天按时观察和记录；按月、季、年分析记录该时期内最高、最低和平均温湿度；当发现库内温湿度超过要求时，应立即采取相应措施，以达到安全储存的目的。空气湿度太低意味着空气太干燥，应减少仓库内空气流通，采用洒水、喷水雾灯方式增加湿度，或者对货物进行加湿处理。若空气湿度太高，应采用干燥通风、制冷除湿等办法，有条件的可采用生石灰、木炭、硅胶等进行除湿。

表 5-3　　　　　　　　　　　　　几种商品的温湿度要求

种类	温度（℃）	相对湿度（%）	种类	温度（℃）	相对湿度（%）
金属及制品	5～30	≤75	重质油、润滑油	5～35	≤75
碎末合金	0～30	≤75	轮胎	5～35	45～65
塑料制品	5～30	50～70	布电线	0～30	45～60
压层纤维塑料	0～35	45～75	工具	10～25	50～60
树脂、油漆	0～30	≤75	仪表、电器	10～30	70
汽油、煤油、轻油	≤30	≤75	轴承、钢珠、滚针	5～35	60

2）温湿度控制的方法

（1）密封

◆密封的目的：就是将商品严密封闭，减少外界因素对商品的不良影响，切断感染途径，达到安全储存的目的。

◆密封的要求：封前要检查商品含水量、温度、湿度，选择绝热防潮材料（沥青纸、塑料薄膜、芦席等），确定密封时间，封后加强管理。

◆密封的形式：整库密封、整垛密封、整柜密封、整件密封。

（2）通风

其是利用库内外空气对流，达到调节库内温湿度的目的。

◆作用：通风既能起到降温、降潮和升温的作用，又可排除库内的污浊空气，使库内空气适宜于储存商品。

◆方式：通风有自然通风和机械通风。

夏天气温较高，天晴时可在凌晨和夜晚通风，雨天不能通风；库内湿度较高时，可通风散潮，一般在上午通风，但要注意此时库外湿度要低于库内。机械通风是用鼓风机、风扇送风或排风，以达到加速空气流通，除湿潮的目的。

为了保证保管质量，除了温度、湿度、通风控制外，仓库应根据货物的特性采取相应的保管措施。如对货物进行刷漆、涂刷保护涂料、除锈、加固、封包、密封等，发现虫害及时杀虫，采用释放防霉药剂等针对性保护措施。必要时采取转仓处理，将货物转入具有特殊保护条件的仓库。

5.5　货物装卸与搬运

5.5.1　装卸搬运的原则

装卸是指："物品在指定地点以人力或机械装入运输设备或卸下。"搬运是指："在同一场所内，对物品进行水平移动为主的物流作业。"装卸是改变"物"的存放、支撑状态的活动，主要指物体上下方向的移动。而搬运是改变"物"的空间位置的活动，主要指物体横向或斜向的移动。通常装卸搬运是合在一起使用的。

知识链接5-4

装卸活动是物流活动的重要环节

装卸活动是影响物流效率、决定物流技术经济效果的重要环节。

为了说明上述看法，列举几个数据如下：据我国资料统计，火车货运以500公里为分界点，运距超过500公里，运输在途时间多于起止的装卸时间；运距低于500公里，装卸时间则超过实际运输时间。美国与日本之间的远洋船运，一个往返需25天，其中运输时间13天，装卸时间12天。据我国对生产物流的统计，机械工厂每生产1吨成品，要进行252吨次的装卸搬运，其成本为加工成本的15.5%。

1）尽量不进行装卸

装卸作业本身并不产生价值。但是，如果进行了不适当的装卸作业，就可能造成商品的破损，或使商品受到污染。因此，尽力排除无意义的作业，是理所当然的。尽量减少装卸次数，以及尽可能地缩短搬运距离等，所起的作用也是很大的。因为装卸作业不仅要花费人力和物力，增加费用，还会使流通速度放慢。如果多增加一次装卸，费用也就相应地增加一次，同时还增加了商品污损、破坏、丢失、消耗的机会。因此，装卸作业的经济原则就是"不进行装卸"。所以，应当考虑如何才能减少装卸次数、缩短移动商品的距离问题。

2）装卸的连续性

其是指两处以上的装卸作业要配合好。进行装卸作业时，为了不使连续的各种作业中途停顿，能协调地进行，整理其作业流程是很有必要的。因此，要对商品的流动进行分析，使经常相关的作业配合在一起，这也是很有必要的。如把商品装到汽车或铁路货车上，或把商品送往仓库进行保管时，应当考虑合理取卸、出库的方便。所以某一次的装卸作业、某一个装卸动作，有必要考虑下一步的装卸，要有计划地进行。要使一系列的装卸作业顺利地进行，作业动作的顺序、作业动作的组合或装卸机械的选择及运用是很重要的。

3）减轻人力装卸

这是把人的体力劳动改为机械化劳动。在不得已的情况下，非依靠人力不可时，尽可能不要让搬运距离太远。关于"减轻人力装卸"问题，主要是在减轻体力劳动、缩短劳动时间、防止成本上升、劳动安全卫生等方面推进省力化、自动化。

4）提高搬运灵活性

物流过程中，常将暂时存放的物品再次搬运。从便于经常发生的搬运作业考虑，物品的堆放方法是很重要的，这种便于移动的程度，被称为"搬运灵活性"。衡量商品堆存形态的"搬运灵活性"，用灵活性指数表示。一般将灵活性指数分为5个等级，即：散堆于地面上为0级；装入箱内为1级；装在货盘或垫板上为2级；装在车台上为3级；装在输送带上为4级。

5）商品整理

这是把商品汇集成一定单位数量，然后再进行装卸，既可避免损坏、消耗、丢失，又容易查点数量，而且最大的优点在于使装卸、搬运的单位加大，使机械装卸成为可能，以及将装卸、搬运的灵活性变得更好。这种方式是把商品装在托盘、集装箱和搬运器具中原封不动地装卸、搬运，进行输送、保管。

6）物流整体

在整个物流过程中，要从运输、储存、保管、包装与装卸的关系来考虑。装卸要适合运输、储存保管的规模，即装卸要起着支持并提高运输、储存保管能力、效率的作用，而不是起阻碍的作用。对于商品的包装来说也是一样的，过去是以装卸为前提进行的包装，要运进许多不必要的包装材料，采用集合包装后，不仅可以减少包装材料，同时也省去了许多徒劳的运输。

5.5.2 装卸搬运合理化

装卸搬运作业合理化应采取一些合理化的措施。

1）无效作业

所谓无效作业是指在装卸作业活动中超出必要的装卸、搬运量的作业。显然，防止和消除无效作业对装卸作业的经济效益有重要作用。为了有效地防止和消除无效作业，可从以下几个方面入手：

（1）尽量减少装卸次数

要使装卸次数降低到最小，要避免没有物流效果的装卸作业。

（2）提高被装卸物料的纯度

物料的纯度，指物料中含有水分、杂质与物料本身使用无关的物质的多少。物料的纯度越高则装卸作业的有效程度越高；反之，则无效作业就会增多。

（3）包装要适宜

包装是物流中不可缺少的辅助作业手段。包装的轻型化、简单化、实用化会不同程度地减少作用于包装上的无效劳动。

（4）缩短搬运作业的距离

物料在装卸、搬运当中，要实现水平和垂直两个方向的位移，选择最短的路线完成这一活动，这样可避免超越这一最短路线以上的无效劳动。

2）提高灵活性

所谓装卸、搬运的灵活性是指在装卸作业中的物料进行装卸作业的难易程度。在堆放货物时，事先要考虑到物料装卸作业的方便性，装卸、搬运的灵活性。根据物料所处的状态，即物料装卸、搬运的难易程度，灵活性可分为不同的级别。

0级——物料杂乱地堆在地面上的状态。

1级——物料装箱或经捆扎后的状态。

2级——箱子或被捆扎后的物料，下面放有枕木或其他衬垫后，便于叉车或其他机械作业的状态。

3级——物料被放于台车上或用起重机吊钩钩住，即刻移动的状态。

4级——被装卸、搬运的物料，已经被起动、直接作业的状态。

从理论上讲，活性指数越高越好，但也必须考虑到实施的可能性。例如，物料在储存阶段中，活性指数为4的输送带和活性指数为3的车辆，在一般的仓库中很少被采用，这是因为大批量的物料不可能存放在输送带和车辆上。

为了说明和分析物料搬运的灵活程度，通常采用平均活性指数的方法。这个方法是对某一物流过程物料所具备的活性情况，累加后计算其平均值，用"δ"表示。δ值的大小是确定改变搬运方式的信号。如：

当 δ<0.5 时，指所分析的搬运系统半数以上处于活性指数为 0 的状态，即大部分处于散装情况，其改进方式可采用料箱、推车等存放物料。

当 0.5<δ<1.3 时，则是大部分物料处于集装状态，其改进方式可采用叉车和动力搬动车。

当 1.3<δ<2.3 时，装卸、搬运系统大多处于活性指数为 2，可采用单元化物料的连续装卸和运输。

当 δ>2.7 时，则说明大部分物料处于活性指数为 3 的状态，其改进方法可选用拖车、机车车头拖挂的装卸搬运方式。

装卸搬运的活性分析，除了上述指数分析法外，还可采用活性分析图法。分析图法是将某一物流过程通过图示来表示装卸、搬运活性程度，并具有明确的直观性能，使人一看就懂，便于发现和改进薄弱环节。运用活性分析图法通常分三步进行：

第一步，绘制装卸搬运图；

第二步，按搬运作业顺序绘出物资活性指数变化图，并计算活性指数；

第三步，对装卸搬运作业的缺点进行分析改进，绘出改进设计图，计算改进后的活性指数。

3）实现省力化

装卸搬运使物料发生垂直和水平位移，必须通过做功才能实现，要尽力实现装卸作业的省力化。

在装卸作业中应尽可能地消除重力的不利影响。在有条件的情况下利用重力进行装卸，可减轻劳动强度和能量的消耗。将设有动力的小型运输带（板）斜放在货车、卡车或站台上进行装卸，使物料在倾斜的输送带（板）上移动，这种装卸就是靠重力的水平分力完成的。在搬运作业中，不用手搬，而是把物资放在车上，由器具承担物体的重量，人们只要克服滚动阻力，使物料水平移动，这无疑是十分省力的。

利用重力式移动货架也是一种利用重力进行省力化的装卸方式之一。重力式货架的每层格均有一定的倾斜度，利用货箱或托盘可自己沿着倾斜的货架层板滑到输送机械上。为了使物料滑动的阻力越小越好，通常货架表面均处理得十分光滑，或者在货架层上装有滚轮，也有在承重物资的货箱或托盘下装上滚轮，这样将滑动摩擦变为滚动摩擦，物料移动时所受到的阻力会更小。

4）提高机械化

物资装卸搬运设备组织是以完成装卸任务为目的，并以提高装卸设备的生产率、装卸质量和降低装卸搬运作业成本为中心的技术组织活动。它包括下列内容：

（1）确定装卸任务量。根据物流计划、经济合同、装卸作业不均衡程度、装卸次数、装卸车时限等，确定作业现场年度、季度、月、旬、日平均装卸任务量。装卸任务量有事先确定的因素，也有临时变动的可能。因此，要合理地运用装卸设备，就必须把计划任务量与实际装卸作业量两者之间的差距缩小到最低水平。同时，装卸作业组织工作还要把装卸作业的物资对象的品种、数量、规格、质量指标以及搬运距离尽可能地进行详细规划。

（2）根据装卸任务和装卸设备的生产率，确定装卸搬运设备需用的台数和技术特征。

（3）根据装卸任务、装卸设备生产率和需用台数，编制装卸作业进度计划。它通常包括：装卸搬运设备的作业时间表、作业顺序、负荷情况等内容。

（4）下达装卸搬运进度计划，安排劳动力和作业班次。

（5）统计和分析装卸作业成果，评价装卸搬运作业的经济效益。

随着生产力的发展，装卸搬运的机械化程度定将不断提高。此外，由于装卸搬运的机械化能把工人从繁重的体力劳动中解放出来。尤其对于危险品的装卸作业，机械化能保证人和货物的安全，也是装卸搬运机械化程度不断得以提高的动力。

5）推广组合化

在装卸搬运作业过程中，要根据不同物料的种类、性质、形状、重量的不同来确定不同的装卸作业方式。处理物料装卸搬运的方法有三种形式：将普通包装的物料逐个进行装卸，叫做"分块处理"；将颗料状物资不加小包装而原样装卸，叫做"散装处理"；将物料以托盘、集装箱、集装袋为单位进行组合后进行装卸，叫做"集装处理"。对于包装的物料，要尽可能进行"集装处理"，实现单元化装卸搬运，可以充分利用机械进行操作。组合化装卸具有如下优点：

（1）装卸单位大、作业效率高，可大量节约装卸作业时间。

（2）能提高物料装卸搬运的灵活性。

（3）操作单元大小一致，易于实现标准化。

（4）不用手去触及各种物料，可达到保护物料的效果。

6）合理规划

装卸搬运作业过程是指对整个装卸作业的连续性进行合理的安排，以减少运距和装卸次数。

装卸搬运作业现场的平面布置是直接关系到装卸、搬运距离的关键因素，装卸搬运机械要与货场长度、货位面积等互相协调。要有足够的场地集结货场，并满足装卸搬运机械工作面的要求，场内的道路布置要为装卸搬运创造良好的条件，有利于加速货位的周转。使装卸搬运距离达到最小平面布置是减少装卸搬运距离的最理想的方法。

提高装卸搬运作业的连续性应做到：作业现场装卸搬运机械合理衔接；不同的装卸搬运作业在相互联结使用时，力求使它们的装卸搬运速率相等或接近；充分发挥装卸搬运调度人员的作用，一旦发生装卸搬运作业障碍或停滞状态，立即采取有力的措施补救。

5.5.3　装卸的工艺设计

1）装卸工艺设计的步骤

（1）分析整理资料。初步设计时应根据设计任务书及搜集的有关资料，进行分析整理，包括分析整理已落实的设计货运任务资料，编制设计货运量及设计操作过程的汇总表；分析整理设计船型、车型、货物特性及运输生产组织要求，作为装卸工艺设计的重要依据等。

（2）确定装卸工艺流程。它是指根据货运任务、特点以及船型、车型等确定装卸工艺流程，选择装卸机械设备的类型，确定装卸作业线中主机的生产效率和数量。

（3）计算确定装卸搬运规模。其包括计算所需车辆数、库场面积、装卸机械数、装卸人员和机械驾驶人数、铁路装卸线的最小有效长度等。

（4）计算有关技术经济指标。它主要指计算机械设备投资费、劳动生产率、车船停留时间、装卸机械化程度、装机总容量、单位装卸成本等。

（5）进行方案比选。装卸工艺设计时，应事先制订两个以上的方案进行比较，择优选择。比较内容既有定性比较也有定量比较，定性比较主要是使用条件比较，其项目见表5-4，定量比较是主要技术经济指标比较。

表 5-4　　　　　　　　　　　　　　　　使用条件比较表

序号	使用条件	方 案		
		I	II	III
1	技术的先进性与可能性			
2	工艺流程的合理性			
3	人员的劳动条件和劳动强度			
4	对作业的适应性			
5	设备安装、保修、使用的难易程度			
6	工程上马的快慢			
7	预留发展的余地等			

（6）编制设计文件。其内容一般应包括概述、货运量的分配、装卸搬运工艺、主要建设规模、方案比选及推荐意见。

2）几种典型的装卸工艺流程

完整的装卸搬运工艺除装卸搬运工艺过程、流程外还应包括具体的装卸搬运操作方法、作业技术标准和生产组织三部分内容。物流过程中的装卸搬运工艺过程通常是指将货物从某种运输工具转移到库、场等的作业过程和范围。它由一个或一个以上的操作过程组成，常见的货物装卸搬运工艺过程有车（火车或汽车）→库（场）→车（汽车或火车）→库（场）→船等。

装卸搬运工艺流程是指各作业工序的连续进行。在"火车→库"这一工艺过程中的工艺流程如图5-5所示。

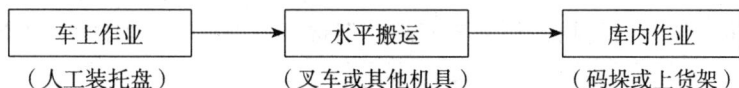

图 5-5　火车→库工艺流程

以下介绍几种典型的工艺流程。

（1）平库或楼库底层

平板车、堆垛机系统。载货汽车将货物运至货场，入库后由人工卸到平板车上，再推进库房，使用升降堆垛机提升到一定高度后用人工堆码，如图5-6所示。

图 5-6　平板车、堆垛机工艺流程

它的特点是：人工、无动力、半动力机具结合作业，主要靠人工搬、推、堆，是目前一般仓库常见的作业流程；通道一般为 1.2 米，仓库间的面积利用率高；堆垛机提升后人工堆垛，有一定的劳动强度。

库内叉车托盘化系统。货物由载货汽车入库，小件货物用人工码放在托盘上，较重货物用小型吊车码放在托盘上，然后叉车入库作业，如图 5-7 所示。

载货汽车 ——人工或小型吊车 码放托盘——→ 托盘 ←→ 叉车 ←→ 货垛

图 5-7 库内叉车托盘工艺流程

它的特点是：机械化作业，大大减轻劳动强度；使用叉车、托盘，加快装卸搬运速度；减少了货物的装卸搬运环节，降低了货损，提高了货物的保管质量。

厂、库"一条龙"系统。工厂生产的成品，置于托盘上，进成品库。出厂时由叉车将货物连托盘装上载货汽车，运到仓库，再用叉车将货物连托盘一起卸入仓库堆垛。发货时由叉车从货垛把货物取出装车，如图 5-8 所示。

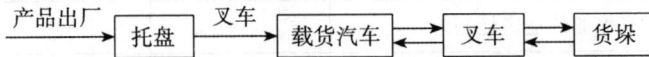

产品出厂 ——→ 托盘 ——叉车——→ 载货汽车 ←→ 叉车 ←→ 货垛

图 5-8 厂、库"一条龙"工艺流程

它的特点是：效率高；减少环节，原来产品出厂要由人工搬上载货汽车，到库后还需人工卸到托盘上，现在由叉车作业减少两道环节，做到货物不下地；减少货损；只有在厂、库协作条件较好时才能使用这一方式。

巷道机、货架作业。送货时，载货汽车将货物运到仓库，由人工将其码放到托盘上，叉车再将托盘送到载货台，由巷道机送入货架。发货时由巷道机将货物取出，送到载货台，再由叉车将货物装上载货汽车，如图 5-9 所示。

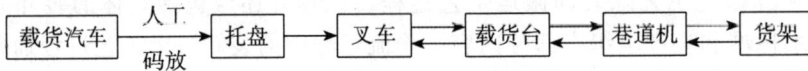

载货汽车 ——人工 码放——→ 托盘 ——→ 叉车 ←→ 载货台 ←→ 巷道机 ←→ 货架

图 5-9 巷道机、货架工艺流程

它的特点是：提高了空间利用率，增加了货物储存量，普通仓库高度一般为 5 米左右，实际堆放低于 5 米（如人工堆垛高度 2 米左右，叉车堆垛 3~4 米），而巷道机货架仓库高度可提高至 6~8 米；货物可实现先进先出；工效高；便于管理、计数。

桥式起重机系统。卡车直接进入仓库通道，由桥式起重机将货物吊起直接卸至货位。一般适用于质重、体大的货物，如五金商品、钢材、夹板纸等，如图 5-10 所示。

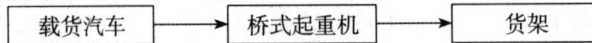

载货汽车 ——→ 桥式起重机 ——→ 货架

图 5-10 桥式起重机工艺流程

它的特点是：工序简单，一次完成；提高了仓库面积利用率；提高了工作效率。

（2）楼库

平板车、堆垛机系统。载货汽车货物由人工卸到平板车上，由平板车将货物送入电梯，垂直运输到楼层，再由平板车推入仓库间，用堆垛机将货物提升到所需高度，最后由人工堆垛码放整齐，如图 5-11 所示。

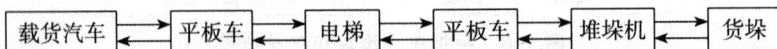

载货汽车 ←→ 平板车 ←→ 电梯 ←→ 平板车 ←→ 堆垛机 ←→ 货垛

图 5-11 平板车、堆垛机工艺流程

这种方式适于楼板承载力较小的仓库，存放零星、质量较轻的货物。

叉车、托盘系统。货物入库，人工卸至托盘，叉车将托盘货物铲入电梯内，垂直运输到楼层，再由楼层上的叉车将货物运至仓库间堆垛。这种方式适用于楼板承载能力较大的楼层库存放轻而批量大的货物，如图 5-12 所示。

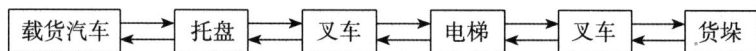

载货汽车 ⇄ 托盘 ⇄ 叉车 ⇄ 电梯 ⇄ 叉车 ⇄ 货垛

图 5-12　叉车、托盘工艺流程

━ **基本训练** ➤➤

□ 知识题

5.1　阅读理解

1）装卸搬运合理化有哪些措施？

2）入库业务和和出库业务的流程是怎样的？

3）如何控制仓库的温湿度？

4）装卸的工艺设计步骤是怎样的？

5）堆垛的方法主要有哪些？

5.2　知识应用

1）判断题

（1）装卸搬运使物料发生垂直和水平位移，必须通过做功才能实现，要尽力实现装卸作业的省力化。　　　　　　　　　　　　　　　　　　　　　　　　　　　　（　　）

（2）商品验收包括核对凭证、确定验收比例、实物检验、做出验收报告及验收中发现问题的处理。　　　　　　　　　　　　　　　　　　　　　　　　　　　　　　（　　）

（3）外观检验不准确，所以在货物检验中不予采纳。　　　　　　　　　　（　　）

（4）物品入库或上架后，将物品名称、规格、数量或出入状态等内容填在料卡上，称为立卡。　　　　　　　　　　　　　　　　　　　　　　　　　　　　　　　　（　　）

（5）仓库必须根据货主单位开出的正式转仓单，才能办理转仓手续。　　（　　）

2）选择题

（1）由收货人或其代理持"商品调拨通知单"直接到库提取属于（　　）。

A.自提　　　　　　B.转仓　　　　　　C.取样　　　　　　D.过户

（2）审核提货凭证的合法性和真实性，核对品名、型号、规格、单价、数量、收货单位、有效期等属于（　　）。

A.复核　　　　　　B.包装　　　　　　C.核单备货　　　　D.点交

（3）仓储的基本作业过程的三个阶段是（　　）。

A.货物入库阶段　　　　　　　　　　B.货物保管阶段

C.理货阶段　　　　　　　　　　　　D.货物出库阶段

（4）货物堆码的方法主要有（　　）。

A.货架堆码法　　B.散堆法　　　　　C.垛堆法　　　　　D.苫盖

（5）物料装卸、搬运的难易程度，可分为不同的级别，物料装箱或经捆扎后的状态属于（　　）。

A.0级   B.1级   C.2级   D.3级

□ 技能题

5.1 要求学生参观1~2家仓储企业，了解仓储企业生产经营状况，仔细观察，认真听讲解，结合所学知识写一份参观报告，报告内容包括仓储的经营模式、经营内容、企业性质、仓储类型等情况。

5.2 2015年12月26日，A仓库收到一批货物（见表5-5），验收时发现螺栓少了5件。请编制相应的入库单、进销存卡、出库单和物资库存日报表（见表5-6至表5-9）。

表5-5   **送货单**   NO.0312789

单位：   日期：2015年12月26日

品名	规格	单位	数量	单价（元）	金额（元）	备注
螺帽	20毫米	个	100	1.00	100.00	
螺栓	20毫米	个	100	2.00	200.00	
漏电保护器	3型	个	20	10.00	200.00	

收货单位：（盖章）   制单：陈胜   送货单位：（盖章）

经手人：   经手人：王红

表5-6   **入库单**   NO.

送货单位：   入库日期： 年 月 日   入货仓库：

会计：   仓库收货人：   制单：

表5-7   **进销存卡**

物资名称：   规格：   单位：   单价：

年		送货提货单位	入库	出库	库存	经手人
月	日					

表 5-8　　　　　　　　　　　　　　　　　**出库单**　　　　　　　　　　　　　　　　NO.

提货单位：　　　　　　　　　出库日期：　　年　月　日　　　　　　　出货仓库：

主管审批：　　　　　　　仓库收货人：　　　　　　　制单：

表 5-9　　　　　　　　　　　　　　　**物资库存日报表**

日期：　　年　月　日

物资编号	品名	规格	昨日结存	今日入库	今日出库	今日结存	安全存量	备注

制表人：

5.3　国花公司 2015 年到库物资共 2 000 吨，出库 1 500 吨，年初库存物资 500 吨，全年错发错收 20 吨，丢失 2 吨，损害 5 吨，赔偿 10 000 元，另因消防不合格被罚款 5 000 元。全年营业收入 300 000 元。请计算国花公司 2015 年的吞吐量、年平均库存量、物资收发差错率、物资完好率和业务赔偿率。

5.4　某公司是一家配送中心，每年要处理 900 万种订货，为 264 家地区零售店配送。该公司采取了下列三项质量改进措施：一是经过慎重考虑后进行一系列改革，解决存在的一些主要问题，其中包括工人建议创建中央工具库，用以提高工作效率和保证工具容易获得。二是在每次装运送货前，进行质量控制和实际点数，如果存在差异进行 100% 检查，并采用计算机系统进行协调，确保精确。三是应用激光扫描技术，以 99.9% 的精确性来跟踪 230 000 个存货单位。针对以上案例，你认为该公司应如何改进质量？

5.5　2005 年到 2015 年，某市共发生经济损失在 10 000 元以上的仓库重大火灾 24 起，损失 568 多万元。这 24 起火灾中，自燃 10 宗，违章用火 8 宗，电器 4 宗，原因不明 2 宗，其中 18 宗发生在节假日和夜间，大多是无人值班时间。分析以上资料，你认为仓库防火最重要的是防止哪些火灾？应如何进行预防？

➡ 综合案例 ➡

为什么货架上缺了货？

小东刚从大学毕业，被分在某市最具人气的一家大卖场。然而，上岗刚两个月，小东便遇到了一件令自己头疼的事——商品经常缺货。但引发缺货的原因，却存在以下三种不同的情况。要想彻底避免缺货现象的发生，就得针对不同情况，提前做出应对。

第一种情况，订单不当导致缺货。订单是卖场给供应商下达的订货计划。订单下得是否科学，与是否缺货有着密不可分的关系。每一个商品都是有着特定的制作周期、物料准备周期和运输周期的。所以，如果采购不了解供应商商品的生产情况，很可能会影响订单下达的科学性。所以，对于供应商来说，自己有必要向采购介绍自己商品的生产周期和送货周期，并提出必要的订单建议，尽可能避免采购因订单下达错误而导致缺货发生。因订单导致的缺货又分为两种情况：其一，卖场自身管理方面的原因。例如，系统管理不顺畅、总部对门店的控制不好、门店不买账等原因而导致的缺货。由于订单权力完全掌控在门店手上，只要门店不下订货单，供应商的货自然就进不来。其二，因订货制度方面原因而导致的缺货。比如，订货量小、订货日少等导致的缺货。通常说来，订货量合同的最小单位是以箱计算的（比如，一次进货三到五箱），但由于一个月只有一两个订货日，通常订货日之外的时间不能下单，导致即便供应商发现商品卖断了货也进不了场。

第二种情况，因陈列而引发的缺货。货架陈列也是引发缺货的一个非主观因素。众所周知，各商家对于货架的争夺不言而喻。尤其对于那些中小型供应商，由于没有专职促销人员，其产品在卖场主要处于自然销售状态，稍不留神便会被其他品牌的产品"挤占"。具体说来，因陈列而引发的缺货有以下两种情况：其一，由于货架紧张，卖场便将货架"卖"给了品牌商，或由品牌商"买断"货架陈列。由于其品牌陈列面广，"挤占"了一些小品牌。在这种情况下，即便这些小品牌的产品在仓库里有货，但货架上也往往会出现缺货或是少货的现象。其二，因为产品库存不足或货卖完了，而卖场还没来得及补货而导致自身货架被其他品牌占用。通常说来，失去陈列位置时间一长，这个商品也就"不见"了。

第三种情况，因销售问题而导致的缺货。供应商产品的销售状况，也是引发缺货的一个主要因素。尤其对于那些销售情况不好的商品，根据卖场内部的规定，卖场有权对其进行锁码。一旦该商品被锁码，即便仓库里有货，也会反映出是"缺货"状态。此外，还有一些是由于商品本身存在质量问题，卖场主动将该商品下架而表现出来的缺货状态。这种情况有两种表现：其一，销售不好，被锁码，订单下不来。卖场会根据每一款商品的销售情况来对每一款商品进行取舍，一旦发现该商品存在较长时间的滞销状况时，便会主动将该商品锁码。其二，因质量问题，被卖场下架的品种。商品质量是近年来各卖场都十分关注的一个因素。尤其是在重大质量事故后，随着国家相关立法的出台，卖场对厂家商品质量的关注，又提到了一个新的高度。因此，供应商应时刻把商品质量放在首要位置来考虑，密切关注消费者对商品质量的意见反馈，及时发现潜在的质量问题，并尽可能将质量的负面影响降到最低。

资料来源：阮喜珍.生产运作管理[M].大连：东北财经大学出版社，2014.

问题：（1）本案例涉及的问题与库存管理有关系吗？

（2）结合你学的知识，帮卖场提出切实可行的解决方案。

➡ 综合实训 ➡➡

一、实训目的

通过仓管员了解企业仓储情况，深入掌握仓管的理论知识，理解仓管的意义，在此基础上把所学的专业理论知识与实践紧密结合起来，从而有利于培养良好的职业道德，能结合实际综合运用所学知识，提出自己的观点和方法，提高分析问题与解决实际问题的能力。

二、实训任务

（1）熟悉工作职责、产品；

（2）协助完成货品入库、后勤发货包装等工作；

（3）处理发货账务。

三、实训过程

（1）熟悉工作职责、产品

按照公司制定的工作流程依次进行工作，平时应定期对货物进行盘点，从工作中熟悉产品。

（2）拣货、熟悉产品

每天开始拣货之前，需要了解新入库的货物有哪些、是否摆放在属于自己编码的位置上面，确定没有货物漏拣。

（3）包货，发货

包货要注意编码与实物是否一致，拣货单是否存在错误编码的情况。在主要负责人完成货物检查后由自己进行装袋，这时两个工序是分开完成的，目的是保证出货正确。

发货是将货物打包后交给第三方物流公司。需要看地址是否完整，收货人员的名字是否正确，还要看是采用什么发货方式。

四、实训要求

撰写顶岗实习报告。

第6章
现代仓储库存控制管理

学习目标

知识目标

◎了解企业库存管理的重要性；

◎了解库存的类型、作用和成本；

◎掌握常用库存控制方法，并能灵活运用指导实践；

◎掌握各种库存模型，能够计算各种模型下的经济订货批量和库存总成本。

技能目标

◎确定订购批量；

◎根据企业运作实际采用合适的库存控制方法。

引例　武汉某设备厂的库存管理

武汉某设备厂是一家专业生产空调配件、防火排烟通风设备的厂家，全厂员工约500人，年产值有 2 000 多万元。总经理换届后，新任总经理希望改善企业的物流，决定物流经理实行竞聘上岗。物流部门负责人王达提出了保证生产、降低库存 500 万元、资金周转率提高 50% 的年度工作目标，加上自己拥有多年良好的管理表现，最终赢得了公司领导和员工的青睐，竞选上了物流经理。

王达进入物流部门后，首先深入到物流部门的下属部门：材料仓库、工具库、采购部了解库存管理的情况，经过一个多月的了解，他掌握到如下情况：

（1）仓库中有多种物料是多年积压下来的。由于企业产品的不断更新换代，某些产品淘汰了，而未使用完的原材料至今仍积压在库中，以后可能也不会使用。

工具库也存在相同问题，某些用不上的设备、工具仍积压在库中。

（2）5 台总价值 50 多万元的设备长期被压在库中，物流部门有人提议卖掉，遭人说闲话，"你与买主有什么关系"等，以后谁也不再提及此事。今年要以 10 000 元／台出售时，无人问津。

（3）对生产所需材料，工艺和生产各个环节累计加工余量过大。如每年生产部门订货后，要 400 毫米厚的钢材，工艺部门为了保证质量，要增加到 460 毫米厚，而物流部门为了保证生产，采购了 500 毫米厚的钢材。

（4）由于材料库、工具库中的库存品种总共有上千种之多，仓库管理员不仅要负责发货，还要手工完成库存记录，物料库存记录难免会有误。生产部门不能及时准确地掌握库存信息。

（5）缺料情况时有发生。有些物料直到缺货才发现需要采购了；有时重要的材料缺货，对生产影响严重。各采购小组重复采购时有发生。各种物料何时采购、采购数量为多少大部分都是凭经验，没有可靠的决策依据。

（6）各采购小组工作人员各自的工作热情不高，只是应付，无人想出外采购，因此，对"杂而散，用量少，跑断腿，无成效"的材料，采购小组采取一次采购足量的办法采购。如某特种不锈钢，年需求量为 4 吨，而采购员遇到货后买了 15 吨，但次年厂里需求量降为 2 吨，没用完的就积压下来了。

该厂在 2015 年年末库存额已达 1 000 万元，资金周转率一年也仅一次，虽然库存量很高，然而缺货仍时有发生，不良的库存管理已经严重影响到企业的生产和运作。

这一案例表明：库存管理对企业非常重要，不良的库存管理会给企业生产带来很大阻力。本案例中该企业的库存管理存在很多不合理的地方。例如呆料的长期积压，不仅占用企业宝贵的流动资金，占用库房，还需要花费保管成本。缺乏合理的库存控制方法和采购方法，在什么时候采购、采购多少这些问题上凭经验操作，必然会导致采购的盲目性，造成缺货，影响生产，增加库存成本。本章将讨论如何管理企业的库存。

6.1　库存概述

6.1.1　库存的概念、类型及作用

1）库存的概念

库存是制造业和服务业都经常遇到的问题，库存管理是生产运作管理的一个主要内

容。究竟什么是库存？库存的作用是什么？什么是库存控制系统？库存管理有什么要求？库存问题有哪些基本模型？这些模型又如何应用？这些都是本章将要回答的问题。

在制造企业中，为了保证生产的正常进行，必须在各个生产阶段之间设置必要的物资储备，这些物资就是库存。其一般包括储备的原材料、辅助材料、燃料以及备用设备、零件、工具等，存放着等待加工的在制品、半成品，等待销售的成品。在服务业中的等待销售的商品、用于服务的耗用品等都是库存。

2）库存的类型

按其功能分，库存可以分为以下五种类型：

（1）经常性库存。其指企业为满足日常生产的需要而持有的库存，这种库存随着生产的进行，不断减少，当库存降到一定水平时，就要进行订货来补充库存。

（2）季节性库存。其指为了满足特定季节的特殊需求（如夏季对空调的需求）而建立的库存。对于季节性强的商品，商店必须在高需求季节到来之前准备充足的存货以满足需要。

（3）投机性库存。其指为了避免因物价上涨造成损失或为了从商品价格上涨中获利而建立的库存。

（4）促销库存。其指为了应对企业的促销活动、产生销售量增加而建立的库存。

（5）安全库存。其指为了防止由于不确定因素（如大量突发性订货、交货期突然延长等）而准备的缓冲库存。它是在补充订货期间所维持的过量库存。安全库存能够减小订货提前期内的缺货风险。

按库存是否需要多次补充可分为：

（1）单周期库存。其指消耗完毕后，不需要重新补充的库存，即那些发生在比较短的时间内的物料需求。比如新年到来对春联的需求、中秋节对月饼的需求。

（2）多周期库存。其指每次库存消耗后要重新购买、补充的库存。大多数库存属于这种类型。

3）库存的作用

几乎所有的公司都要保持一定的库存，库存的功能有很多，主要包括：

（1）防止供应中断、交货误期。企业在向供应商订购原材料时，许多原因会导致原材料交货延误，常见的有：发运时间的变化、供应商原材料短缺而导致订单积压、供应商工厂或运输公司发生意外的工人罢工、订单丢失以及材料误送或送达的原料有缺陷等。

（2）费用分摊。原材料或在制品的库存，可利用批量采购分摊费用。进行大批量采购，可以使单位物品分摊订货、运输等费用，能使总的采购费用降低。

在生产过程中，在制品采取批量加工，每件物品可以分摊生产中的调整准备等费用，降低总的生产费用。

（3）防止生产中断。生产过程中，维持一定的在制品库存，可以防止生产中断。比如，当某道工序的加工设备发生故障时，如果工序间有在制品库存，后续工序就不会停工中断。

（4）便于顾客订货，适应产品需求的增加。适当的成品储备，能够保证客户很快采购到所需物品，缩短客户订货提前期，提高服务水平。另外可以保证企业在市场需求突然增大时具有一定的应变能力，以免丧失商机。

可见，维持适当数量的物资储备，对调节供需、保证生产经营活动正常有效进行、获得良好的经济效益，都是完全必要的。

但过量的库存也会给企业带来很多不利的影响，主要有以下几点：

（1）库存会占用企业的流动资金、场地。

（2）保管成本会增加。保管成本又称储存成本，即物资在仓库内存放期间发生的各种费用。它包括存储费（仓库管理费用、搬运费用、管理人员工资等），物资存放过程中发生变质、损坏、丢失、陈旧、报废等的损失费用，保险费、税费，以及占用资金的利息支出、机会成本等。

（3）库存会掩盖企业生产经营中存在的问题。例如，设备故障造成停机、工作质量低造成废品或返修、计划不周造成生产脱节、生产脱节造成工期延误等，都可以动用各种库存，使企业中的问题被掩盖。表面上看，生产仍在平稳进行，实际上整个生产系统可能已是"千疮百孔"。

所以，日本企业提出"向零库存进军"的口号。压缩库存是各企业普遍需要重视的问题。一个将库存水平降到最低点的生产系统，无疑是一个高效率的系统，但它同时又是一个非常"脆弱"的系统。系统中任何一个环节出了问题，都可能造成整个系统停顿。因此，在一定的生产技术和经营管理水平下，需要有库存，更需要加强库存管理，使库存数量始终保持在经济合理的水平上。

现代企业的库存管理，是对企业内部的原材料、辅助材料、外购件、在制品和产成品等物料进行管理，目的是在保证均衡生产和满足顾客需求的前提下，尽可能降低库存。

6.1.2　库存成本

企业如何控制库存总成本呢？这需要对库存成本进行分析。总的来看，库存成本包括以下几项：

1）采购成本

其指采购物资过程中发生的各种费用，包括办理订购手续、物资运输与装卸、验收入库等费用，以及采购人员的差旅费等。总的采购成本随采购次数的增加而增加，随采购批量的增加而减少。

2）保管成本

保管成本随库存储备的数量与时间的增加而增加。

3）购置成本

其指购置物资所花费的成本。许多企业为了增加销售，当买方购买的物资数量较多时，采用差别定价策略，以较低的价格卖给用户，即为用户提供批量折扣。对于大批订货给予折扣优惠是极为普遍的做法，买方可以通过增加每次订货的批量获得较低的总的购置成本。

当供应商对大批量采购的物资给予优惠价格时，要考虑此项成本。如果物资的购置成本不受批量大小的影响，可不考虑这项成本。

4）缺货成本

其指由于不能满足用户需求而产生的成本。它主要来自两方面的费用：一是由于赶工处理这些误期任务而追加的生产与采购费用；二是由于丧失用户而对企业的销售与信誉所造成的损失，也包括误期的赔偿费用损失。显然，缺货成本随缺货量的增加而增加。

如何使总的库存成本最低，就需要正确的库存决策。如应该什么时候进行订购或生产？订购量或生产量应该为多少？应采用什么类型的库存控制系统来维护预期的库存决策？

比如一个企业要确定订购量或生产量，就需要考虑在不同批量下上述几项成本的变化关系，从而找到能使库存总成本最低的最适当的批量。库存控制系统正是通过控制订货点和订货量来满足外界需求并使总库存费用最低的。

6.1.3 影响库存决策的因素

企业的生产在不断消耗库存品，而企业又不断购进物资，补充库存，所以企业的库存量总处于不断变化的状态之中，如何在保证生产的前提下，尽量减少库存积压，是库存控制的核心。

在生产需求量一定的条件下，平均库存水平是由每次的订货量决定的。如果每次订货批量大，则订货次数相对减少，平均库存水平相对较高，如图6-1（a）所示，当每次订货批量是M时，平均库存为M/2。如果每次订货批量小，则订货次数相对较多，而平均库存相对较低，如图6-1（b）所示，当每次订货批量是M/2时，平均库存降低为M/4。图6-1表明了订货批量、频率的变化对平均库存量的影响。

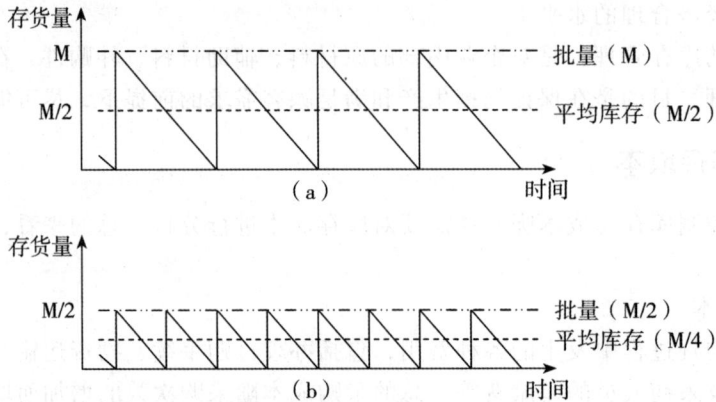

图6-1 订货批量、频率的变化对平均库存量的影响

库存控制的目标是在企业现有资源的约束下，以最低的库存成本满足预期需求。库存控制的基本决策包括：确定相邻两次订货的间隔时间；确定每次订货的订货批量；确定每次订货的提前期；满足用户需求的服务水平。

要做好上述库存控制决策，要考虑多方面的因素。

1）需求特性

物品的需求特性的不同对库存控制决策有着决定性的影响。其表现为如下几种情况：

（1）需求确定或不确定。若物品的需求是确定和已知的，那么可只在有需求时准备库存，库存的数量根据计划确定。若需求是不确定的，则需要保持经常的储备量，以供应随时发生的需求。

（2）需求有规律变化或随机变动。如果需求的变动存在着规律性，如季节性变动，则可以有计划地根据变动规律准备库存。如在旺季到来之前，准备较多的库存以备销售增长的需要。若需求变动没有一定规律，呈现为随机性变化，就要设置经常性库存，甚至准备一定的保险储备量来预防突然发生的需求。

（3）独立性需求或相关性需求。独立性需求一般指对最终产品的需求。最终产品的需求是随机发生的，是企业所不能控制的，只能用预测的方法得到，无法精确地计算出来。

相关性需求来自企业的内部，一般指零部件的需求，零部件的需求与最终产品的需求具有相关性。根据产品的需求计划，零部件的需求可以直接推算得到。

例如某汽车装配公司，市场对其汽车的需求量是独立需求。对于汽车的生产数量，公司需要依赖市场调查和以往销售数据得出。而当汽车的需求计划确定以后，汽车轮胎、发动机、方向盘等部件的需求是可以推算出来的，这就属于相关性需求。再比如麦当劳店中番茄酱的需求量取决于汉堡和炸薯条的售出量，番茄酱的需求类型也为相关需求。

（4）需求的可替代性。有些物资如果可以用其他物资替代使用，那么它们的库存储备量可以适当少一些，万一发生缺货也可以使用替代物资来满足需求。对于没有替代材料的物资，则必须保持较多的库存才能保证预期的供应要求。

2）订货/生产提前期

提前期是指从订购或下达生产指令开始，到物资入库的时间周期。这一时间对库存量有显著的影响。如果从订货至交货这段时间相对较长，则必须存储更多的货品，特别是关键的重要货品。如果一个零件的生产时间长，也需要存储更多的货品。

在库存控制中，是根据库存储备将要消耗完的时间，提前提出订货，以避免在订货到达之前发生缺货。在提前期内应储备多少存货也是控制库存的一项重要决策。

3）物资单价

产品物资的价格越高，占用的库存资金数额也就越多，对这样的产品物资是不应该掉以轻心的，优秀的企业会增加采购次数以缩减库存量。这也是库存控制的手段之一。

4）采购费用与保管费用

采购费用与订货次数是正比关系，因此若采购费用大，应考虑减少订货次数。有了库存就必须进行保管，也就需要保管费用，显然保管费用数额与库存量是正相关关系，所以对于保管费用高的产品物资应该把库存控制在适当的水平上。

5）服务水平

服务水平一般是由企业领导根据经营的目标和战略而规定的。服务水平的高低影响到库存储备水平的选择。服务水平要求高，就需要有较多的储备来保证。服务水平的计量方式有多种，如用户的百分数、订货数量的百分数等。但最常用的是按满足订货次数的百分比来规定服务水平。

如果库存能满足全部用户的全部订货需要，则其服务水平为100%。若每次订货只能满足95名用户，则服务水平为95%，相应地，这时的缺货概率为5%。

服务水平可用于决定再订货点。再订货点是指在进行补充订货时现有的库存量。再订货点的确定是为了满足预先确定的服务水平。因此，在补充订货期间，对需求变化的了解一定要充分。当再订货点确定时，同时确定了安全库存的水平。

6.1.4　库存合理化

库存合理化是指以最经济的方法和手段从事库存活动，并发挥其作用的一种库存状态及运行趋势。库存合理化的内容主要包括库存量合理、库存结构合理、库存时间合理等。

1）库存量合理的含义及控制方法

库存量合理是指以满足市场需要、保障销售、符合经济核算原则，使商品库存量满足销售量的需要。制定商品库存定额是使库存量合理的主要控制方法。其包括：

（1）商品定额（库存商品的数量定额），指在一定时期内对某种商品所规定的平均库存量。通常用于A类商品以及B、C类商品中不能缺货商品的库存控制。

（2）商品资金定额（库存商品的价值定额），指在一定时期内对某种商品平均库存资金占用的规定。企业可以采用总额控制的方式对B、C类商品进行库存量控制。

2）库存结构合理的含义及控制方法

库存结构合理是指库存商品总额中，各类商品所占的比例，同类商品中高、中、低档商品之间的比例，以及同种商品不同规格、不同花色之间库存量的比例都要适应销售的需要。

库存结构合理的控制方法主要包括三个方面：

（1）商品质量结构控制。这是指库存商品自身的质量（不良品、废品、质次价高商品、紧俏商品、适销商品、过季商品、积压商品）以及商品适应当地市场需求的品种结构情况。要保持高质量的库存商品，主要环节及措施是：①把握市场行情，按需组织货源；②根据供求变化适时适量采购；③加强商品入库验收，防止伪劣商品进入储存环节；④对库存商品实行库存定额管理。

（2）商品层次结构确定。商品层次结构是指库存商品满足不同水平消费需求的结构状况。商品层次结构确定的主要任务是除了满足主要层次消费者需求外，要兼顾其他层次消费者需求，应编制"必备商品目录"，并确定各档次商品在全部商品中所占的比例。

（3）商品销售结构分析。通过销售结构（一定时期内各种商品销售额在全部销售额中所占比例）分析，确定经营中的主要品种、次要品种和一般品种，从而有区别地加以管理。其措施包括：①主要品种，按品种甚至规格指定库存定额，实行保本保利库存期管理；②次要品种，分大类进行库存定额管理；③一般品种，只控制总金额，实行一般管理。

3）库存时间合理的含义及控制方法

库存时间合理是指所有库存商品的库存期（商品进入库存环节后停留的时间）适应供求变化。库存时间合理的控制可以通过对商品保本库存期（商品从购进到销售出去，不发生亏损的最长库存期限）和商品保利库存期（能够实现经营利润的最长库存期限）的控制来进行。

商品保本保利期控制就是运用量本利分析和目标管理的原理，通过对商品保本保利期的预测，对商品购、存、销全过程进行系统的价值管理的过程。

6.2　常用库存控制方法的运用

常用的库存控制的方法有三种：一是定量控制法，对库存量进行连续观测，看是否达到重新订货点来进行控制；二是定期控制法，通过固定的时间周期检查库存量，达到控制库存的目的；三是ABC分类法，这类方法是以库存资金价值为基础进行分类，并按不同的类别进行库存控制。

6.2.1　定量控制法

案例分析6-1

某超市销售矿泉水，每当矿泉水剩下2箱时就发出订货，每次订货量是20箱，订货5小时内能到店面。

分析：这一案例中的控制库存方法就是定量控制法。每当矿泉水剩下2箱时就发出订货，所以订货点R为2箱。每次订货量Q为20箱，订货提前期L为5小时。

1）定量控制法的原理

定量控制法也称为连续检查控制法或订货点法。它是连续不断地检查库存余量的变化，当库存余量下降到订货点R时，便提出订购，且订购量是固定的。经过一段订货时间L，货物到达后补充库存。定量控制法的库存变化如图6-2所示。

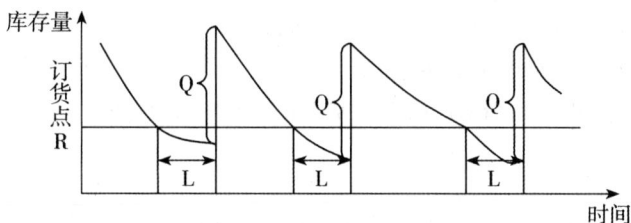

图6-2　定量控制法的库存变化图

图6-2中R点为补充库存的重新订货点，每次订货量为Q，订货提前期为L。

这种库存控制的特点是：

（1）每次的订货批量通常是固定的，批量大小的确定主要考虑库存总成本最低的原则；

（2）每两次订货的时间间隔通常是变化的，其大小主要取决于需求的变化情况，需求大则时间间隔短，需求小则时间间隔长；

（3）订货提前期基本不变，订货提前期是由供应商的生产与运输能力等外界因素决定的，与物资的需求没有直接的联系，故通常被认为是一个常数。

这种方法主要通过建立一些存储模型，以求解决库存降到什么水平订购、订购量应该多大才能使总费用最低这两大问题。

2）订货量的确定

（1）经济订货批量（EOQ）

案例分析6-2

某制造企业全年耗用某项物资的需要量为100 000件，假定每年有250个工作日，该物资的单价为1元，每次采购费用为25元，订货提前期为10天，年保管费用率为12.5‰。该物资订购后一次性到货，企业生产均匀消耗，且不允许缺货。那么该物资经济订购批量、订货点和最小库存费用分别是多少呢？

分析：该物资订购过程如下：假定时间为0时，仓库内尚有物资为Q单位，随着生产过程进行，物资被均匀耗用，由于不允许缺货，所以当库存降至R水平提出订购，订购量为Q，从订购日t_1起，物资要经过L天才能到达企业。假定在L天库存物资恰好用完，同时，所订购的 Q 单位物资恰好到达企业，上述订购过程可用图 6-3 来描述。

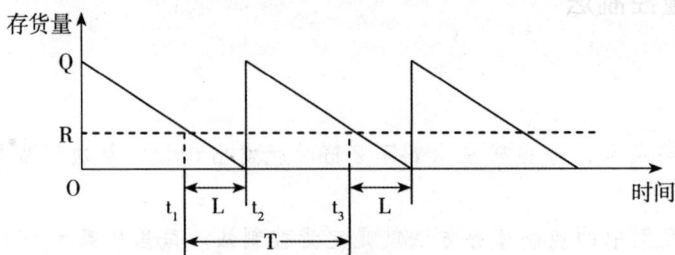

图 6-3　不允许缺货条件下的存储模型

图 6-3 中有：

R：订购点，当仓库内存储水平降至 R，提出订购。

L：订货间隔（天），从开始提出订购到物资入库所经历时间。

Q：订购量，是一个固定值。

T：订货周期（天），相邻两次订货的时间间隔。

上述的订购过程中，发生了如下费用：

库存总费用 C_t=采购费用 C_o+保管费用 C_h+购置成本 C_g（缺货费用 $C_q=0$）

所以有 $C_t = \dfrac{D}{Q}A_0 + \dfrac{Q}{2}Pi + P \times D$ 　　　　　　　　　　　　　　　　（6-1）

式（6-1）中 $\dfrac{D}{Q}$ 是全年订货次数，$\dfrac{D}{Q}A_0$ 是全年订货费用，$\dfrac{Q}{2}$ 为平均库存量，$\dfrac{Q}{2}Pi$ 为全年的保管费用。为使 C_t 最小，求 C_t 的一阶导数并令其为 0，可解出经济订购批量 Q^*。

要 $\dfrac{dC_t}{dQ}=0 \Rightarrow -\dfrac{D}{Q^2}A_0 + \dfrac{1}{2}Pi = 0$

得到 $Q^* = \sqrt{\dfrac{2DA_0}{Pi}}$ 　　　　　　　　　　　　　　　　　　　　　　（6-2）

将经济订购批量公式（6-2）代入公式（6-1），求得最小库存费用 C_t^*。

$C_t^* = \sqrt{2DA_0Pi} + P \times D$ 　　　　　　　　　　　　　　　　　　　（6-3）

订货点 R 计算公式为 R=（平均日需求量）B×L。

由此可计算得到案例分析 6-2 中该物资订货点的库存储备量 R 为：

R = B×L =（100 000/250）×10 = 4 000（件）

案例分析 6-2 中，经济订购批量 Q^* 和最小库存费用 C_t^* 为：

$Q^* = \sqrt{\dfrac{2DA_0}{Pi}} = \sqrt{\dfrac{2 \times 100\,000 \times 25}{1 \times 12.5\%}} = 6\,325$（件）

$C_t^* = \sqrt{2DA_0Pi} + P \times D = \sqrt{2 \times 100\,000 \times 25 \times 1 \times 0.125} + 1 \times 100\,000 = 100\,791$（元）

总的来说，经济订货批量（EOQ）模型适用于有如下假设条件的情况：外部对库存系统的需求率已知，需求率均匀且为常量。货物全年需要量以 D 表示；一次订货量无最大最小限制；采购、运输均无价格折扣；订货提前期已知，且为常量；订货费用与订货批量无关；维持库存费与库存量成正比；不允许缺货；补充率为无限大，全部订货一次交付；采用定量控制法管理库存。

在这些前提下，可根据已知的年需要量、订货提前期、物资的单价、每次采购费用、年保管费用率等求得经济订购批量、订货点和最小库存费用。

（2）季节性产品订购量的确定

对于报纸、新鲜食品、圣诞节礼物或季节性时装等产品，它们的销售时间性非常强，一旦过时，没卖出去的产品就大大失去价值，如一天没卖掉的烤面包往往会降价出售，剩余的海鲜可能会被扔掉，过期杂志廉价出售给旧书店。处置剩余商品甚至还可能需要额外费用。

所以考虑这类产品的库存时，一方面要避免缺货而持有较高的库存，另一方面要防止持有库存量大于需求量时，部分产品未能及时销售而造成损失。

计算这类产品的库存量，决策者必须处理好缺货成本（销售损失）与产品过剩损失的关系，以达到期望销售利润最大。下面用一个例子说明这类问题的解决方案。

案例分析6-3

按过去的记录，新年期间对某商店节日彩灯的需求分布率如表6-1所示。

表6-1　　　　　　　　　　　某商店节日彩灯的需求分布率

需求 d（份）	0	10	20	30	40	50
概率 p（d）	0.05	0.15	0.20	0.25	0.20	0.15

已知每份节日彩灯的进价为 C＝50元，售价 P＝80元。若在1个月内卖不出去，则每份只能卖30元。该商店该进多少节日彩灯为好？

分析：要使该商店的期望利润最大，就要比较不同订货量下的期望利润，取期望利润最大的订货量作为最佳订货量。

设订货量为 Q 时的期望利润为 $E_p(Q)$，实际需求为 d。设1个月内卖出去每份节日彩灯盈利为 C_u，则 $C_u=80-50=30$（元）。1个月内卖不出去每份节日彩灯亏损为 C_o，则 $C_o=30-50=-20$（元）。

则当订货量 Q≤实际需求 d 时，不会出现卖不出去的情况，利润为 $C_u Q$。

当订货量 Q＞实际需求 d 时，有卖不出去的节日彩灯，会存在一部分节日彩灯亏损，此时利润为 $C_u d+C_o(Q-d)$。

期望利润 $E_p(Q)$ 的计算公式为：

$$E_p(Q) = \sum_{Q>d}[C_u d + C_o(Q-d)]p(d) + \sum_{Q \le d} C_u Q p(d)$$

计算过程如表6-2所示。

表6-2　　　　　　　　　　　不同订货量下的期望利润计算过程　　　　　　　　金额单位：元

订货量 Q（份）	实际需求 d（份）						期望利润 $E_p(Q)$
	0	10	20	30	40	50	
	P（D=d）						
	0.05	0.15	0.20	0.25	0.20	0.15	
0	0	0	0	0	0	0	0
10	−200	300	300	300	300	300	275
20	−400	100	600	600	600	600	475
30	−600	−100	400	900	900	900	575
40	−800	−300	200	700	1 200	1 200	550
50	−1 000	−500	0	500	1 000	1 500	425

当订货量 Q = 20 时，E_p (20) ＝ [（20−0）×（30−50）×0.05]＋[（20−10）×（30−50）× 0.15]＋[10×（80−50）×0.15]＋[20×（80−50）×（0.20＋0.25＋0.20＋0.15）]＝475（元）。

当 Q 取其他值时，以此类推。

由表 6-2 可以得出，当订货量为 30 份时，期望利润最高，为 575 元。所以该商店节日彩灯最佳订货量为 30 份。

6.2.2　定期控制法

案例分析 6-4

某超市销售矿泉水，每星期（如每个星期天早上 8 点）检查一次矿泉水的剩余箱数，检查以后就发出订货请求，如果预计下周销售量较好，可能一次订货 50 箱，如果预计销售不好，可能订货 10 箱。每次的订货需一天才能到店面。

分析：本案例使用的是定期控制法。每星期订货 1 次，所以订货间隔周期 T 为 1 周，它是固定的。每次订货量 Q 是不固定的，订货提前期 L 为 1 天。

定期控制法也叫周期检查控制法或订货间隔期法。

1）定期控制法的特点

它是一种定期盘点库存的控制方法，特点是：

（1）每两次订货的时间间隔是固定的，以固定的间隔周期 T 提出订货。

（2）每次订货批量是不确定的。管理人员按规定时间检查库存量，并对未来一段时间内的需求情况作出预测，若当前库存量较少，预计的需求量将增加时，则可以增加订货批量，反之则可以减少订货批量，并据此确定订货量、发出订单。

（3）订货提前期基本不变。

定期控制法的库存变化如图 6-4 所示。

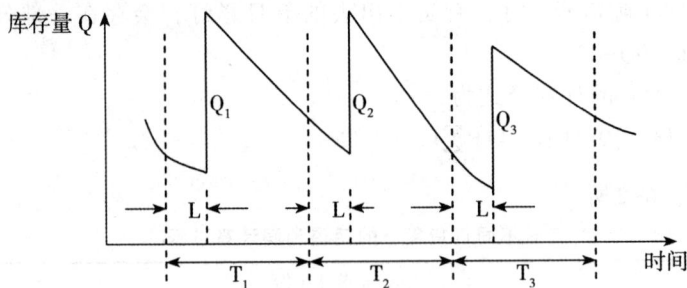

图 6-4　定期控制法的库存变化图

图 6-4 中 T 为订货间隔周期，每次订货量分别为 Q_1、Q_2、Q_3，订货提前期为 L。

这种控制方式是当物资出库后不需要对库存品种数量进行实地清点，可以省去许多库存检查工作，在规定订货的时候检查库存，简化了工作，缺点是在两次订货之间没有库存记账，有可能在此期间出现缺货的现象。如果某时期需求量突然增大，也有可能发生缺货，所以一般适用于重要性较低的物资。

2）订货间隔期和每次的订购量的确定

这种控制方式主要面对的关键问题是：确定订货间隔期和每次的订购量。

一般来说，其订货间隔周期T由存储物资性质而定。对存储费用高、缺货损失大的物资，T可以定得短一点，反之可定得长一点。

每次订购量可由下式确定：

订购量 = 平均日需用量×订货间隔周期+保险储备量−现有库存量−已订货未交量

保险储备量 = 保险储备天数×平均日需用量

保险储备天数可由以往统计资料中平均误期天数来定。

6.2.3　定量控制法和定期控制法的比较

运用定量控制法必须连续监控剩余库存量。它要求每次从库存里取出货物或者往库存里增添货物时，刷新记录以确认是否已达到再订购点。而运用定期控制法，库存盘点只在规定的盘点期发生。

影响选择这两种方法的其他因素是：

（1）定期控制法平均库存较大，因为要预防在盘点期发生缺货情况；定量控制法没有盘点期。

（2）因为平均库存量较低，所以定量控制法有利于贵重或重要物资的存储。因为该模型对库存的监控更加密切，这样可以对潜在的缺货更快地进行反应。

（3）由于每一次补充库存或货物出库都要进行记录，维持定量控制法需要的时间更长。

两者的比较如表6-3所示。

表6-3　　　　　　　　　　　　**定量控制法和定期控制法的比较**

项目	定量控制法	定期控制法
订货量	固定的Q	变化的Q
何时订购	根据固定的订货点R	根据固定的订货周期T
库存记录及更新	与每次出库对应	与定期的库存盘点对应
库存水平	低（不设置安全库存）	高（设置安全库存）
适用产品	重要、价值高的A类	B类、C类

6.2.4　ABC分类管理法

由于一般企业的库存物资种类很多，对全部物资进行管理是一项复杂而繁重的工作。管理者精力有限，因此应该使用重点管理的原则，将管理重点放在重要的物资上。ABC分类管理法便是物资重点管理法。

ABC分类管理法把企业繁多的物资品种，按其重要程度、消耗数量、价值大小、资金占用等情况进行分类。把品种数量占库存物资总品种数的20%左右、资金占库存物资总资金量的70%左右的一类物资定为A类物资。把品种数量占库存物资总品种数的50%以上、资金占总资金量的10%以下的一类物资定为C类物资。其余的物资都是B类。ABC分类法示意图如图6-5所示。

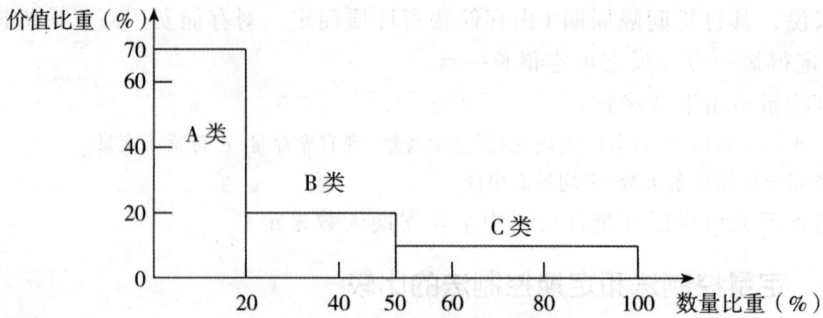

图6-5　ABC分类法示意图

下面通过一个例子来说明如何利用上述原理来划分企业的库存物资。

案例分析6-5

一个仓库有库存物资10个品种，它们的年均资金占用量及占用资金比例见表6-4。

表6-4　　　　　　　　**各库存物资年均资金占用量及占用资金比例**

物资编号	年均资金占用量（元）	占用资金比例（％）
2	45 000	42.05
12	30 000	28.04
6	10 000	9.35
15	8 000	7.48
7	6 000	5.61
3	5 000	4.67
8	2 000	1.87
5	500	0.47
16	400	0.37
19	100	0.09
总计	107 000	100.00

分析：根据资金占用比例，得到分类结果见表6-5。

表6-5　　　　　　　　　　　　**分类结果**

物资类型	物资编号	年平均资金占用量（元）	占用资金比例（％）
A	2，12	75 000	70.09
B	6，15，7	24 000	22.44
C	3，8，5，16，19	8 000	7.47
总计		107 000	100.00

A类物资是一些品种不多但耗用资金很多的物资，也可以包括一些虽然耗用资金不太多，但对企业来说是关键性的物资，主要是原材料。在纺织企业中就是原棉、化纤、原毛、丝麻等；在机械制造企业中就是金属材料与非金属材料；在电机制造企业中除金属材料外，还包括绝缘材料。这类物资的耗用与生产过程有直接的、密切的联系。

B类物资是品种较多、耗用资金不太多的一些物资。B类物资大多是一些主要材料、建筑材料、大型的辅助材料、辅助器材与设备等。

C类物资是一些耗用量不大、耗用资金少，但品种很多的物资，这类物资性能复杂，规格繁多，用途不一。如工具、包装材料、备用材料、润滑剂、办公用品和零星辅助材料等。

ABC分类法意味着A类库存要实行重点管理，花费在保管A类库存物资的资金应大大多于花费在C类的库存物资上，严格控制A类库存储备量、订货量、订货时间，现场控制也应更严格，应该把它们存放在更安全的地方，并且为了保证它们的记录准确性，应对它们频繁地进行检查控制。这类物资的预测应比其他类别的物资的预测更为仔细精心。

B类物资可以适当控制，并可适度地减少B类物资库存。C类物资可以放宽控制，增加订货量，以加大两次订货间的时间间隔，减少订货次数。

在控制方式的选择方面，A类物资适宜采用连续检查控制方式，C类物资较多地采用周期检查控制方式。

需要注意的是，因为ABC分类法主要是以库存资金数量为基础进行分类的，没有反映库存品种对利润的贡献、供货的紧迫性等方面的指标。在某些情况下，因C类物资库存造成的缺货也可能是十分严重的。因此在应用ABC分类法时应给予充分注意。

⇒ 基本训练 ⇒

□ 知识题

6.1 阅读理解

1) 库存的含义是怎样的？库存有哪些类型？

2) 影响库存决策的因素有哪些？

3) 什么叫库存合理化？其有哪些内容？

4) 库存控制有哪些方法？

5) 定量控制法和定期控制法的区别是怎样的？

6.2 知识应用

1) 判断题

（1）转变公认的观念不是零库存管理的做法。 （   ）

（2）库存量越多越好。 （   ）

（3）库存量越大，库存成本越高。 （   ）

（4）ABC分类法主要是以库存资金数量为基础进行分类的。 （   ）

（5）A类物资库存要实行重点管理。 （   ）

2) 选择题

（1）消耗完毕后，不需要重新补充的库存，即那些发生在比较短的时间内的物料需求的库存是（   ）。

A.单周期库存　　　　B.多周期库存　　　　C.随机库存　　　　D.经常性库存

（2）由于不能满足用户需求而产生的成本是（　　　）。

A.采购成本　　　　B.保管成本　　　　C.缺货成本　　　　D.购置成本

（3）不属于定期盘点库存的控制方的特点的是（　　　）。

A.每两次订货的时间间隔是固定的　　　　B.每次订货批量是不确定的

C.订货提前期基本不变　　　　D.订货提前期是变化的

（4）销售时间性非常强的产品是（　　　）。

A.报纸　　　　B.时装　　　　C.设备　　　　D.冰激凌

（5）其资金占库存物资总资金量的70%左右的物资为（　　　）。

A.A类物资　　　　B.B类物资　　　　C.C类物资　　　　D.以上三项都对

□ 技能题

6.1　要求学生参观某小型超市（最好是教学商店），深入了解所有文具类（或其他类型）商品的价格、销售量等，用ABC分类法对其进行分类，对超市（商店）的经营提出自己看法。ABC分类结果用表格的形式给出。再选出几种常用物品，通过物品的价格、销售量等信息，确定合适的库存控制方法。

6.2　要求学生参观2家不同类型的企业，比如一家制造企业和一家牛奶生产企业，了解不同类型企业原材料的库存控制方法，各选1种或2种原材料，根据产品的需求特性、到货情况、采购情况，确定合理的库存控制方法，并确定订货点、每次订货量、订货提前期等参数。写一份实习报告。

6.3　某企业年需要物资量为14 400件，该物资的单价为0.40元，存储费率为15%，每次的订货成本为20元，一年工作52周，订货提前期为一周。试求：

（1）经济订货批量是多少？

（2）一年应该订几次货？

（3）全年的库存总成本是多少？

（4）订货点的库存储备量为多少？

6.4　某企业年某种物资需求量为5 000件，购货价随订货批量增大而降低。批量在100件以下时，每件5元；批量为100~1 000件时，每件4.5元；批量大于1 000件时，每件3.9元。试求该企业每次订货为多少件时，总成本最低。

6.5　某民用航空公司的一个航班有座位100个，根据经验，在知道大约有100位顾客订票的情况下，实际未出票人数达到或超过3人的概率为0.1，达到或超过2人的概率为0.4，达到或超过1人的概率为0.2，全部购票的概率为0.1。每卖一张机票的纯利润为600元，接受订票但不能售出票的赔偿费为1 000元。试问该公司应该接受多少顾客的订票最为经济？

⟹综合案例⟹

案例1：神州摩托

神州摩托车、自行车专营商店，是一家批发和零售各种型号摩托车、自行车及其零配件的商店，每年销售各种类型摩托车约7 000辆、自行车30 000辆，年销售额近5 000万元。过去几年产品畅销，商店效益好，但是管理比较粗放，主要靠经验管理。由于商店所在地离生产厂家距离较远，前几年铁路运输比较紧张，为避免缺货，神州商店经常保持较高的库存量。近两年来，经营同类业务的商店增加，市场竞争十分激烈。

神州商店摩托车经销部新聘任徐先生担任主管，他上任以后，就着手了解情况，寻求提高经济效益的途径。

摩托车、自行车采购的具体方式是：参加生产厂家每年一次的订货会议，签订下年度的订货合同，然后按期到生产厂办理提货手续，组织进货。

徐先生认为摩托车经营部应当按照库存控制理论，在保证市场供应的前提下，尽量降低库存，这是提高经济效益的主要途径。

神州商店销售不同型号的摩托车，徐先生首先选择XH公司生产的产品进行尝试。

一、计算其经济订购批量

（一）已知条件

徐先生计算XH公司供应的摩托车的经济批量，他收集了如下数据：

1. 每年对XH公司生产的摩托车需用量为3 000辆，平均每辆价格为4 000元。

2. 采购成本。其主要包括采购人员处理一笔采购业务的旅费、住勤费、通信费等费用。以往采购人员到XH公司出差，乘飞机、住宾馆、坐出租车，一次采购平均用16～24天，采购员各项支出每人平均为6 700元，每次订货去2名采购员，采购成本为13 400元／次（6 700×2）。

3. 每辆摩托车的年保存费用。

（1）所占用资金的机会成本。每辆摩托车平均价格为4 000元，银行贷款利率年息为6％。

所占用资金的机会成本为240元／辆·年（4 000×6％）。

（2）房屋成本（仓库房租及折旧、库房维修、库房房屋保险费用等平均每辆摩托车分担的成本）。商店租用一个仓库，年租金52 000元。仓库最高库存量为700辆，最低时不足100辆，平均约为400辆，因此，每辆车年房屋成本可取为130元／辆·年。

（3）仓库设施折旧费和操作费。吊车、卡车折旧和操作费平均10元／辆·年。

（4）存货的损坏、丢失、保险费用平均20元／辆·年。

以上各项合计年保存费用为：

240＋130＋10＋20＝400（元／辆·年）

（二）经济订购批量的计算

徐先生将以上数据代入经济订购批量计算公式，计算出经济订购批量，以及订购间隔、订购点库存、年库存成本等。

1. 经济订购批量 $=\sqrt{(2\times3\,000\times13\,400)/400}\approx448$（辆）

2. 每年订购次数 $=3\,000/448\approx7$（次）

3. 订购间隔。神州商店每周营业7天，除春节放假5天外，其他节假日都不停业。年营业日为360日，订购间隔可用下面公式算出。

订购间隔 $=360/7=52$（天）

若采用定期订购方式，订购间隔为52天，即每隔52天订购一次。

4. 订购点量。若采用定量订购方式，则要计算出订购点量。

徐先生为计算订购点量，需要订货提前期的有关数据，他了解到订购提前期由以下几个部分组成。

订购提前期的组成

采购准 备时间	与供应商 谈判时间	供应商提 前期	到货 验收
← 4 →	← 4 →	← 15 →	← 2 →

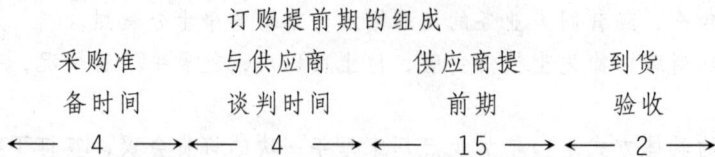

其中采购准备时间，包括了解采购需求，采购员旅途时间。供应商提前期为与供应商谈判结束到摩托车到商店仓库所需的时间，可算出订购提前期为25天。

若安全库存为40辆，可算出订购点量。

订购点量 = 25×（3 000 / 360）+ 40 ≈ 249（辆）

5.年库存成本。年库存成本等于年订购成本与年保存费用之和，即：

年库存成本 = 7×13 400 +（448 / 2 + 40）×400 = 199 400（元 / 年）

经过上面的数据收集、分析与计算，徐先生对库存各种费用的大体情况，以及在哪些方面可以采取措施降低费用，有了一个初步的认识。

徐先生在仔细调查了商店ＸＨ摩托车的销售数据后发现，摩托车的销售量在一年之中并不是均衡的，它与季节有一定的关系。

摩托车一月份销售量较大，1月份即新年到春节之间，许多单位发年终奖或双工资，在春节前形成一个购买高峰，在高峰过后，销量骤减。其余各月销售量有波动，但不是很大。

徐先生根据西尔弗－米尔启发式方法，根据销售量的分布，重新安排了订购时间及订购量。

由于全年订购次数为7次，每次订购成本为13 400元，全年总订购成本为：

13 400×7 = 93 800（元）

每辆摩托车年保存成本为400元，每月的保存成本应为33.3元（400/12），期末库存总计为1 580辆，总保存成本应为：

1 580× 33.3 = 52 667（元）

总库存成本为：

93 800 + 52 667 = 146 467（元）

这种算法忽略了订购提前期及安全库存。徐先生认为可按订购提前期为一个月考虑安排订购，订购提前期原为25天，现增加至一个月，增加的5天可视为安全库存。

二、为进一步降低库存费用提出的改进措施

（一）降低订购费用

实行订购费用承包，每次出差去ＸＨ公司，承包开支为：

旅费　　　　1 200元

住勤费 120×20 = 2 400（元）

通信费 10×20 = 200（元）

合计　 3 800×2 = 7 600（元）

同时考虑是否可将每次由2名采购员去订购，改为每次1人。

（二）降低保存费用

保存费用中资金的机会成本由摩托车价格和银行利息所决定，没有降低的余地。仓库设施的折旧费和操作费，存货的损坏、丢失，保险费用等在保存费用中所占比例很少，压缩这些费用可节省的开支十分有限。徐先生将降低保存费用主要目标集中在降低仓库租金方面。

现在商店租用的仓库，最多可存放700辆摩托车，全年只有1个月摩托车的销售量达到650辆，其余月份最高销售量为360辆。徐先生提出两种设想：

1．上半年租用原有仓库面积，下半年按150辆摩托车需用面积租仓库，大约可节省1万元。

2．将5月份订购600辆，改为5月订购240辆，6月订购360辆。这样，除1月份、2月份要租用较大仓库外，其余10个月可按450辆存放面积租仓库。这样仓库租用费大约可节省1.6万元。

徐先生作了初步估算，如果上述两项建议能实现，每年大约可再节约6.8万元库存费用。

问题：

1．一般而言，保管成本与库存量成正比，那么，该怎样计算保管费用？

2．徐先生的计算有没有不符合实际的地方？他建议的改进措施是否可行，为什么？

资料来源：申元月.生产运作管理[M].2版，济南：山东人民出版社，2005.

案例2　沃尔玛的库存管理

沃尔玛是美国最大的连锁零售集团之一，从20世纪80年代起，沃尔玛从一个规模非常有限的区域性企业，快速成长为一个超级跨国集团，创造了一个令人称奇的经济奇迹。

沃尔玛的成功，与其精准的库存管理有着不可分割的密切联系。

首先，沃尔玛建立了实时监控销售的POS系统，该系统记录销售商品的价格和数量。在20世纪90年代初，沃尔玛购买了一颗专用卫星，用来传送公司的销售数据等信息，沃尔玛总部及配送中心任何时间都可以知道，每一个商店现在有多少存货，有多少货物正在运输过程当中，有多少货物存放在配送中心等；同时还可以了解某种货品上周卖了多少，去年卖了多少，并能够预测将来能卖多少。沃尔玛的供应商也可以利用这个系统直接了解自己昨天、今天、上周、上个月和去年的销售情况，并根据这些信息来组织生产，保证产品的市场供应，同时使库存降低到最低限度。

沃尔玛各分店所有货品每11—13个月彻底盘点一次，平时也有库存管理小组的盘点员随机对商品进行盘点，修正库存记录。

其次，沃尔玛建立了自己的运输网络，可以快速地将订到的货物送往遍布各地的沃尔玛大型超市，由于货源补充迅速，沃尔玛货场的库存量远远低于同业平均水平。

最后，沃尔玛对少量的销售不畅的库存物资，采用退货或者减价销售的方式快速消化库存，保证整个集团的物资库存处于一个很低的水平。沃尔玛的库存年周转为4.5次，而其同行竞争者平均为2.8次，竞争优势可见一斑。

由于采用了上述的措施，沃尔玛的运营成本远远低于同等规模的其他连锁零售集团，因而，可以采用低价销售的方式吸引更多的顾客，销售额增长迅速。

资料来源：佚名.沃尔玛的库存管理[EB/OL].[2014-09-23].http://wenku.baidu.com/view/1c7fd6bbfd0a79563c1e72b9.html.

问题：（1）沃尔玛的运营成本为什么能远远低于同等规模的其他连锁零售集团？

（2）沃尔玛的库存管理的主导思想是什么？其是怎么实现的？

■ 综合实训 ■➤

一、实训目的

（1）提高学生学习兴趣；

（2）掌握多门相关学科知识的综合应用；

（3）针对问题应用所学库存管理以及相关管理学科理论与方法进行分析，具有提出解决方案的能力。提高学生解决库存实际问题的能力。

二、背景资料

（1）公司存在的问题

某公司生产200多种不同塑钢机械的固定部件。每种机械都需要不同的部件，而每个部件又需要不同的原材料，在厂房里有各种原材料——从铆钉到钢板，现在对原材料库存的管理出了问题。某些固定部件订购了足够生产1年的原材料，但其他部件却只订购了保证生产1周的原材料，在存储没用的原材料上浪费了大量的钱，却因为处理到货迟了的订单而损失了大量的钱。现在需要解决的问题是：应当如何控制库存——对每种部件应储备多少原材料？应该多长时间订购一次原材料？应该订购多少原材料？当公司客户的销售部接到某种塑钢机械的订单时，订单就传到当地的装配厂。接着装配厂就向该公司发一份订单，订购装配这种机械所需的固定部件。由于该公司经常发生原材料短缺问题，从公司收到订单到完成订单并发货到装配厂要1个月的时间。

（2）收集订单的详细资料来解决库存问题

该公司3年前建立了数据库，这个系统非常复杂，目前要将复杂的系统分解成简单的组成部分，对每种固定部件独立地分析其库存控制。但是200多种部件，从何处开始呢？该公司是装配公司，当收到某种机械的订单时，它就会向工厂订购装配这种机械所需的固定部件。工厂也是在订单中的所有部件都完成后才向装配厂发货。一份订单的交货时间是由给定订单中所需时间最长的部件来决定的，所以应从装配最常用的机械所需的生产时间最长的固定部件开始入手分析。

（3）通过数据分析库存问题

公司进一步调查发现，在过去1年中，完成该部件从下订单算起平均需要1个月的时间。

（4）去库存改善部门索要完成分析所需的财务数据，主要是成本信息资料。

三、实训要求

要求学生搜集资料，以小组的形式讨论以下问题，并提供改进方案。

（1）该公司在某部件上应实行什么库存政策？

（2）你是否认为对每一固定部件单独分析会导致错误的库存政策？为什么？

第7章
特殊货物仓库管理

学习目标

知识目标

◎理解特殊货物仓库管理的含义；

◎明确危险品、油库、粮仓仓库管理的重要性。

技能目标

◎能用所学知识对危险品、冷藏库、粮仓、油库仓库管理状况进行分析；

◎能结合企业具体情况提出如何进行特殊货物仓储管理的一些措施。

引例　连云港外贸冷藏仓库

连云港外贸冷藏仓库于1973年由外经贸部投资兴建，是我国外贸系统的大型冷藏库之一，由12 000吨的低温库（-18℃）和5 000吨的保鲜库（0℃）组成，配备双回路电源。另有3 000平方米的普通仓库，100多吨运力的冷藏车队，年加工能力为1 500吨的冷冻品加工厂。其经营范围为物资储存，商品储存、加工；食用油及其制品、副食品、饲料、建筑材料、金属材料的销售、代购、代销、公路运输服务等。冷藏仓库所处区位优越，在连云港港区内，门前公路东接港口，西接宁连、徐连、汾灌高速公路，距离连云港民航机场只有50千米，库内有铁路专用线与亚欧大陆桥东桥头堡相连，毗邻公路、铁路客运站，交通十分便捷。设备完善的主库和从日本引进的组装式冷藏仓库构成了一流的冷冻冷藏条件，保鲜库为国内外客户储存苹果、蒜头、洋葱、蔬菜类保鲜食品。冷冻品加工厂设备完善，质保体系严格，采用恒温避光作业，拥有蔬菜、水产品两条加工生产线，可常年同时加工鲜、冻农副产品及水产品，其仓库在存放商品方面条件优越。

资料来源：佚名.连云港外贸冷藏仓库[EB/OL].[2015-10-09].http://956481.czvv.com/.

该案例表明：连云港外贸冷藏仓库的选址充分考虑了冷藏仓库的交通条件和周边环境，所处区位优越，与港口、高速公路、机场、铁路等都很近，交通十分便捷。冷藏仓库管理在冷冻链中的作用是：①冷藏仓库是冷冻链货品的储存和中转地点。②冷藏仓库是冷冻链的控制和信息收集地。③冷藏仓库包含冷冻链管理的大部分技术。④冷藏仓库是冷冻链成本管理的重要组成部分。

7.1　危险品仓库管理

7.1.1　概述

1）危险品仓库的定义和类型

危险品仓库是存储和保管易燃、易爆、有毒、有害物资等危险品的场所。根据隶属和使用性质分为甲、乙两类，甲类是商业仓储业、交通运输业、物资管理部门的危险品库，乙类为企业自用的危险品库。其中甲类危险品库储量大、品种多，所以危险性大。根据规模又可分为三类：面积大于9 000平方米的为大型危险品库，面积在550～9 000平方米的为中型危险品库，550平方米以下的为小型危险品库。

危险品仓库按火灾危险性分为甲、乙、丙、丁、戊类仓库；按结构形式分为地上危险品库、地下危险品库、半地下危险品库。

2）危险品仓库的选址

危险品仓库根据其具有危险性的特点，在选址时应依据政府的总体市政布局，选择合适的建设地点，一般选择较为空旷的地区，远离居民区、供水地、主要交通干线、农田、河流、湖泊等，处于当地长年主风向的下风位。如必须在市区内修建，大、中型的甲类仓库和大型乙类仓库与居民区和公共设施的间距应大于150米，与企业、铁路干线的间距应大于100米，与公路距离应大于50米；在库区内，大型库房间距为20～40米，小型库房间距为10～40米。易燃商品应放置在地势低洼处，桶装易燃液体应放在库内。

3）危险品仓库结构

危险品仓库具体建筑分为地面仓库、地下仓库和半地下仓库，还有窑洞以及露天堆场。

危险品地面仓库的建筑结构。危险品仓库应根据当地气候和存放物品的要求，采取防潮、隔热、通风、防小动物等措施。危险品仓库可采用砖墙承重，屋顶宜采用轻质易碎结构。危险品仓库的安全出口不应少于 2 个；当仓库面积小于 150 平方米且长度小于 18 米时，可设 1 个。仓库内任意一点至安全出口的距离不应大于 15 米。危险品仓库的门应向外平开，不得设门槛；门洞的宽度不宜小于 1.2 米。贮存期较长的总仓库的门宜为双层，内层门为通风用门，两层门均应向外开启。危险品总仓库的窗应能开启，宜配置铁栅和金属网，在勒脚处宜设置进风窗。危险品仓库的地面应符合下列规定：对火花能引起危险品燃烧、爆炸的工作间，应采用不产生火花的地面；当工作间内的危险品对撞击、摩擦特别敏感时，应采用不产生火花的柔性地面；当工作间内的危险品对静电作用特别敏感时，应采用不产生火花的导静电地面。

危险品仓库工作间的内墙应抹灰，有易燃、易爆、粉尘的工作间，其地面、内墙面、顶棚面应平整、光滑，不得有裂缝，所有凹角宜抹成圆弧形。易燃、易爆、粉尘较少的工作间宜用湿布擦洗，内墙面应刷 1.5～2.0 米高油漆墙裙；经常冲洗的工作间，其顶棚及内墙面应刷油漆，油漆颜色与危险品颜色应有所区别。有易燃、易爆、粉尘的工作间，不宜设置吊顶，设置吊顶时，应符合下列规定：吊顶上不应有孔洞；墙体应砌至屋面板或梁的底部。

7.1.2　危险品仓库的管理

1）危险品仓库储存的安全管理

（1）危险品仓库及储存的安全管理

危险品仓库要落实消防安全责任制，积极做好消防组织管理工作。同时，要落实《中华人民共和国国家标准建筑设计防火规范 GBJ16-87（1995 修订本）》的有关规定。

危险品的储存管理包括：①物资应分类储存。②进出库严格检查验收。③危险品堆垛规范。危险品储存应限高，稳固。堆垛要"五留距"，即留墙距、柱距、灯距、垛距、顶距，确保货物的安全。仓库内消防通道不小于 4 米，货场内的消防主通道不小于 6 米。货堆的显著位置要悬挂标明危险品编号、品名、性质、类别、级别、消防方法的标志牌。对于硫磺粉、硫酸铝、尿素、亚硝酸钠等受潮后理化性质易发生改变的物品，码垛底下应有衬垫。

（2）危险品储存过程中的安全管理

①危险品入库后，要及时记账、登卡，做到"三清"（规格清、型号清、数量清）；"两齐"（库容整齐、摆放整齐），确保账、卡、物一致。②库存危险品按规定的储存期限和储存条件，做好"十防"（防火、防爆、防冻、防热、防潮、防水、防霉、防漏、防变质、防事故），对超过储存期的物资应重新检验并做好记录。③保管员对危险品应"一日三查"，即上班后、当班中、下班前检查。④根据危险品领料单所列名称、规格、等级、数量核对实物无误后，按物资出库"先进先出，后进后出"的原则办理出库手续。⑤危险品搬运时，采取规定的安全防护措施。

2）危险品仓库的管理

危险品仓库应根据危险品的种类、特性，采用妥善的建筑结构，并取得相应的许可。

同时设置相应的监测、通风、调温、灭火、泄压、隔离等安全设施和设备。

建立严格和完善的管理制度。为保证危险品仓储的安全，仓库需要依据危险品管理的法律和法规的规定，根据仓库的具体情况和所储存的危险品的特性，制定严格的危险品仓储管理制度、安全操作规程，并具体落实到责任人。仓库还要根据法规规定和管理部门的要求，履行登记、备案、报告的法律和行政义务。

严格出入库制度。危险品入库时，仓库管理人员要严格把关，认真核查品名、标志，检查包装，清点数目，做好登记，重点危险品要实行双人收发制度。危险品出库时，仓库管理人员除要认真核对品名、标志、数目外，还要认真登记提货人，详细记录危险品的流向。

恰当选择货位和堆垛。危险品的储存方式、数量必须符合国家的有关规定，选择合适的存放位置，妥善安排相应的通风、遮阳、防水、防湿、温控条件，根据危险品的性质和包装合理确定堆放垛型和垛的大小，要有合理的间距，消防器材和配电箱周围禁止堆货或放置其他物品。

保管和装卸作业安全。在保管和装卸作业过程中，要严格遵守有关规定和操作规程，合理选用装卸器具，对包装不符合作业要求的要妥善处理再进行作业。保管人员要定期检查危险品品种、数量和相关设施，及时清扫库场，进行必要的消毒处理，严格限制闲杂人员进库。

要有周密的应急处理和废弃物处理措施。当危险品库遇到紧急情况时，要有应急处理指挥人员，包括汇报情况、现场紧急处理、人员疏散、封锁现场、人员分工等。应急处理指挥人员要有相关的专业知识，能熟练掌握操作技能。

仓库要定期组织员工开展应急情况演习，新员工上岗时要培训。

对于废弃的危险品及包装容器等，要有妥善的处置措施，如封存、销毁、中和、掩埋等无害化处理，不得遗留隐患。处置方案要到相关部门备案，并接受监督。剧毒危险品被盗、丢失、误用时，要立即向公安部门报告。

知识链接 7-1

危险化学品储存、装卸安全要求

一、储存基本要求

1.危险品的露天存放应符合防火防爆要求。

2.储存危险化学品的仓库必须配备具有专业知识的专业技术人员，其库房和场所应设专人管理，并配备可靠的个人防护用品。

3.储存的化学品应有明显的标志。

4.储存危险品的建筑物、区域内严禁烟火和使用明火。

5.各类危险化学品不得与紧急物料混合储存，如易燃液体不得与氧化剂、助燃气体混合储存。

二、储存场所的要求

1.储存危险品的建筑物不得有地下室或其他地下建筑。

2.储存场所内的电气系统均应符合国家有关安全规定，易燃易爆危险品储存场所应符合防爆安全规定。

3.储存易燃易爆危险品的建筑，必须安装避雷设施。

4.储存场所必须安装通风设备，并注意设备的防护措施。

5.储存危险品的建筑采暖应用水暖，其温度不应超过60℃。

三、储存安排与储存量限制

1.露天储存的平均单位面积储存量为1~1.5吨/平方米，其库房隔离储存为0.5 吨/平方米。

2.库房储存与墙的距离为0.3~0.5米，垛距宽度为0.3~0.5米。

3.受日光照射能发生化学反应引起燃烧、爆炸、分解、化合的危险品应采用避光、降温措施。

四、危险品的养护

1.危险品入库时应严格检验货物质量、包装情况、有无泄露等，发现异常应及时向上级管理人员汇报处置。

2.在储存期内应定期检查，发现有品质变化、包装损坏渗漏应及时处理。

3.库房的温度、湿度应严格控制，经常检查，发现变化及时调整。

五、危险品装卸安全管理

1.进入危险品储存区的人员、机动车辆，必须采取防火措施。

2.装卸、搬运危险品作业必须在装卸管理人员的现场指挥下进行，否则不得进行，装卸管理人员不得在装卸过程中脱岗。

3.装卸危险品必须轻装、轻卸，严禁摔、碰、撞击、拖拉、倾斜和滚动。

4.在修补、换装、清扫、装卸易燃易爆物料时，其装卸机具上的电气设备元件必须符合防火防爆要求，使用不能产生火花的铜制、合金制或其他防爆工具。

7.2 冷藏仓库管理

7.2.1 冷藏仓库概述

1）冷藏仓库的定义和作用

冷藏仓库是保持稳定低温用来贮藏冷冻食品的仓库。其利用降温设施创造适宜的湿度和低温，能摆脱气候的影响，延长各种产品的贮存期限，以调节市场供应。

冷藏仓库可广泛应用于食品厂、乳品厂、制药厂、化工厂、果蔬仓库、禽蛋仓库、宾馆、酒店、超市、医院、血站、部队、试验室等。冷藏仓库主要用于对食品、乳制品、肉类、水产、禽类、果蔬、冷饮、花卉、茶叶、药品、化工原料、电子仪表仪器等的恒温贮藏。

2）冷藏仓库工作人员的要求

企业必须按有关规定配备受过专门教育和培训，具有冷藏、加工、制冷、电器、卫检等专业知识、生产经验和组织能力的各级管理人员和技术人员，有一定数量的技师、助理工程师、工程师、高级工程师负责冷藏仓库的生产、技术、管理、科研工作。

冷藏仓库的压缩机房操作人员，必须具有初中以上文化程度，经过专业培训，获得合格证书，方能上岗操作。

负责冷藏仓库生产和管理的企业领导人，应具有冷藏仓库管理的专业知识和实践经验。冷藏仓库要定期组织专业技术人员和操作人员进行技术学习和经验交流。冷藏仓库的使用，应按设计要求，充分发挥冻结、冷藏能力，确保安全生产和产品质量，养护好冷藏仓库建筑结构。库房管理要设专门小组，责任落实到人，每一个库门、每一件设备工具，都要有人负责。

3）冷藏仓库的类型

冷藏仓库按其用途不同，可分为生产性冷藏仓库、分配性冷藏仓库和综合性冷藏仓库。

（1）生产性冷藏仓库是生产企业在产品生产过程中的一个环节，这类冷藏仓库设在企业内部，储存半成品或成品，如肉类加工厂或药品制造厂内的冷藏仓库。生产性冷藏仓库只对产品进行短期储存，仓库的规模根据生产能力以及运输能力来确定。

（2）分配性冷藏仓库属于货物的流通领域，是为保持已经冷却或冻结货物的温度和湿度条件而设置，其功能是保持市场供货的连续性和长期储存需要。这类冷藏仓库一般建在大中型城市、交通枢纽和人口稠密的地区。分配性冷藏仓库储存量较大，货物以整进零出的方式出入冷藏仓库，但在交通枢纽的货物则以整进整出方式出入冷藏仓库。

（3）综合性冷藏仓库则是将生产性与分配性融为一体，进行产品的生产和货物的流通。由于这一特点，综合性冷藏仓库的容量往往较大，货物进出较为频繁。这类冷藏仓库适用于当地生产、当地消费的货物储存。

根据冷藏仓库规模的大小，可分为大型冷藏仓库（储量在 5 000 吨以上）、中型冷藏仓库（储量在 500～5 000 吨）和小型冷藏仓库（储量小于 500 吨）。

7.2.2　冷藏仓库的构成及管理

1）冷藏仓库的构成

冷藏仓库一般由冷冻间、冷藏间、冷冻库房、分发间、传输设施、其他设施组成。

（1）冷冻间。冷冻间是对进入冷藏仓库的商品进行冷冻加工的场所。货物在进入冷藏或者冷冻库房以前，应先在冷冻间进行冷藏处理，使货物均匀降温至预定温度，否则，当货物温度较高、湿度较大时，直接进入冷藏或冷冻库会产生雾气，影响库房的结构。对于冷藏货物，一般降至2℃～4℃，冷冻货物则迅速降至−20℃。为了使货物合理冷冻，应在冷冻间里将货物分散存放，以使其均匀降温。由于预冷作业只是短期的作业，货物不堆垛，一般处于较高的搬运活性状态，多数直接放置在搬运设备上，如放置在推车上或托盘上。冷冻间一般在库外单独设立。

（2）冷藏间。冷藏间是温度保持在0℃左右的冷藏库，用于储存冷却保存的商品。货物经预冷后，送入冷藏库堆码存放，或者少量货物直接送入冷藏间冷藏。因为冷藏品特别是果菜类货品对温度有较高的要求，不允许有较大的波动，所以冷藏间还需要进行持续的冷处理。冷藏间一般采用风冷式制冷。为防止货物垛内升温，保持货物间新鲜空气的流通，冷藏间一般采用列垛的方式堆码。另外，还需要安装换气装置，以满足货物存放的要求。

（3）冷冻库房。冷冻库房是温度在−18℃左右、相对湿度为95%～98%的库房，这类库房能够较长时间保存经过预冷处理的货物。货物经过预冷处理后，转入冷冻库房存放。

其货堆一般较小，以降低内部温度。货垛底部采用货板或托盘垫高，一般不与地面接触。它用于存储冻结货物，储存时间较长

（4）分发间。冷藏仓库由于低温不便于货物分拣、成组计量、检验等人工作业，此外为了控制冷冻库和冷藏库的温度、湿度，减少冷量耗损，需要缩短开门时间和次数，以免造成库内温度波动太大，因此货物出库时应迅速从冷藏或冷冻库移到分发间，在分发间进行作业，从分发间装运。分发间温度也较低，但其直接向库外作业，温度波动大，因而分发间不能存放货物。

（5）传输设施。传输设施用于货物在冷藏仓库内的位移，垂直位移主要用电梯，水平位移主要用皮带输送机。货物传输设施的数量应根据冷藏库的货物吞吐量以及货物周转频率确定。

（6）其他设施。压缩机房是冷藏仓库的制冷动力中心，一般为单层建筑。由于机房内温度较高，故机房应设在自然通风较好的位置，以确保压缩机运行安全。配电间应有较好的通风条件，以保证变压器产生的热量及时扩散。

制冰间的设施一般有制冰池、溶冰池、提冰设备等。当快速制冰时，则可采用专门的成套设备。

2）冷藏仓库管理注意事项

冷藏仓库是用隔热材料建成的，具有怕水、怕潮、怕热气、怕跑冷的特性，要把好冰、霜、水、门、灯五关，防止建筑结构冻融循环、冻酥、冻臌；保护地坪（楼板），防止冻臌和损坏。冷藏仓库必须合理利用仓容，不断总结、改进商品堆垛方法，安全、合理安排货位和堆垛高度，提高冷藏仓库利用率。堆垛要牢固、整齐，便于盘点、检查、进出库；库房要留有合理的走道，便于库内操作、车辆通过、设备检修，保证安全；商品进出库及库内操作，要防止运输工具和商品碰撞库门、电梯门、柱子、墙壁和制冷系统管道等设备，在易受碰撞之处，应加防护装置；库内电器线路要经常维护，防止漏电，出库房要随手关灯。冷藏仓库要加强商品保管和卫生工作，重视商品养护，严格执行《中华人民共和国食品卫生法》，保证商品质量，减少损失。

在冻结间内堆存的货物与库顶排管的距离应为0.2米，冷却间内货物与吊顶冷风机间距为0.3米；货物距墙上排管外侧距离应为0.4米。库内要留有便于操作、确保安全的通道。这是冷藏仓储管理较重要的一个方面。

冷藏仓库货物的储存。冷藏仓库要特别注意保证库内存储货物的质量，对含水货物应减少干耗，对于食品应加强卫生检疫。冷藏仓库应设专职的卫生检疫人员，对出入库货物进行检查；在库内应做到无污染、无霉菌、无异味、无鼠害、无冰霜。

将货物从冻结间转入货物冷藏间时，货物温度不应高于冷藏间温度30℃。

对于腐烂的货物、受污染的货物以及其他不符合卫生要求的食品，在入库前要经过挑选、除污、整理和包装后方可储存。

需要注意的是，在进行冷藏仓储管理时，不同的货物其冷藏要求也是有所不同的，仓储公司要格外注意这一点。

3）冷藏仓库的防潮

如今，地下室冷藏仓库在不少地方仍然很普遍，防潮措施做得不好的话，会对冷藏仓库的密封造成严重影响。冷藏仓库由于内外温差较大，必然形成与温度差相应的水蒸气分

压力差，进而形成水蒸气从分压力较高的高温侧通过围护结构向分压力较低的冷藏仓库内渗透。当水蒸气经过围护结构内部后到达低于空气露点温度的某温区时，水蒸气即凝结为水或结冰，造成隔热结构的破坏。仓库防潮层的有无与好坏对围护结构的隔热性能起着决定性的作用，而且隔汽防潮层设置得不合理，同样会对围护结构造成严重的破坏。如果隔汽防潮层处理不当，那么不管隔热层采用什么材料和多大的厚度，都难以取得良好的隔热效果。隔热层薄，可以采取增加制冷装置的容量加以弥补，若防潮层设计和施工不良，外界空气中的水蒸气就会不断侵入隔热层甚至库内，并产生如下后果：①引起隔热材料的霉烂和崩解；②引起建筑材料的锈蚀和腐朽；③使冷间内和蒸发器表面结霜增多，增加融霜次数，影响库温的稳定和储藏商品的质量；④使冷间温度上升加快，增加电耗和制冷成本；⑤水蒸气长期渗透的最终结果，将导致围护结构的破坏，严重时甚至使整个冷藏仓库报废。因此，在冷藏仓库的设计施工中，对围护结构的隔汽防潮应给予足够的重视。为了改善围护结构内部的湿度状况，可以采取以下地下室防潮措施。防潮材料层的选择：为了保证围护结构内不产生水分凝结，必须把密实的防潮材料层布置在高温侧，把热阻和材料层布置在低温侧，尽量使水蒸气"难进易出"。地面防潮层部位：对于低温侧比较潮湿的地方（冷却间、冻结间、水产准备间），外墙和内隔墙隔热层的两侧均应设防潮层。为了防止地坪下方地下水及土壤中水分的渗透，在其隔热层的上下均应设防潮层。库房隔热外墙外侧为砖墙时应进行粉刷，内侧做防潮层。外墙、内墙隔热层的底部均应做防潮层。仓库防潮层布置：空气中的水蒸气总是由高温侧向低温侧渗透。在南方地区的冷藏仓库，常年室外气温高于库温，因此应在外墙隔热层的高温一侧布置隔汽防潮层，而在低温侧则要求防潮材料能起透湿作用。

知识链接 7-2

厨房的冷藏设备使用

厨房使用冷藏设备的目的是利用低温抑制细菌、微生物的繁殖速度，保持原料的质量，使其在短期内不会发生变质腐败的现象。因此，冷藏冰箱的温度一般控制在 $0 \sim 5$℃，而蔬菜水果冷藏的温度在 $2 \sim 7$℃。作为厨房的生产人员必须了解不同原料的不同冷藏温度、湿度，通常，在 $10 \sim 60$℃最适合细菌的繁殖，在食品贮藏中属于危险区，因此一般的冷藏设备必须将温度控制在 10℃以下。表 7-1 给出了食品原料温湿度参考值。

表 7-1 　　　　　　　　　　　　食品原料温湿度参考值

种类	温度（℃）	相对湿度要求（%）
新鲜肉类、禽类	$0 \sim 2$	$75 \sim 85$
新鲜水产类	$-1 \sim 1$	$75 \sim 85$
蔬菜水果类	$2 \sim 7$	$85 \sim 95$
奶制品类	$3 \sim 8$	$75 \sim 85$
厨房一般冷藏类	$1 \sim 4$	$75 \sim 85$
自然解冻类	$-3 \sim 3$	60

需要注意的是冷藏不是万能的，有时候原料冷藏不当照样会引起腐败变质，所以在了解必须要的贮藏条件之后，还应该掌握一定的冷藏管理的方法：（1）冷藏的各种设备每天要检查，查看原料的保鲜状况，保证各类原料在适宜的温度下存放。（2）冷藏冰箱或冷藏室中原料要有规律摆放，必要时使用保鲜盒，使散乱的原料摆放有序，便于拿取和存放；同时要留有一定的间隙，保证冷气的流通，避免由于冷气不流通，造成原料堆积温度过高而引起腐败。（3）熟食品一定要放凉了以后才能放入冷藏冰箱，避免未凉食品提高冷藏室的温度；生熟原料要分开放置，有条件的厨房，熟食品要使用专用冰箱，如果没有，熟食品一定要放置在生品之上，冷菜间的保鲜冰箱只能放置熟食品。（4）对不经常使用的原料要标明冷藏日期，及时将过期食品销毁或提前推销掉。（5）冷藏冰箱和冷藏室一定要定期清理，不要等到冰箱有异味了才开始清理，这时可能有的原料已经被不良气味污染，必将造成原料的损失。（6）定人负责每个冷藏冰箱的清洁和卫生工作。

对冷冻库的管理有如下方法：（1）对新鲜原料冷冻，必须要先经过速冻，再进行冷冻贮藏，否则原料质量会大受影响。（2）控制好冷冻库的温度，千万不能随意调节。（3）一次性准备好所要冷冻或领取的原料清单，避免来回开启冷藏仓库大门的做法。（4）冷冻原料一经解冻，不要再次冷冻贮藏，否则原料的质量就急剧下降。（5）入冷冻库贮藏的原料一定要有抗挥发性的包装材料，以免水分的缺失造成原料冻损。（6）原料一定要上架，并摆放整齐。（7）专人定期清理冷冻库，保持冷气的通畅与干净卫生。

7.3 油品仓库管理

1）油库的分类分区

油库是储存和发放原油产品的企业或单位，是协调原油生产、原油加工、成品原油的供应及运输的纽带，是国家石油储备和供应基地，对保障国防和促进国民经济高速发展有重要意义。

按管理体制和业务性质油库分为：独立油库、企业附属油库。按储存方式油库分为：地面油库、隐藏油库、山洞油库、水封石洞油库、海上油库。

油库分为储油区、装卸区（铁路、水运、公路装卸区）、辅助生产区、行政管理区。

2）油库的设计

油库的设计首先要解决的问题是正确确定油库容量。油库容量在生产上起调节作用，保证市场与生产部门稳定供油。油库的库容为该油库所储各种油品容量之和。

油库的操作要求：每种油品至少选两个油罐；尽量选容积较大的油罐；油罐的规格尽量一致。

库址选择原则：认真贯彻国家各项政策，正确处理选址中出现的各种矛盾；必须贯彻借原用地原则；建库地点力求隐蔽；要注意保护周围环境；贯彻国家有关安全防火和环保规定；一二级石油库的库址不应建在地震基本烈度九度及以上地区。

油库工艺流程设计，即合理布置和设计油库主要油品的流向和可能完成的作业，包括油品的装罐、卸罐、倒罐、灌装等。一个好的流程设计应是：满足生产、调度灵活、节约投资。

知识链接7-3

易燃、易爆油品储存、出入库安全管理制度

第一条　为了加强危险化学品及其他物资仓库的安全管理，确保加油站职工的安全健康和仓库各类物品的储存安全，保证生产经营活动顺利进行，制定本制度。

第二条　本制度适用于本加油站的仓库管理。

第三条　职责：（一）站长是仓库的安全管理责任人。具体负责本单位仓库的安全、维护、日常管理等工作。按照国家相关的安全管理规定，编制仓库人员的安全职责，安全管理制度、标准、作业规程，做好仓储和物资进出登记工作，并建立台账。（二）站长负责加油站仓库的安全、物资管理检查工作。（三）站长负责仓库区的安全保卫及检查管理工作。

第四条　仓库基本要求：（一）物资储存场所应根据物品性质，配备足够的、相适应的消防栓、事故水池、消防器材，并应装设消防通信和报警设备，化学品仓库应配备防护器材；（二）建立健全岗位防火责任制度，火源、电源管理制度，值班巡回检查制度和各项操作制度，做好防火、防洪（汛）、防窃等工作；（三）在仓库应设明显的防火等级标志，通道、出入口和通向消防设施的道路应保持畅通。

第五条　仓库安全规定：（一）必须严格执行物品入库验收制度，核对、检验进库物品的规格、质量、数量。无产地、名牌、检验合格证的物品不得入库。危险化学品必须挂贴"危险化学品安全标签"。（二）易燃易爆物品的仓库（堆垛），要采取杜绝火种的安全措施并设立安全警示牌。（三）物品的发放，应严格履行手续，认真核实。危险化学品的发放，应严格控制，经常检查核准。库存物资要建立明细台账，日清日结。（四）危险物品的储存要严格执行危险物品的配装规定，对不可配装的危险物品必须严格隔离。（五）储存易燃和可燃物品的仓库、堆垛附近，不准进行试验、分装、封焊、维修等作业，如因特殊需要，应由站长批准，采取安全措施后才能进行。作业结束后，要彻底清除残余火种。（六）应根据所保管的危险物品的性质，配备必要的防护用品、器具。（七）自燃物品、易燃物品堆垛，应当布置在温度较低、通风良好的场所，并应设通风降温装置。（八）甲、乙类物品的包装容器应当牢固、密封，发现破裂、残缺、变形和物品变质、分解等情况时，应当及时进行处理。（九）库房内不准设办公室、休息室、住人。每日应进行安全检查，然后关闭门窗，切断电源，方可离开。

知识链接7-4

油品在仓储和配送中应注意哪些问题

根据易燃、易爆、化工危险品的本身物理、化学性能及其所需不同保管条件，应区别对待，分别储存。其贮存仓库（或容器）的结构、面积（容积）、设施和地点都要有特殊要求，对其保管条件、环境、人员和防护措施都要有具体规定。在装卸运输时，必须穿戴好劳保用品，使用专用的包装和容器具，避免遇水、受潮、阳光曝晒、撞击及倾倒，要轻装轻卸，隔绝热源、火源和氧化剂等。失火时，要根据不同物资特点，使用专用消防器材救火，灭火人员需戴防毒面具。

7.4 粮食仓库管理

1）国家粮库的分类

粮食仓库是仓房、货场（或晒场），包括和计量、输送、堆垛、清理、装卸、通风、干燥等设施并配备有测量、取样、检查化验等仪器。

粮食仓库的设计应考虑粮种、贮藏量（仓容）和建筑费用等因素，在构造上主要应满足粮食安全贮藏和粮食仓库工艺操作所需的条件。其选址和布局应考虑粮源丰富、交通方便、能源充足等因素。

根据承担的任务，国家粮库可分为下列几类：①收纳粮库。设于粮食产区，主要接收国家向农业生产者征购的粮食。一般以房式仓为主，仓位大小要配套，以适应接收多品种粮食的需要。②中转粮库。设于交通枢纽地，主要接收从收纳库或港口调运来的粮食，进行短期贮存后，即调给供应库或储备库，以筒仓为主。③供应粮库。设于大、中城市，工矿区或经济作物区等粮食消费地区，主要接收由收纳库或中转库调来的粮食，以供应粮食加工厂或就地加工为成品粮或饲料，分别供应给粮店销售，以筒仓为主。④储备粮库。国家为了储备必要的粮食，以应付严重自然灾害等特殊情况而设置的粮库。一般以具备防潮、隔热、密闭或通风条件均好的房式仓或地下仓为宜。

2）粮食仓库防潮的要求及规范操作

由于粮食仓库是用以储存粮食作物的专业仓储仓库，所以在设计及建设粮食仓库时，要保证粮食仓库通风干燥，提高粮食仓库防潮能力。

通常来说，最容易引起粮食受潮霉变的，就是仓库墙壁、墙根和地坪，所以粮食仓库的地址应该选择在地下水位较低、地基干燥、四周排水畅通的地方，仓内地坪一般要高于仓位。

粮食仓库要对墙壁、地坪和屋面铺设沥青、油毛毡或防水橡胶等防潮材料，做好整体的防渗、防潮处理。不同的粮食仓库防潮要求不同，用于储存散粮的平房仓，地面和堆粮线以下墙身应做好防渗、防潮处理；用于中转的仓房，墙身可只做一防潮处理。

3）粮食仓库防火措施

正确选择库址，合理布置库区；严防粮食自燃，随时监测粮仓的温度；库区内不得动用明火和采用碘钨灯、日光灯，严禁一切火种；下班或作业结束后，必须切断仓库内的电源；烘干粮食时，操作人员要严格按照烘干机的操作规程操作，发现异常现象要及时检修；库内应设消防水池，有足够的消防用水，并配备合适的消防器材。

知识链接7-5

粮食的存储

民以食为天，粮食存储的可靠性、安全性关乎国计民生。科学储粮具有重要的经济和社会意义。合理的粮食贮藏、运输、分配，一定要能确保粮食的品质、数量和时效。而众所周知，因为粮食特殊的货物属性，决定了粮食具有数量大、分散、不易统计管理、对环境要求苛刻等特性。针对这些管理上的难题，某储备粮直属库与英诺泰尔合作，结合现场信息化管理和RFID等新兴技术，成功上线实施了英诺泰尔粮库管理系统，对于如何科学管理粮库进行了有益的探索。英诺泰尔粮库管理系统包括：粮库库存管理；车辆运输称重系统；粮库环境温湿度监控系统等内容。

粮库库存管理。粮食在粮库内贮藏、移动、出入库。各环节下粮食以托盘为单位，精确到标准袋，不同属性库存彼此区分。由系统统一指派，分别执行操作，所有流转操作再实时汇报系统。配合各环节接合处的独立检查确认和定期计划性盘点，确保系统中始终是实时、准确的库存信息。

车辆运输称重系统。散运和整袋标准袋的粮食在出库阶段不仅由本单位车辆承运，还有其他专业运输车辆。原先的监管过程较为松散，容易出现统计运输数量与实际承运量不符，甚至统计不清的情况。引入整套车辆运输称重管理系统后，粮食装车过程由库管人员与运输司机共同确认，运输信息直接通过现场移动终端上报系统。车辆在进出库区前后均要过磅称重，前后重量差记录入系统，并现场打印凭证，交由司机确认，理清了运输过程中问题的责任划分。

粮库环境温湿度监控系统。粮库室内温湿度变化通过安装在粮库内各关键位置的温湿度传感器实时记录，通过与其连接的电子标签定期发送给无线读取设备，上传系统备案。当出现严重超标情况时更会实时报警，提醒管理人员处理。

通过全方位精细的终端信息化管理，粮食在库房中的贮存运输得到全程监控。管理人员可随时掌握库存以及库存质量信息，而流转信息的全程记录又为库存管理的人员调配和业务计划提供了准确依据。

4）粮食仓储管理注意事项

树立与时俱进的理念是做好粮食仓储管理工作的基本思路。粮食生产和流通的大形势在变，粮食仓储管理的对象在变，粮食仓储管理的方法在变，这些因素都要求粮食仓储管理工作的思路也要变。

粮食仓储管理工作要遵守《粮食流通管理条例》及相关法律法规，做到学法、知法、懂法，并通过法律指导建立粮食仓储业务社会化服务体系。《粮食流通管理条例》的实施为建立粮食仓储社会化服务体系提供了良好的外部环境，粮食行政管理机关应当积极主动地把原有的国有粮食企业仓储力量较强的优势组织起来，统一规划，指导建立粮食仓储业务社会化服务体系，为粮食经营者提供优质的专业化服务，积极发挥相关专业组织在粮食仓储管理中的作用。

加强对粮食经营者的业务培训。由于粮食收购主体的多元化，要积极推广科学保粮、绿色保粮，降低粮食损失损耗，提高储粮品质。

引导和制裁相结合，做好粮食仓储管理工作。不仅要依据《粮食流通管理条例》规定的法律责任，还要依据相关法律进行救助工作。开展对农民自留粮食保管的技术指导和服务，粮食行政管理机关应当承担起相应的责任和义务，帮助农民掌握储粮技术。

◀━ **基本训练** ━▶▶

□ 知识题

7.1 阅读理解

1）危险品库的定义和类型是怎样的？

2）粮食仓储管理应注意哪些事项？

3）设计油库要考虑哪些因素？

4）粮仓管理的注意事项有哪些？

5）冷藏仓库的结构包括哪几个部分？

7.2 知识应用

1）判断题

（1）危险品库是存储和保管易燃、易爆、有毒、有害物资等危险品的场所。 （　　）

（2）粮食不可能自燃。 （　　）

（3）粮食仓库是仓房、货场（或晒场），包括计量、输送、堆垛、清理、装卸、通风、干燥等设施并配备有测量、取样、检查化验等仪器。 （　　）

（4）将货物从冻结间转入冻结货物冷藏间时，货物温度应高于冷藏间温度30℃。 （　　）

（5）油库的库容为该油库所储存各种油品设计容量之和。 （　　）

2）选择题

（1）根据承担的任务，国家粮库可分为（　　）。

A.收纳粮库　　　　B.中转粮库　　　　C.供应粮库　　　　D.储备粮库

（2）按管理体制和业务性质油库分为（　　）。

A.地面油库　　　　　　　　　　　B.独立油库

C.企业附属油库　　　　　　　　　D.隐藏油库

（3）危险品库内消防通道应不小于（　　）。

A.4米　　　　　　B.6米　　　　　　C.8米　　　　　　D.13 米

（4）油库要求每种油品至少选（　　）油罐。

A.8个　　　　　　B.2个　　　　　　C.1个　　　　　　D.5个

（5）冷藏冰箱一般控制的温度范围是（　　）。

A.10℃以下　　　　B.0℃以下　　　　C.0～5℃　　　　D.5～10℃

□ 技能题

7.1 要求学生参观1～2家特殊仓储企业（粮仓、油库、冷藏库均可），了解特殊品仓储企业生产经营状况，结合所学知识写一份参观报告，报告内容包括特殊品保管方式、仓库的特殊设计、仓库结构等情况。

7.2 要求学生查阅物流管理的知名网站，写出3～4个网址，对某一自己感兴趣的网页栏目的话题写一篇1 000字左右关于特殊品仓储管理的体会。

➡ 综合案例 ➤

黄岛油库"8·12"特大火灾事故分析

黄岛油库区始建于1973年，胜利油田开采出的原油经东（营）黄（岛）长管输线输送到黄岛油库后，由青岛港务局输油码头装船运往各地。黄岛油库原油储存能力为76万立方米，成品油储存能力约6万立方米，是我国三大海港输油专用码头之一。

1989年8月12日9时55分，石油天然气总公司管道局胜利输油公司黄岛油库老罐区，2.3万立方米原油储量的5号混凝土油罐爆炸起火，大火前后共燃烧104小时，烧掉原油4万多立方米，占地250亩的老罐区和生产区的设施全部烧毁，这起事故造成直接经济损失 3 540 万元。在灭火抢险中，10 辆消防车被烧毁，19 人牺牲，100 多人受伤，其中公安消防人员牺牲 14 人，负伤 85 人。8 月 12 日 9 时 55 分，2.3 万立方米原油储量的 5 号混凝土油罐突然爆炸起火，到下午 2 时 35 分，青岛地区西北风风力增至 4 级以上，几百米高的火焰向东南方向倾斜。燃烧了 4 个多小时，5 号罐里的原油随着轻油馏份的蒸发燃烧，形成速度大约每小时 1.5 米，温度为 150～300℃ 的热波向油层下部传递．当热波传至油罐底部的水层时，罐底部的积水、原油中的乳化水以及灭火时泡沫中的水汽化，使原油猛烈沸溢，喷向空中，落向四周地面。下午 3 时左右，喷溅的油火点燃了位于东南方向相距 5 号油罐 37 米处的另一座相同结构的 4 号油罐顶部的泄漏油气层，引起爆炸。炸飞的 4 号罐顶混凝土碎块将相邻 30 米处的 1 号、2 号和 3 号金属油罐顶部震裂，造成油气外漏。约 1 分钟后，5 号罐喷溅的油火又先后点燃了 3 号、2 号和 1 号油罐的外漏油气，引起爆燃，整个老罐区陷入一片火海。失控的外溢原油像火山喷发出的岩浆，在地面上四处流淌。大火分成三股，一部分油火翻过 5 号罐北侧 1 米高的矮墙，进入储油规模为 30 万立方米全套引进日本工艺装备的新罐区的 1 号、2 号、6 号浮顶式金属罐的四周。烈焰和浓烟烧黑 3 罐壁，其中 2 号罐壁隔热钢板很快被烧红。另一部分油火沿着地下管沟流淌，汇同输油管网外溢原油形成地下火网。还有一部分油火向北，从生产区的消防泵房一直烧到车库、化验室和锅炉房，向东从变电站一直引烧到装船泵房、计量站、加热炉。火海席卷着整个生产区，东路、北路的两路油火汇合成一路，烧过油库 1 号大门，沿着新港公路向位于低处的黄岛油港烧去。大火殃及青岛化工进出口黄岛分公司、航务二公司四处、黄岛商检局、管道局仓库和建港指挥部仓库等单位。18 时左右，部分外溢原油沿着地面管沟、低洼路面流入胶州湾，大约 600 吨油水在胶州湾海面形成几条十几海里长、几百米宽的污染带，造成胶州湾有史以来最严重的海洋污染。

事故发生后，社会各界积极行动起来，全力投入抢险灭火的战斗，在大火迅速蔓延的关键时刻，党中央和国务院对这起震惊全国的特大恶性事故给予了极大关注。江泽民总书记先后三次打电话向青岛市人民政府询问灾情，李鹏总理于 13 日 11 时乘飞机赶赴青岛，亲临火灾现场视察指导救灾。李鹏总理指出："要千方百计把火情控制住，一定要防止大火蔓延，确保整个油港的安全。"山东省和青岛市的负责同志及时赶赴火场进行了正确的指挥。青岛市全力投入灭火战斗，党政军民一万余人全力以赴抢险救灾。山东省各地市、胜利油田、齐鲁石化公司的公安消防部门、青岛市公安消防支队及部分企业消防队共出动消防干警 1 000 多人，消防车 147 辆。黄岛区组织了几千人的抢救突击队，出动各种船只 10 艘，在国务院的统一组织下，全国各地紧急调运了 153 吨泡沫灭火液及干粉。北海舰队也派出消防救生船和水上飞机、直升机参与灭火，抢运伤员。

经过 5 天 5 夜浴血奋战，13 日 11 时火势得到控制，14 日 19 时大火被扑灭，16 日 18 时油区内的残火、地沟暗火全部熄灭，黄岛灭火取得了决定性的胜利。在与火魔搏斗中，灭火人员团结战斗，勇往直前，经受住浓烟烈火的考验，涌现出许许多多可歌可泣的英雄，他们用生命和鲜血保卫着国家财产和人民生命的安全，表现了大无畏的英雄主义精神和满腔的爱祖国、爱人民的热情。

事故原因及分析。黄岛油库特大火灾事故的直接原因：由于非金属油罐本身存在的缺陷，遭受对地雷击产生感应火花而引爆油气。事故发生后，4 号、5 号两座半地下混凝土石壁油罐烧塌，1 号、2 号、3 号拱顶金属油罐烧塌，给分析事故原因带来很大困难。在排除人为破坏、明火作业静电引爆等因素和实测避雷针接地良好的基础上，根据当时的气象情况和有关人员的证词（当时青岛地区为雷雨天气），经过深入调查和科学论证，事故原因的焦点集中在雷击的形式上，混凝土油罐遭受雷击引爆的形式主要有6种：第1种是球雷雷击；第2种是直击避雷针感应电压产生火花；第3种是雷电直接燃爆油气；第4种是空中雷放电引起感应电压产生火花；第5种是绕击雷直击；第6种是罐区周围对地雷击感应电压产生火花。

经过对以上雷击形式的勘察取证、综合分析，5号油罐爆炸起火的原因，排除了前4种雷击形式，第5种雷击形成可能性极小，理由是绕击雷绕击率在平地是0.4%，山地是1%，概率很小；绕击雷的特征是小雷绕击，避雷针越高绕击的可能性越大。当时青岛地区的雷电强度属中等强度，5号罐的避雷针高度为30米，属较低的，故绕击的可能性不大。经现场发掘和清查，罐体上未找到雷击痕迹，因此绕击雷也可以排除。

事故原因极可能是由于该库区遭受对地雷击产生感应火花而引爆油气。其根据是：（1）8月12日9时55分左右，有6人从不同地点目击，5号油罐起火前，在该区域有对地雷击；（2）中国科学院空间中心测得，当时该地区曾有过2~3次落地雷，最大一次电流104安培；（3）5号油罐的罐体结构及罐顶设施随着使用年限的延长，预制板裂缝和保护层脱落，使钢筋外露，罐顶部防感应雷屏蔽网连接处均用铁卡压固，油品取样孔采用九层铁丝网覆盖，5号罐体中钢筋及金属部件的电气连接不可靠的地方颇多，均有因感应电压而产生火花放电的可能性；（4）根据电气原理，50~60米以外的天空或地面雷感应，可使电气设施100~200毫米的间隙放电，从5号油罐的金属间隙看，在周围几百米内有对地的雷击时，只要有几百伏的感应电压就可以产生火花放电；（5）5号油罐自8月12日凌晨2时起到9时55分起火时，一直在进油，共输入1.5万立方米原油。与此同时，必然向罐顶周围排放同等体积的油气，使罐外顶部形成一层达到爆炸极限范围的油气层，此外，根据油气分层原理，罐内大部分空间的油气虽处于爆炸上限，但由于油气分布不均匀，通气孔及罐体裂缝处的油气浓度较低，仍处于爆炸极限范围。

资料来源：佚名.黄岛油库"8·12"特大火灾事故分析[EB/OL]. [2012-06-22].http://www.clb.org.cn/Print/InfoPrint.aspx? ID=17114.

问题：（1）结合案例分析出现这个事故的原因。其违反了哪些油库储存设计的规定？

（2）在实际工作中应注意哪些油库储存管理的事项？

➡ 综合实训 ➡

一、实训目的

正确认识特殊品仓储管理的重要性，掌握特殊品仓储商务管理的内容和注意事项。

二、背景资料

深圳安贸危险品仓库事故。该危险品清水河仓库4库，因违章将过硫酸铵、硫化钠等化学危险品混储，引起化学反应而发生火灾爆炸事故。此事故发生是由于违反安全规定造成的，主要原因是：（1）违反消防法规，丙类物品仓库当甲类仓库使用。该公司以丙类杂品干货仓库使用性质向深圳市消防支队报请建筑消防审核。该仓库部分库房存储危险品，违反了消防规范要求。（2）消防安全管理工作不落实。第一，没有称职的防火安全领导；第二，化学危险品进库没有进行安全检查和技术监督，账目不清，管理混乱；第三，仓库搬运工和部分仓管员是外来临时工，上岗前未经必要的培训，发生火灾后不懂如何扑救。（3）拒绝消防监督部门提出的整改建议，对隐患久拖不改。（4）消防基础设施、技术装备与扑救大火不适应。深圳市是缺水城市，清水河地区更是缺水区，仓库区虽然有消防栓，但因压力达不到国家消防技术标准规定，使灭火工作受到影响。

资料来源：佚名.深圳安贸危险品仓库事故[EB/OL].[2010-08-22].http：//www.docin.com/p-96463146.html.

三、实训要求

结合背景资料分析危险品仓库应如何管理？应注意哪些事项？危险品仓库设计有哪些特殊要求？

第 **8** 章
仓库安全及仓储质量管理

学习目标

知识目标

◎掌握仓储安全管理有关概念和仓储安全管理的基本方法；

◎了解仓库消防安全知识、仓储安全管理技术，能对事故进行正确处理；

◎掌握仓储质量管理的含义、方法；

◎了解仓储质量指标体系。

技能目标

◎能用所学知识对物流企业仓储安全状况进行分析；

◎能结合企业具体情况提出如何进行仓储质量管理的一些措施。

引例　一起化学品仓库特大火灾爆炸事故

某化学危险品仓库发生特大爆炸事故，爆炸引起大火，1个小时后，着火区又发生第二次强烈爆炸，造成更大范围的破坏和火灾。当地市政府立即组织数千名消防、公安、武警、解放军指战员及医务人员参加了抢险救灾工作，由于决策正确、指挥果断，加上多方面的全力支持，第二天凌晨5时，终于扑灭了历时16个小时的大火。据初步统计，在这次事故中共有15人死亡，有101人住院治疗，其中重伤员25人。事故造成的直接经济损失超过2亿元。事故原因：干杂仓库被违章改为化学危险品仓库使用、火险隐患没有整改、平仓混装严重。

该案例表明：干杂仓库被违章改为化学危险品仓库及仓内化学危险品存放严重违章是造成这起特大爆炸火灾事故的主要原因。可见，仓库安全管理是何等的重要。

8.1　仓库安全管理

8.1.1　库区的治安与保卫

1）库区治安

（1）治安保卫管理的内容

治安保卫管理是仓库管理的重要的组成部分，是仓库为了防范、制止恶性侵权行为的发生、意外事故对仓库及仓储财产造成的破坏和侵害，维护稳定安全的仓库环境，保证仓储生产经营的顺利开展所进行的管理工作。它不仅涉及财产安全、人身安全，执行国家的治安保卫管理法规和政策，同时也涉及仓库能否按照合同如约履行各项义务，降低和防止经营风险等。

仓库的治安保卫工作的具体内容包括执行国家治安保卫规章制度，防盗、防抢、防破坏、防骗以及防止财产侵害、防火，维持仓库内秩序，防止仓库治安灾难事故，协调与外部的治安保卫关系，保证库内人员生命安全与物资安全等。仓库治安保卫管理的原则是：坚持预防为主、严格管理、确保重点、保障安全和主管负责。

（2）治安保卫管理组织

治安保卫管理组织由仓库的整个管理机构组成，高层领导对整个仓库的安全负全责；各部门、机构的领导是本部门的治安责任人，负责本部门的治安保卫管理工作，对本部门的治安保卫工作负责；治安保卫的职能机构协助领导进行管理工作，指导各部门工作。仓库治安保卫执行机构采用专职保卫机构和兼职安全员相结合的组织方式。

专职保卫机构既执行整个仓库的保卫工作，同时也负责治安管理，根据仓库规模的大小、人员的多少、任务的繁重程度、仓库所在地的社会环境确定机构设置、人员配备。其一般设置保卫部、保卫队、门卫队等。专职保卫机构在仓库高层领导的管理下，制定仓库治安保卫规章制度、工作计划；督促各部门的治安保卫工作，组织全员的治安保卫学习和宣传，做好仓库内的治安保卫工作；与当地公安部门保持密切联系，协助公安部门在仓库内进行治安管理活动，管理治安保卫的器具，管理专职保卫员工。

（3）治安保卫工作的内容

仓库的治安保卫工作主要有防盗、防火、防抢、防破坏、防骗以及员工人身安全保护、保密等工作。治安保卫工作不仅有专职保安员承担的工作（如门卫管理、治安巡查、安全值班等），还有大量的治安工作可由在岗的员工负责（办公室防火防盗、财务防骗、商务保密、仓库防火、锁门关窗等）。

仓库主要的治安保卫工作及要求包括：

①守卫大门和要害部门。大门守卫是维持仓库治安的第一道防线。大门守卫除了要负责开关大门，限制无关人员、接待入库办事人员，并及时审核身份与登记以外，还要检查入库人员是否携带火源、易燃易爆物品，检查入库车辆的防火条件，放行条内容是否相符，收留放行条，查问和登记出库人员随身携带的物品，特殊情况下有权检查当事者物品、封闭大门。对于危险品仓、贵重品仓、特殊品仓等要害部位，需要安排专职守卫看守，限制无关人员接近，防止危害、破坏和失窃。

②治安检查。治安责任人应按规章准则经常检查治安保卫工作。治安检查实行定期检查与不定期检查相结合的制度。班组每日检查、部门每周检查、仓库每月检查，及时发现治安保卫漏洞、安全隐患，通过有效手段消除各种隐患。

③巡逻检查。巡逻检查一般由两名保安员共同进行，携带保安器械和强力手电筒不定时、不定线、经常地巡视整个仓库的安全保卫工作。保安员应查问可疑人员，检查各部门的防卫工作，关闭无人办公的办公室、关好仓库门窗、关闭电源，禁止挪用消防器材，检查仓库内有无异常现象，停留在仓库内过夜的车辆是否符合规定等。巡逻检查中发现不符合治安保卫制度要求的情况，应采取相应的措施处理或者告知主管部门处理。

④防盗设施、设备的使用。仓库的防盗设施大至围墙、大门、防盗门，小到门锁、窗。仓库应该根据法规规定和治安保管的需要设置和安装这些设施。仓库使用的防盗设备除了专职保安员的警械外，主要有视频监控设备、自动警报设备、人工报警设备，仓库应按照规定合理利用配置的设备，专人负责操作和管理，确保其有效运作。

⑤治安应急。治安应急是指仓库发生治安事件时，采取紧急措施，防止和减少事件造成损失的制度。治安应急需要通过制订应急方案，明确应急人员的职责，规定发生事件时的信息（信号）发布和传递方法。这些应急方案要在平时经常进行演习。

（4）治安保卫管理制度

仓库应通过规章制度明确工作规范、工作行为、划分岗位责任；通过制度建立管理系统，及时畅顺地交流信息，随时堵塞保卫漏洞，确保工作进行得及时有效。仓库治安规章制度有安全防火责任制度，安全设施设备保管使用制度，门卫值班制度，人员、车辆进出库管理制度，保卫人员值班巡查制度等。

为了使得治安保卫规章制度得以有效执行，规章制度需要有相对的稳定性，使每一位员工都清楚，以便依照规章制度严格行事。随着形势的发展、技术的革新、环境的变化，规章制度也要适应新的需要进行相应修改。

仓库需要依据国家法律、法规，结合仓库治安保卫的实际需要，以保证仓储生产高效率进行，确保仓储安全，防止治安事故的发生为目的，科学地制定治安保卫规章制度。仓库的规章制度不得违反法律规定，不能侵害公民人身权或者其他合法权益，避免或者最低限度地减少对社会秩序造成的妨碍。

2）仓库安全基础设施

各类仓库场所要按国家有关法规标准，配置相应的消防报警和灭火设施、设备、器材。确保消防水源充足，消防水泵、备用电源、消防栓、消防水带、灭火器具配置达标、有效。

　　仓库必须安装火灾自动报警装置和灭火设施，按规定数量和种类配备消防器具。库区及库房要按有关规定设置消火栓，室外消火栓的间距不得超过120米、保护半径不得超过150米；室外消火栓距路边距离不得超过2米，与房屋外墙距离不宜小于5米。

　　安全（视频）监控系统基本要求。监控设置范围主要包括：单位周围边界、公共作业区域、仓储区域、公共办公场所、重点危险源、人员密集活动场所、重点生产工艺部位以及其他重要监控部位。监控系统要具有对图像信号采集、传输、切换控制、自动报警、显示、分配、记录和重放的基本功能。现场探测图像清晰，有图像来源、时间和运行状态提示。视频探测设备应适应现场的照明条件，环境照度不满足视频监测要求时，要配置辅助照明。

　　3）库区消防安全管理

　　仓库的消防安全管理工作包括消防规划、消防管理组织、岗位消防责任、消防工作计划、消防设备配置和管理、消防检查和监督、消防日常管理、消防应急、消防演习等。

　　从仓库不安全的因素及危害程度来看，火灾造成的损失最大，它可以在很短的时间内，使整个仓库变成一片废墟，严重危及国家财产和人民生命安全。对于火灾要防患于未然。仓库必须认真贯彻"预防为主，防消结合"的消防方针，坚决执行《中华人民共和国消防法》和公安部制定的《仓库防火安全管理规则》。

　　（1）仓库防火的工作要点

　　仓库的防火工作要依法办事，根据企业法人是第一责任人的规定，遵循"谁主管谁负责"的原则，成立防火灭火安全委员会（领导小组），全面负责仓库的消防安全工作。建立以岗位责任制为中心的三级防火责任制，把防火安全工作具体落实到各级组织和责任人。建立健全各工种的安全操作制度和安全操作规程，特别是各种用电设备的安全作业规程，经常进行安全教育，坚持做到职工考核合格持证上岗的制度。定期开展防火灭火的消防安全检查，消除各种火灾隐患，落实各项消防措施，及时处理各类事故。

　　（2）防火工作的措施

　　普及防火知识。坚持经常性的防火宣传教育，普及消防知识，不断提高全体仓库职工防火的警惕性，让每个职工都学会基本的防火灭火方法。

　　遵守《建筑设计防火规范》。新建改建的仓库要严格遵照《建筑设计防火规范》的规定，不得擅自搭建违章建筑，也不得随意改变建筑的使用性质。仓库的防火间距内不得堆放可燃物品，不得破坏建筑物内已有的消防安全设施、消防通道、安全门、疏散楼梯、走道，要保持畅通。

　　易燃、易爆的危险品仓库必须符合防火防爆要求。储存易燃、易爆物品的危险品仓库，进出的车辆和人员必须严禁烟火；储存危险品应专库专储，性能相抵触的商品必须严格分开储存和运输；专库须由专人管理，防止剧烈震动和撞击。易燃、易爆危险品仓库内，应选用不会产生电火花的电器开关。

　　电气设备应始终符合规范的要求。仓库中的电气设备不仅安装时要符合规定要求，而且要经常检查，一旦发现绝缘损坏要及时更换，不应超负荷，不应使用不合规格的保险装置。电气设备附近不能堆放可燃物品，工作结束应及时切断电源。

　　明火作业要经消防部门批准，方可动火。若要使用电焊、气割、烘烤取暖、炉灶、安装锅炉等要由有关的消防部门批准，才能动火工作。

配备适量的消防设备和火灾报警装置，要有防火安全措施。根据仓库的规模、性质、特点，配备一定数量的防火灭火设备及火灾报警器，按防火灭火的要求，分别布置在明显和便于使用的地点，并定期进行维护和保养，使之始终保持完好状态。

遇火警或爆炸应立即报警。如遇仓库发生火情或爆炸事故，必须立即向当地的公安消防部门报警。事故过后，应认真追查原因，严肃处理事故责任者，并以此教育广大职工。

知识链接8-1

常用的灭火器材、设备及使用范围

灭火器材主要有灭火器、水和砂土等，还有消防栓、消防泵、消防车等。

1.常用的灭火器有干粉、二氧化碳、卤代烷、泡沫和1211灭火器。干粉灭火器不导电、不腐蚀、毒性低，可用于扑救易燃液体、有机溶剂、可燃气体和电气设备的初起火灾；二氧化碳灭火器不导电、不含水分、不污损仪器和设备，可用于扑灭贵重仪器、电气设备及其他忌水物资的初起火灾，但不能用于含碳商品的灭火，如木材、棉、毛、纸张。卤代烷灭火器不导电、不腐蚀、不污损仪器和设备；1211灭火器主要用于扑救可燃气体、可燃液体、带电设备及一般物资的初起火灾；泡沫灭火器可导电，不能用于电气设备灭火，可用于扑救汽油、煤油等油类、香蕉水、松香水等易燃液体、木材及一般货物的初起火灾。

2.水是仓库消防的主要灭火剂。仓库中应有足以保证消防用水的给水、蓄水、泵水的设备以及水塔、消防供水管道、消防车等。当库场中无自来水设备、距自然水源又远时，则必须修建水池，以储备消防用水。有自来水设备的仓库，按面积大小，合理设置消火栓，应保证在每一个可能着火点上，有不少于两个水龙头可进行灭火。但不能用于对水反应剧烈的化学危险品，如电石、金属钾、保险粉等进行灭火，也不能用于比水轻、不溶于水的易燃液体，如汽油、苯类物品的灭火。

3.砂土。砂土可用以扑救电气设备及液体燃料的初起火灾，也可用于扑灭酸碱性物质的火灾和过氧化剂及遇水燃烧的液体和化学危险品的火灾。因此，仓库中应备有砂箱。但要注意的是，爆炸性物品（如硫酸氢等）不可用砂土灭火，而应用冷却法灭火，可用水浸湿的旧棉絮、旧麻袋，覆盖在燃烧物上。

4.自动消防设备。常见的自动消防设备有离子烟感火灾探测报警器、光电烟感报警器、温感报警器、紫外火焰光感报警器、红外火焰光感报警器和自动喷洒灭火装置等。

（3）仓库消防安全基础知识

仓库火灾是仓库的灾难性事故，不仅造成仓储货物的损害，还损毁仓库设施，燃烧产生的有毒气体直接危及人身安全。仓库存储大量的物资，物资存放密集，机械、电气设备大量使用，管理人员偏少或者疏忽，具有发生火灾的系统性危险。仓库的消防工作是仓库安全管理的重中之重，也是长期的、细致的、不能疏忽的工作。

产生燃烧的条件。火灾的发生，必须同时具备三个条件：可燃物质、助燃物质及火源。可燃物质包括火柴、草料、棉花、纸张、油品等；助燃物质一般指空气中的氧和氧化剂；而火源是指能引起可燃物质燃烧的热能源，如明火、电气火、摩擦产生的火花、静电

产生的火花、雷电产生的火花、化学反应等。以上的三个条件必须同时具备，并相互作用，燃烧才能发生。其中火源是引起火灾的罪魁祸首，是仓库防火管理的核心。引起仓库火灾的火源很多，一般分为直接火源和间接火源。直接火源是指直接产生火花的火源。间接火源一般是由于热源加热引起燃烧或者是物品本身自燃起火。

常规的灭火方法。火灾是物质的燃烧过程，破坏燃烧的三个条件之一，就会达到灭火的目的，根据这一原理，常见的灭火方法有以下几种：①冷却法。冷却法是在灭火过程中，把燃烧物的温度降低到其燃烧点以下，使之不能燃烧，如水、酸碱灭火器、二氧化碳灭火器等均有一定的冷却作用，同时还能够隔绝空气。②窒息法。窒息法是使燃烧物周围的氧气含量迅速减少，致使火窒息的方法。在灭火过程中，可以用水、黄沙、湿棉被、四氯化碳灭火器、泡沫灭火器等，这些都是用窒息方法灭火的器具。③隔绝法。隔绝法是在灭火过程中，为避免火势蔓延和扩大，采取拆除部分建筑或及时疏散火场周围的可燃物，孤立火源，从而达到灭火的目的。④分散法。分散法是将集中的货物迅速分散，孤立火源，一般用于露天仓库的灭火。

知识链接 8-2

特殊货物的火灾扑救方法

存有特殊货物的仓库的消防工作有其特殊的要求，其火灾的扑救工作也有其特殊的方法。其主要包括：(1) 爆炸品引起的火灾一般用水扑救，氧化剂引起的大多可用雾状水扑救，也可以用二氧化碳灭火器、泡沫灭火器和砂土等进行扑救。(2) 易燃固体引起的火灾，一般可以用水、砂土和泡沫灭火器、二氧化碳灭火器等进行扑救。(3) 易燃液体引起的火灾用泡沫灭火器最有效，也可以用干粉灭火器、沙土、二氧化碳灭火器等进行扑救。由于绝大多数易燃液体都比水轻，且不溶于水，故不能用水扑救。(4) 有毒物品失火，一般可以用大量的水扑救，液体有毒物品的失火宜用雾状水或沙土、二氧化碳灭火器等进行扑救。但氰化物着火，绝不能用酸碱灭火器和泡沫灭火器，因为酸与氰化物作用产生剧毒的氰化氢气体，危害极大。(5) 腐蚀性物品，酸类和碱类的水溶液着火可用雾状水扑救，但遇水分解的多卤化合物、氯氨酸等，绝不能用水扑救，只能用二氧化碳灭火器扑救，也可用干砂灭火。

另外，遇水燃烧的物品只能用干砂和二氧化碳灭火器灭火。自燃性物品起火，可用大量水或其他灭火器灭火。压缩气体起火，可用干砂或二氧化碳灭火器、泡沫灭火器扑救。放射性物品着火，可用大量的水或其他灭火剂扑救。

(4) 防火责任制

坚持"谁主管谁负责"的原则。根据企业法人是第一责任人的规定，成立防火灭火安全委员会（领导小组），全面负责仓库的消防安全工作。

建立以岗位责任制为中心的三级防火责任制，把防火安全工作具体落实到各级组织和责任人。

建立健全各工种的安全操作制度和安全操作规程。特别是各种用电设备的安全作业规程，要经常进行消防安全教育，坚持做到职工考核合格持证上岗制度。

定期开展防火灭火的消防安全检查，消除各种火灾隐患，落实各项消防措施，及时处理各类事故。

遵守《建筑设计防火规范》。库存物资和设备的消防操作必须符合防火防爆要求，电气设备应始终符合规范的要求，明火作业要经安保部门批准，发生火警或爆炸立即报警。

8.1.2 仓库安全作业管理

1）安全作业的基本要求

（1）人力作业仅限制在轻负荷的作业。男工人力搬举货物每件不超过80千克，距离不大于60米；集体搬运时每个人负荷不超过40千克，女工不超过25千克。

（2）尽可能采用人力机械作业。人力机械承重也应在限定的范围内，如人力绞车、滑车、拖车、手推车等承重不超过500千克。

（3）只在适合作业的安全环境里进行作业。作业前应使作业员工清楚明白作业要求，让员工了解作业环境，指明危险因素和危险位置。

（4）作业人员按要求穿戴相应的安全防护用具，使用合适的作业工具进行作业。采用安全的作业方法，不采用自然滑动和滚动、推倒垛、挖角、挖井、超高等不安全作业，人员在滚动货物的侧面作业。

（5）合适安排工间休息。每作业2小时至少有10分钟休息时间，每4小时有1小时休息时间。

（6）必须有专人在现场指挥和安全指导，严格按照安全规范进行作业指挥。人员避开不稳定货垛的正面、塌陷、散落的位置，运行设备的下方等不安全位置作业；在作业设备调位时暂停作业；发现安全隐患时及时停止作业，消除安全隐患后方可恢复作业。

2）安全作业管理的内容

仓储作业安全管理是经济效益管理的组成部分，作业安全涉及货物的安全、作业人员人身安全、作业设备和仓库设施的安全。仓库的作业安全管理工作应包括以下内容：

（1）安全操作管理制度化。安全作业管理应成为仓库日常管理的重要项目，通过制度化的管理保证管理的效果，制定科学合理的各种作业安全制度、操作规程和安全责任制度，并通过严格的监督，确保管理制度得以有效和充分执行。

（2）加强劳动安全保护。劳动安全保护包括直接和间接施行于员工人身的保护措施。仓库要遵守《中华人民共和国劳动法》关于劳动和休息时间的规定，每日8小时、每周不超过44小时的工时制，依法安排加班，保证员工有足够的休息时间，包括合适的工间休息。提供合适和足够的劳动防护用品，如高强度工作鞋、安全帽、手套、工作服等，并督促作业人员使用和穿戴。采用具有较高安全系数的作业设备、作业机械，作业工具应适合作业要求，作业场地必须具有合适的通风、照明、防滑、保暖等适合作业的条件。不进行冒险作业和不安全环境的作业，在大风、雨雪影响作业时暂缓作业。避免人员带伤病作业。

（3）重视作业人员资质管理和业务培训、安全教育。新参加仓库工作和转岗的员工，应进行仓库安全作业教育，对所从事的作业进行安全作业和操作培训，确保熟练掌握岗位的安全作业技能和规范。从事特种作业的员工必须经过专门培训并取得特种作业资格，方可进行作业，且仅能从事其资格证书限定的作业项目操作，不能混岗作业。安全作业宣传和教育是仓库的长期性工作，作业安全检查是仓库安全作业管理的日常性工作，通过不断宣传、严格检查，严厉地对违章和忽视安全行为进行惩罚，强化作业人员的安全责任心。

（4）严格人力操作和机械操作的安全规范，按以人为本、安全第一、规范操作的要求来规范人力操作，人力作业仅限于轻负荷；人工作业只能在安全环境进行；作业前员工要清楚作业要求，了解作业环境；按要求穿戴相应的安全保护用具，使用合适的作业工具。

知识链接8-3

入库安全处理

货物入库时门卫要严格对其车辆进行检查登记，并要求外单位人员佩戴"访客证"，门卫要带领车辆到达卸货区；仓管员到来后，告知安全主任带一名以上保安员来卸货区做好防范工作，严禁非授权人员进入卸货区；仓管员安排员工卸货，同时检查货物数量、品种、重量、规格、货号等是否符合送货单；由质检人员按照来料检验标准进行验货；验货完毕，质检人员记录检查结果；相关人员签字后，仓管员对合格品办理入库登记，做好标识（数量、品种、重量、规格、货号等）；对不合格产品填写退货单，并安排退货，退货产品要放于指定不合格区域；车辆出门要由保安员严格检查，如有货物出工厂，要核对数量、货号、重量、规格等，待一切无误后，保安员记录好车辆出工厂时间，同时收回"访客证"。

3）仓储安全技术

仓储是物资的聚集地，又是仓储作业的劳动场所，具有较多的机械和设备。因此，按照科学方法，采用相应的技术措施，加强仓储安全，防止事故，确保人员、物资和设备安全，这对避免人员的生命财产遭受损失，保证物资周转和供应工作的顺利进行，有着重要意义。

（1）火灾自动报警技术。火灾具有很大的危害性，尤其是仓库火灾，能在短时间内毁灭大量物资财富，并威胁人们的生命安全。因此，仓库防火更具有重要意义。火灾自动报警技术，就是及早发现火情，以便及时扑救，避免蔓延成灾，或尽可能减小损失的有效手段。目前，火灾自动报警装置由火灾探测器和火灾报警器两部分组成。探测器装在需要监视的场所，报警器装在有人看守的值班室，两者间用导线或无线方式连接。

（2）防盗报警技术。为了确保物资安全，对仓库来说，除了防火以外，防盗和防破坏也很重要。尽管仓储部门大都十分重视，花费了大量人力和精力，但是由于盗贼的狡猾，单靠保卫人员，其能力毕竟有限，尤其是在夜间，更是受到限制，所以盗窃和破坏案件还是难以避免。因此，有必要借助现代科学技术手段，对贵重物资进行防盗监视，这就需要防盗报警系统。防盗报警系统主要由防盗报警传感器和防盗报警控制器构成。前者设在保护现场，用来对被监视目标进行探测。后者放在值班室，除了接收传感器送来的盗情信息，进行声、光报警外，还有其他功能，例如报警部位指示、报警时间记忆以及对报警设备自身故障进行监控等。如果系统较大，监控对象多，也可以进行分级控制。其一般分为两级，即：一台报警控制总机控制多台报警分机，每一台分机又连接许多传感器。总机放在值班室，具有前述控制器的各种相应功能。分机设在现场的传感器附近，除了接收传感器的盗情信号外，还及时把这些信号送给总机。这种两级控制方式在有线系统中经常被采用，一方面可以节省导线，另一方面在信号传递过程中，因为增加了分机"接力"，传输距离可以更远。

知识链接 8-4

仓库安全管理策略和技术

目前比较常用的仓库安全管理策略和技术包括以下几种：

（1）库存分类管理法。要对库存进行有效的管理和控制首先要对存货进行分类。常用的分类方法有重点管理法和 CVA 分类法。重点管理法是一种从名目众多、错综复杂的客观事物或经济现象中，通过分析，找出主次，分类排列，并根据其不同的情况分别加以管理的方法。而 CVA 分类法也叫关键因素分析法，其弥补了 C 类商品得不到应有的重视从而导致企业的生产线停工的后果，把存货按照关键性分为 3~5 类，并分别制定相应的管理策略。

（2）零库存策略。可以从三个方面去理解零库存的概念：其一，零库存只是供应链上个别企业库存储存物的数量趋于零或等于零，整个供应链实现零库存是不现实的。其二，零库存并非针对所有储存的物品，而只是针对其中的一部分。这部分物品在所有物品中所占的比重随企业的不同而不同。其三，零库存并非适合所有企业，关键要看企业所处的商业环境是什么，自己经营的是什么产品。零库存比较适用于相对较稳定的市场环境和个性化强的物品。

（3）联合库存管理。联合库存管理是建立在供应链伙伴关系基础上的库存管理策略。它在机制上更加重视库存责任和权利在供需双方之间进行分担和分享。与供应商管理库存策略相比较，它可以较好地预防和规避供应商库存管理权责失衡和"牛鞭效应"，以及需求方的需求不能满足的风险；是解决供应链系统中由于各节点企业的相互独立库存运作模式导致的需求放大现象、提高供应链的同步化程度的一种有效方法；与传统管理库存策略相比较，它又可以较好地预防和规避需求方库存责任风险和成本风险。

8.1.3 仓库的其他安全管理

1）防台风

对于台风，应做好以下几方面的预防措施：

（1）积极防范。台风并不是年年都在一个地区登陆，防台风工作是一项防范未然、有备无患的工作。企业要对员工，特别是领导干部进行防台风宣传和教育，促使其保持警惕、不能麻痹。

（2）全员参与。台风可以造成的损害不仅是仓储物资，还包括仓库建筑、设备、设施、场地、树木，以及物料备料、办公设施等一切财产和人的生命安全，还会造成环境污染危害。防台风、抗台风工作是所有员工的工作，需要全员参与。

（3）不断改善仓库条件。为了使防台风、抗台风取得胜利，需要有较好的硬件设施和条件，提高仓库设施设备的抗风、防雨、排水、防水浸的能力；减少使用简易建筑，及时拆除危房危建并及时维修加固老旧建筑、围墙；提高仓库、货场的排水能力，注意协调仓库外围避免造成排水的阻碍；购置和妥善维修水泵等排水设备，备置堵水物料；牢固设置仓库、场地的绑扎固定绳桩。

2）防汛

洪水和雨水虽然是一种自然现象，但时常会对货物的安全仓储带来不利影响，所以应认真做好仓库防汛工作。

（1）建立组织。汛期到来之前，要成立临时性的短期工作机构，在仓库领导者的领导下，具体组织防汛工作。

（2）积极防范。平时要加强宣传教育，提高职工对自然灾害的认识；在汛期，职工轮流守库，职能机构定员驻库值班，领导现场坐阵，以便在必要时统一指挥，积极组织抢救。

（3）加强联系。仓库防汛组织要主动争取上级主管部门的领导，并与气象台联系了解汛情动态，预见汛情发展，克服盲目性，增强主动性。

除此之外，还要注意对陈旧的仓库改造排水设施，提高货位；新建仓库应考虑历年汛情的影响，使库场设施能抵御雨汛的影响。

3）防雷

仓储企业应在每年雷雨季节来临之前，对防雷措施进行全面检查。

4）防震

为了搞好仓库防震，首先在仓库建筑上，要以储存物资的价值大小为依据，审视其建筑物的结构、质量状况，从保存物资的实际需要出发，合理使用物力财力，进行相应的加固。新建的仓库，特别是多层建筑、现代化立体仓库，更要结合当地地质结构类型，预见地震的可能性，在投资上予以考虑，做到有所准备。其次在信息获取上，要密切注意毗邻地区及地震部门的预测和预报资料。最后在组织抢救上，要作充分的准备。当接到有关部门地震预报时，要建立必要的值班制度和相应的组织机构，仓库领导要通盘考虑，全面安排，合理分工，各负其责，做好宣传教育工作，动员职工全力以赴，做好防震工作。

5）防静电

爆炸物和油品应采取防静电措施。对于静电，应设懂有关技术的专人管理，并配备必要的检测仪器，发现问题及时采取措施。所有防静电设施都应保持干净，防止化学腐蚀、油垢玷污和机械碰撞损坏。每年应对防静电设施进行 1~2 次的全面检查，测试应当在干燥的气候条件下进行。

8.1.4　事故的预防和处理

1）事故的预防

仓库安全事故主要有三类：盗窃和破坏事故；火灾和爆炸事故；工伤事故和设备事故。相应预防措施也有三个方面，即加强安全保卫、加强消防管理以及加强设备维修和安全操作。

实践证明，搞好仓储安全，避免发生事故，是一件涉及面广、综合性强的经常任务，每时每刻以及每个环节都不能麻痹大意，既要领导重视，又要依靠和发动群众；既要经常进行宣传教育，还要制定必要的规章制度；既要增加必要的安全防护、防范设备，还要加强组织管理和业务培训。同时还必须牢固树立"安全第一"的思想，贯彻"以防为主"的方针。

2）事故的处理

虽然谁都不希望发生事故，但是要提前做好万一发生事故的思想准备，要根据可能发生事故的各种情况，多准备几种处理方案和措施。一旦事故发生，处理起来才能有条不紊。

首先要冷静、沉着，不可惊慌。发现事故苗头时，要大声呼喊附近人员前来协助。人们要主动配合，根据当时当地情况和条件，采取应急措施，最好能把事故消灭在萌芽状态。

其次要向外界报警，建立临时指挥中心。如果事故恶化、扩大和蔓延，在半分钟内没有平息，就要迅速向外界报警。在救援人员越来越多的情况下，要立即建立临时指挥中心，在场人员中的适宜者，要主动承担，展开有组织、有领导的全面"战斗"。同时还要及时救治受伤人员。

最后要进行善后处理。事故平息后，单位领导要及时分析事故原因，核算损失，总结经验教训，并向上级报告。对事故责任者要进行教育和处理，对有功者要进行表扬和奖励。

8.2　仓储质量管理

8.2.1　仓储质量管理概述

1）仓储质量管理

仓储质量管理是指为了实现仓储产品的质量特征所开展的计划、组织、控制和协调活动。仓储质量管理的含义有广义和狭义之分：狭义的仓储质量管理是指应用各种科学原理和方法对仓储商品进行储存、保养，以保证提供高质量的仓储商品管理服务。广义的仓储质量管理是指为了最经济地收发和保管好适合使用者要求的商品所采取的各种方法体系。

2）仓储质量管理的内容

仓储质量管理包括制定产品的质量标准、达到质量标准的具体方案以及组织力量实施质量的保证方案；在实际操作过程中要严格开展控制、监督和约束，在实施过程中要做好人员之间、部门之间、企业内外的协调和信息沟通等工作。

仓储质量管理不仅是企业管理中的一个独立项目，又是贯穿在生产、经营中的管理职能。仓储质量管理表现为在独立的质量管理机构开展的质量管理和其他部门在生产、经营、服务中都要进行的以质量为标准的管理，包括仓储商务质量管理、经营质量管理、装卸搬运质量管理、交接质量管理、保管质量管理、财务质量管理、机械设备质量管理、后勤保障管理、安全保卫质量管理、服务质量管理等方面。

3）仓储质量管理的基本方法

（1）开展全面的质量管理

仓储的全面质量管理是以仓储产品的质量为中心，以最优的质量、最佳的服务、最低的消耗，满足客户的各种需求；运用一定的组织体系和科学的管理方法，动员、组织各部门和全体员工共同努力，提高仓储产品质量。

质量管理是全过程的管理。从市场宣传、商务磋商到仓储安排、接受货物、作业、交付、包装、客户保持的全过程都应采取全面质量管理。仓储全面质量管理是一种全员的管理。直接、间接参与仓储活动的所有部门及人员，从企业的高层管理人员直到底层的员工的都应积极参与质量管理，确保产品质量。质量管理的对象是全面的，包括仓储计划、仓库设计规划、仓储作业、仓储管理、人力资源等各方面。质量管理的方法是系统的，整个仓储活动的质量管理，需要依据统一的质量标准和质量体系，对所有人员、部门的质量要求必须一致。

（2）采取以防为主的质量管理

质量管理需要建立有效的质量管理体系，采取严格的质量责任制，通过事先控制、以防为主来保证质量。其以事先的要求、事先的检查、事先的防范进行管理，因而需要充分综合现代手段与技术进行质量控制，预先发现问题，提前做好控制工作，确保达到质量标准。

（3）加强细节管理

虽然说质量管理是一项系统的工作，要有规划、有系统地进行，从大处着眼，但是在质量管理中更要重视对细节的质量管理，从仓储、服务的小处入手，通过一系列小变革、小改革，解决小问题、改变小瑕疵，不断进行质量改进的良性循环，不断提高整体质量，这样可以大幅度降低质量管理的成本。

4）仓储质量管理的目标

仓储质量管理必须满足两方面的要求：一方面是满足供应商的要求，因为仓储的结果必须保护供应商的产品能保质保量地转移给用户；另一方面是满足用户的要求，即按用户要求完成商品的送交任务。仓储质量管理的目的，就是在"向用户提供满足要求的质量服务"和"以最经济的手段来提供"两者之间找到一条优化的途径，同时满足这两个要求。为此，必须全面了解生产者、消费者、流通者等各方面所提出的要求，从中分析出真正合理的、各方面都能接受的要求，作为管理的具体目标。从这个意义上来讲，仓储质量管理也可以理解为"用经济的办法，向用户提供满足其要求的仓储质量的方法体系"。

5）仓储质量管理的基本原则

（1）全面质量管理。现代企业的质量管理最基本的方法就是开展全面质量管理。仓储全面质量管理是在全面质量管理思想的指导下，以仓储质量为中心，通过一定的组组织体系和科学管理方法达到最优的质量、最低的消耗和最佳的服务。

（2）预防为主。仓储质量管理必须明确"事前管理"的重要性，"事前管理"是避免事故发生、减少次品的有效办法，其是在上一道工作环节就要为下一道工作环节着想，估计后续工作可能出现的问题，通过事先检查、事先要求、事先防范做到事先控制、以防为主来保证仓储质量。

（3）细节入手。仓储的质量管理主要是通过对众多细节的控制与协调达到总体目标的，所以要重视对细节的管理，通过一系列小改革解决小问题，不断推动质量改进的良性循环，逐步提高整体质量，如此，可以大幅度降低质量管理的成本。

6）仓储质量管理的内容

仓储质量包含以下几方面内容：

（1）储存物资的质量。仓储的对象是具有一定质量的实体，即有合乎要求的等级、尺寸、规格、性质、外观。这些质量是在生产过程中形成的，仓储在于转移和保护这些质量，最后实现对用户的质量保证。在当代风行的质量保证体系中，对用户的质量保证不可能完全依赖于生产，也依赖于流通。在"仓储保管业务"、"商品包装管理"等章论述的有关内容，都是针对储存物资的质量提出的，这些方法和措施是保证储存物资质量完好所必需的。

（2）服务质量。仓储业有极强的服务性质，不管是生产企业隶属的仓储活动，还是对外从事的仓储业务，整个仓储的质量目标就是其服务质量。一般来讲，仓储服务普遍体现在满足用户要求方面，这一点难度是很大的，各个用户要求不同，这些要求往往超出企业的能力，要实现这些服务要求，就需要企业有很强的适应性及柔性，而这些又需要以强大的硬件系统和有效的管理系统来支撑。

当然，对服务的满足不能是消极被动的，因为有时候用户提出的某些服务要求，由于"效益背反"的作用，会增大成本或出现别的问题，这对用户实际是有害的，盲目满足用户的这种要求不是服务质量的表现。仓储承担者的责任是积极、能动地推进服务质量提升。仓储服务质量的具体衡度指标主要是时间、成本、数量和质量。

（3）工作质量。工作质量指的是仓储各环节、各工种、各岗位具体工作的质量。为实现总的服务质量，要确定具体的工作要求，以质量指标形式确定下来则为工作质量指标。这是将仓储服务总的目标质量分解成各个工作岗位可以具体实现的质量，是提高服务质量所做的技术、管理、操作等方面的努力。

工作质量和物流服务质量是两个有关联但又不大相同的概念。仓储服务质量水平取决于各个工作质量的总和。仓储的工作质量可归纳为以下许多内容：商品损坏、变质、挥发等影响商品质量因素的控制及管理；商品丢失、错发、报损等影响商品数量因素的控制及管理；商品维护、保养；商品入库、出库检查及验收，商品入库、出库计划管理，计划完成及兑现的控制；商品标签、标示货位、账目管理，建立正常的规章制度；库存量的控制；质量成本的管理及控制；库房工作制度、温度和湿度控制制度；工作标准化管理；各工序设备正常运转、完好程度管理；上、下道工序（货主、用户）服务。

（4）工程质量。与产品生产的情况类似，仓储质量不但取决于工作质量，而且取决于工程质量。优良的工作质量对于物流质量的保证程度，受制于物流技术水平、管理水平、技术装备。好的仓储质量，是在整个仓储过程中形成的，要想"事前控制"仓储质量，预防仓储造成的不良品，必须对影响仓储质量的诸因素进行有效控制。

在仓储过程中，这些因素可归纳为以下几个方面。人的因素包括：人的知识结构、能力结构、技术熟练程度、质量意识、责任心等。体制的因素包括：领导方式、组织结构、工作制度等方面。设备因素包括：物流各项装备的技术水平、设备能力、设备适用性、维修保养状况及设备配套性等。工艺方法因素包括：仓储流程、设备组合及配置、工艺操作等。计量与测试因素包括：计量、测试、检查手段及方法等。环境因素包括：仓储设施规模、水平、湿度、温度、粉尘、照明、噪声、卫生条件等。

8.2.2　仓储质量指标

质量指标是用于反映质量现状的数据，用于判定质量水平的标准，是制定质量改进措施的依据。仓储质量指标有：

1）库存量

库存量指统计期内的平均存货数量，它反映了仓库平均库存水平和库容利用程度，反映了仓库有效利用的情况。

月平均库存量＝（月初库存量＋月末库存量）÷

年平均库存量＝各月平均库存量之和÷12

2）平均验收时间

平均验收时间表示仓库对入库的货物验收所花费的时间，其单位是天/批。

平均验收时间＝期内各批验收天数之和÷同期验收批次数

3）收发正确率

收发正确率表示仓库在某一段时期正确收发货物的程度。从反面看，则表示了收发误差程度。

物资收发正确率＝（期内吞吐量－发生收发差错的货物总量）÷同期吞吐量×100%

4）完好率

完好率表示在统计期内货物发生丢失、损坏、变质等质量事故的整体程度。

完好率＝（期内平均库存量－期内丢失、损坏、变质的物质总量）÷同期平均库存量

8.2.3 配送服务质量体系

1）建立仓储服务质量体系的意义

（1）融入世界经济贸易一体化的需要

国际标准化组织质量管理和质量保证技术委员会（ISO /TC176）于 1987 年 3 月正式发布了 ISO 9000— 9004 系列质量管理和质量保证标准；1994 年 7 月发布了 ISO 9000 族质量管理和质量保证标准。到目前为止，世界上已有 100 多个国家和地区采用了这一标准。我国企业于 1992 年正式采用这一标准，已有多家企业和多种产品获得了质量认证，还有一大批企业和产品正在认证当中。由此可见，按照 ISO 9000 标准进行质量体系认证，已成为当今国际服务贸易领域的发展趋势。配送企业属于服务贸易的范畴，要把企业融入世界经济贸易一体化市场就必须实施 ISO 9000 质量标准并进行认证。这是认证工作的重要性之一。

（2）获得 ISO 9000 认证，就获得了通往一体化市场的通行证

加入世界贸易组织后，国内市场进一步向世界开放，国内外市场的一体化，需要企业尽快实施 ISO 9000 标准和认证。实践证明，凡属注册认证的企业，都会在服务质量和业务开拓上取得优势，而没有认证企业，在激烈的市场竞争中将会失去本来已经微弱的优势，最终被市场淘汰。配送企业也是如此，特别是现在物流业的发展已经高度国际化。

（3）实施 ISO 9000 标准，有利于提高管理水平，增强企业竞争能力

我国现有的物流企业，有相当一部分是由传统的仓库、车队改制而来的，在内部机制和运作方式上对内缺少凝聚力，对外缺少竞争力。ISO 9000 标准是对世界主要发达国家几十年实施质量管理和质量保证经验的总结，具有严谨的科学性、广泛的实用性。其核心是"以法治企"，实施 ISO 9000 标准，将把企业的管理机制和管理程序纳入法制轨道，进行计算机程序管理，实施一整套现代化管理方法。从上海外贸系统一些已经获得认证的企

业的情况看，多数企业的内部管理有质的改变，业务有不同程度的发展。总之，实施 ISO 9000 标准及其认证，是配送企业在一体化市场的情况下，管理好企业并不断发展的有效途径。

2）仓储质量体系的模式、要素及证实方式的选择

ISO 9000 族标准中，ISO 9001、ISO 9002、ISO 9004 为质量保证模式，它们各自的内容不同，证实的范围、质量体系要素不同，是分别代表 3 种不同供方质量的质量保证模式。仓储企业在实施 ISO 9000 族标准时，应在了解各种保证模式内容的基础上，从企业实际出发，对质量保证模式和质量体系要素进行恰当选择。通过实施和认证，达到提高仓储企业服务质量的目的。

（1）仓储服务应选择的质量保证模式

物流企业通常选择的质量保证模式标准一般都是 ISO 9002，这是因为 ISO 9002 适用于服务型企业。仓储企业是为生产工厂、销售商、代理商提供全过程的配送服务的，一般不涉及产品的设计和生产过程，选择 ISO 9002 是比较合适的。

（2）仓储质量体系质量要素的选择

ISO 9002 质量保证模式中有 19 个要素，构成质量保证体系，质量保证体系各要素在实施中可全部采用，也可有选择地采用。质量体系要素的选用一般以企业选定的质量保证模式为前提，根据企业的实际情况，经与第三方认证机构协商，确定全部采用或增加删减。

（3）仓储服务实施质量体系证实方式的选择

企业在选择了质量保证模式和质量体系要素之后，有责任向客户证实质量体系的适用性和有效性。证实的程度大致可分为三种：证实程度较低的是"存在声明"，即企业将实施质量体系的要素及实施结果，向客户进行口头或文字说明；第二级是"文件证据"，即企业向客户或认证机构提供有关质量体系的文件，并附以情况说明；第三级是"执行见证"，是级别程度最高的证实，即企业向客户或认证机构提供相关体系的文件，并提供实施过程的质量记录等见证材料。

3）质量体系的建立

实施质量保证标准，要使全体员工在熟悉 ISO 9000 标准内容的基础上，建立与其管理运作相适应的质量体系，一步一个脚印地推进，最后通过第三方认证。这是一项系统的工程，应要有计划、有组织、有步骤地进行。通常情况下，整个认证工作大致需要经过前期准备、确立质量体系要做的工作、编写质量体系文件、质量体系的运行、质量体系的注册认证等阶段。

（1）质量体系的建立

物流仓储企业必须把服务质量管理作为企业管理的核心和重点，把不断提高物流服务质量、更好地满足客户和其他受益者的需求作为企业发展的宗旨。与制造企业相比较，我国服务行业质量管理水平参差不齐，不仅缺乏理论支持，实践中对服务质量体系问题也缺乏足够重视。

质量体系就是包括实施配送服务质量管理所需的组织结构、程序、过程和资源，包括以下几个阶段，即组织策划、总体设计、体系组织结构的建立和资源配置、编制质量体系文件和体系培训、组织试运行及质量体系审核。配送质量管理体系一般按照 ISO 9000 系列标准构建，其作用是为达到和保持配送质量目标，使物流配送企业内部相信配送服务质量能达到要求，使客户也相信配送服务符合质量体系要求。质量体系的建立必须服从于物流仓储企业自己的质量方针。因此，质量体系的建立必须遵循以下原则：

遵循八项质量管理原则。其包括：①以顾客为关注焦点；②领导作用；③全员参与；④过程方法；⑤管理的系统方法；⑥持续改进；⑦基于事实的决策方法；⑧与供方互利的关系。八项质量管理原则体现了质量管理应遵循的基本原则，包括了质量管理的指导思想和质量管理的基本方法，提出了组织在质量管理中应处理好与顾客、员工和供方三者之间的关系。质量管理八项原则是质量管理体系建立与实施的基础。

领导作用是关键。最高管理者通过其领导作用及所采取的各种措施可以创造一个员工充分参与的内部环境，质量管理体系只有在这样的环境下才能确保其有效运行。领导作用特别是最高管理者的作用是质量管理体系建立与实施的关键。最高管理者应做出有关建立和实施质量管理体系并持续改进其有效性方面的承诺，并带头以增强顾客满意为目的，确保顾客要求得到确认并予以满足。

全员参与是根本。全员参与是质量管理体系建立与实施的根本，因为只有全员充分参与，才能使他们的才干为企业带来收益，才能确保最高管理者所做出的各种承诺得以实现。企业应采取措施确保在整个组织内提高满足顾客要求的意识，确保使每一位员工认识到所在岗位的相关性和重要性，以及如何为实现质量目标做出贡献。

注重实效是重点。质量管理体系的建立与实施一定要结合本企业及产品的特点，重点应放在如何结合实际、如何注重实施上来，重在过程、重在结果、重在有效性，即不要脱离现有的那些行之有效的管理方式而另搞一套，也不要不切实际地照抄他人的模式、生搬硬套、流于形式。尤其是在编制质量管理体系文件时，一定要依据质量策划的结果确定本组织对文件的需求。若确实需要文件，则文件一定是有价值的、适用的。

持续改进求发展。顾客的需求和期望在不断变化，市场的竞争、科技的发展等，这些都促使企业持续改进，持续改进是企业的永恒目标。持续改进的目的在于增加顾客和其他相关方满意的机会。企业应通过各种途径促进质量管理体系的持续改进。要持续改进企业的总体业绩与效率，不断提高顾客和其他相关方满意的程度，进而建立和实施一个有效且高效的质量管理体系。

（2）仓储企业质量体系建立的过程

①学习标准。企业各级员工，尤其是各管理层应认真学习 ISO 9000 质量管理体系四项核心标准，重点是学习质量管理体系的基本概念和基本术语，质量管理体系的基本要求，通过学习，端正思想、找出差距、明确方向。

②确定质量方针和质量目标。质量方针是良好质量信念的体现。它不仅反映产品或服务质量方面的问题和尽量满足顾客需要，还明确表明领导层对质量责任的承诺和授权。因此，应根据企业的宗旨、发展方向，确定与企业的宗旨相适应的质量方针，对质量做出承诺。在质量方针提供的质量目标框架内规定组织的质量目标以及相关职能和层次上的质量目标。质量目标应是可测量的。

③质量管理体系策划。企业应依据质量方针、质量目标，应用过程方法对企业应建立的质量管理体系进行策划，并确保质量管理体系的策划满足质量目标要求。在质量管理体系策划的基础上，进一步对产品实现过程及其他过程进行策划，确保这些过程的策划满足

所确定的产品质量目标和相应的要求。

④确定职责和权限。企业应依据质量管理体系以及其他策划的结果，确定各部门、各过程及其他与质量工作有关人员应承担的相应职责，赋予相应的权限并确保其职责和权限能得到沟通。最高管理者还应在管理层中指定一名管理者代表，代表最高管理者负责质量管理体系的建立和实施。

⑤编制质量管理体系文件。企业应依据质量管理体系以及其他策划的结果确定质量管理体系文件的框架和内容，在质量管理体系文件的框架里确定文件的层次、结构、类型、数量、详略程度，规定统一的文件格式，编制质量管理体系文件。

⑥质量管理体系文件的发布和实施。质量管理体系文件在正式发布前应认真听取多方面意见，并经授权人批准发布。质量手册必须经最高管理者签署发布。质量手册的正式发布实施即意味着质量手册所规定的质量管理体系正式开始实施和运行。

⑦学习质量管理体系文件。在质量管理体系文件正式发布或即将发布而未正式实施之前，认真学习质量管理体系文件对质量管理体系的真正建立和有效实施至关重要。各部门、各级人员都要通过学习，清楚地了解质量管理体系文件对本部门、本岗位的要求以及与其他部门、岗位的相互关系的要求，只有这样才能确保质量管理体系文件在整个组织内得以有效实施。

⑧质量管理体系的运行。质量管理体系运行主要反映在两个方面：一是企业所有质量活动都在依据质量策划的安排以及质量管理体系文件要求实施；二是企业所有质量活动都在提供证实，证实质量管理体系运行符合要求并得到有效实施和保持。

⑨质量管理体系内部审核。企业在质量管理体系运行一段时间后，企业内审员应对质量管理体系进行内部审核，以确定质量管理体系是否符合策划的安排、GB/T 19001—2000标准的要求以及组织所确定的质量管理体系要求是否得到有效实施和保持。内部审核是组织自我评价、自我完善机制的一种重要手段。企业应每年按策划的时间间隔坚持实施内部审核。

⑩管理评审。在内部审核的基础上，企业的最高管理者应就质量方针、质量目标，对质量管理体系进行系统的评审（管理评审），确保质量管理体系持续的适宜性、充分性和有效性（评审也可包括效率，但不是认证要求）。管理评审包括评价质量管理体系改进的机会和变更的需要，包括质量方针、目标变更的需要。管理评审与内部审核都是组织自我评价、自我完善机制的一种重要手段，企业应每年按策划的时间间隔坚持实施管理评审。

通过内部审核和管理评审，在确认质量管理体系运行符合要求且有效的基础上，组织可向质量管理体系认证机构提出认证申请。

知识链接8-5

我国物流企业分类与评估指标

2005年4月27日，国家质量监督检验检疫总局、国家标准化管理委员会召开新闻发布会，向社会公布了GB/T 19680—2005《物流企业分类与评估指标》推荐性国家标准。该项国家标准由国家质量监督检验检疫总局、国家标准化管理委员会于2005年3月24日批准发布，于2005年5月1日起实施。《物流企业分类与评估指标》明确了物流企业的基本范围和类型，提出了不同类型和档次物流企业需要达到的规模和水平，制定了评估各类物流企业综合能力的指标。标准规定了物流企业的三种类型：运输型、仓储型和综合服务型。为了能够全面、系统地反映物流企业的综合能力，标准规定了物流企业的5个等级（从5A至1A依次降低），以及不同类型、不同级别企业的具体指标。评估指标包括3种不同类型企业经营状况、资产、设施设备、管理及服务、人员素质、信息化水平等方面的16~18项具体内容，使标准更具有指导性、实用性和可操作性。标准规定的物流企业业主要评估指标如表8-1所示。

表8-1　　　　　　　　　　　　　　我国物流企业评估指标

总目标	第一层指标	第二层指标
物流企业评估指标	企业经营状况	年营业收入、营业时间、资产总额、资产负债率
	物流技术与装备	物流设施能力、物流设备能力、物流设备先进程度、运营网点
	管理及服务水平	管理制度、质量管理、业务辐射面、物流服务方案与实施能力、顾客投诉率（或顾客满意度）
	人员素质	中高层管理人员素质、基层管理人员素质、操作人员素质
	信息化水平	网络系统、电子单证管理、货物跟踪、客户查询

资料来源：沙丁."物流企业分类与评估指标"国家标准五月起实施[J].中国储运，2005（6）.

8.2.4　配送质量管理的常用方法

在一些仓储企业中总有一部分人，当工作中出了问题时，不是想办法解决问题，而是找借口推卸责任。我们经常听到这样的话："我这道工序难度大，而且老出问题，不是出错率高就是损失大，这对我太不公平了。""我已经尽力了，质量仍不过关，我有什么办法。""我们以前都这么做了，出了问题与我无关。"

企业要提高产品质量，就要清楚出现这些问题的原因是什么。有些问题不是一下子就能看出来，往往要根据生产数据、应用统计方法进行分析与控制。

建立了行之有效的质量管理体系后，采用何种仓储质量管理的方法就成为另一个问题。配送质量管理的常用方法有如下几种：

1）排列图法

排列图又叫帕累托图。帕累托是意大利经济学家，是有关收入分布的帕累托法则的首创者。这一法则揭示了"关键的少数和次要的多数"的规律。这一法则后被广泛应用于各个领域，并被称为ABC分析法。美国质量管理专家把这一法则引入质量管理领域，成为寻找影响产品质量主要因素的一种有效工具。

排列图由两条纵坐标、一条横坐标、几个矩形和一条曲线组成。左纵坐标表示频数（件数、金额），右纵坐标表示频率（累计百分数），横坐标表示影响质量的各因素或项目，并按影响程度的大小从左到右排列。用直方形的高度表示各因素频数的大小，曲线表示各影响因素大小的累计百分数。通常将影响因素分为3类：A类，累计频率在0~80%

之间，是主要影响因素；B类，累计频率为80%~90%，是次要因素；C类，累计频率为90%~100%，是一般因素。

案例分析8-1

某仓储企业关于客户投诉原因的排列图分析

某仓储企业在进行质量管理时，依据一定时间内的客户投诉原因实行统计。服务态度恶劣被投诉38次，送货延迟被投诉25次，有货损货差被投诉13次，服务种类过少被投诉6次，其他原因被投诉3次，试分析其可能采取的改进措施。

分析：第一：排列各种影响因素，计算其比率和累计比率，见表8-2。

表8-2   某仓储企业客户投诉原因统计表

因素	投诉原因	投诉次数（次）	投诉比率	累计比率
1	服务态度恶劣	38	44.7%	44.7%
2	送货延迟	25	29.4%	74.1%
3	货损货差	13	15.3%	89.4%
4	服务种类过少	6	7.1%	96.5%
5	其他原因	3	3.5%	100%

第二：根据表8-2画出直方图，如图8-1所示：

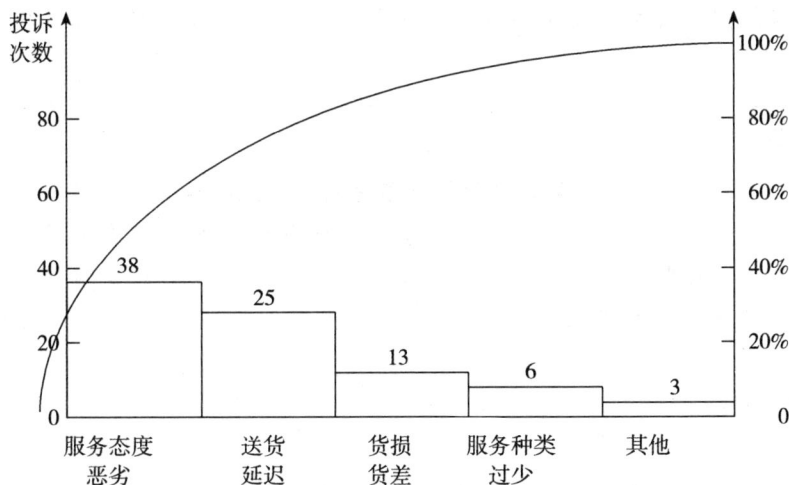

图8-1 直方图

最后，根据上述图表，确定客户投诉原因服务态度和送货延迟为A类因素，货损货差为B类因素，服务种类过少及其他为C类因素。

2）直方图法

直方图法又称质量分布图法，是通过对测定或收集来的数据加以整理，来判断和预测运营过程质量不合格品率的一种常用工具。直方图法作为一种过程分析工具，在制造业的运用已取得极大的成功，在物流业中的运用尽管不够普遍，但随着物流业的发展，将会被越来越多的人采用。

当观察到的直方图不是正态分布的形状时，需要及时加以研究，譬如出现平顶型时可以检查一下有无缓慢变化的因素，又譬如出现孤岛型时可以检查一下物流设备是否发生故障等，这样便于及时发现问题，采取措施，改进质量。

小思考8-1

直方图法在仓储企业质量管理中如何应用呢？

某物流仓储企业将装卸搬运的货损率进行统计，经过20天的统计，得到了货损率的原始数据。物流公司对这些数据做如下处理：

（1）将所得的货损率进行分组，将最小货损率和最大货损率之差这个区间均分成7或9个小区间；

（2）统计数据落在每个区间中的频数，在坐标图上用直方图表示出来；

（3）将直方图顶端的曲线平滑连接，直观看出该数据是否符合正态分布。

若不符合正态分布，则说明目前的人员、设备、环境或操作的方法不能满足物流企业对物流质量的要求，需要经过具体分析，在以上某个或多个方面加强质量管理。

3）散布图法

散布图法又称相关图法，是判断两个变量之间是否存在相关关系的分布状态图形。变量之间存在的关系有以下几种：①安全相关关系，可由一个确定的公式来表达；②相关关系，变量之间存在密切关系，但不能用一个变量的数值精确地求出另一个变量的值；③不相关。散布图就是用来发现和确认两组数据之间的关系并确定两组相关数据之间预期的关系，还可以通过确定两组数据、两个因素之间的相关性，寻找问题的可能原因。

案例分析8-2

时间和社会总物流量之间存在的关系

在物流配送量预测中，关于时间和社会总物流配送量之间存在某种关系，可以用散布图来表示。通过散布图，我们可以确定这种关系是水平的还是线性的或是有季节性波动的，这样就可以选择合适的模型来预测今后一段时期某个年份的社会物流配送量。

分析：如图8-2所示，图中的点表示不同时期的社会物流量的大小值。A图表示一段时期内不同年度社会总物流量有随机性变化，在该段时期社会总物流量呈上升趋势，无季节性变化；B图表示一段时期内不同年度社会总物流量不仅有随机性变化，在该段时期内社会总物流量还具有上升趋势和季节性变化。

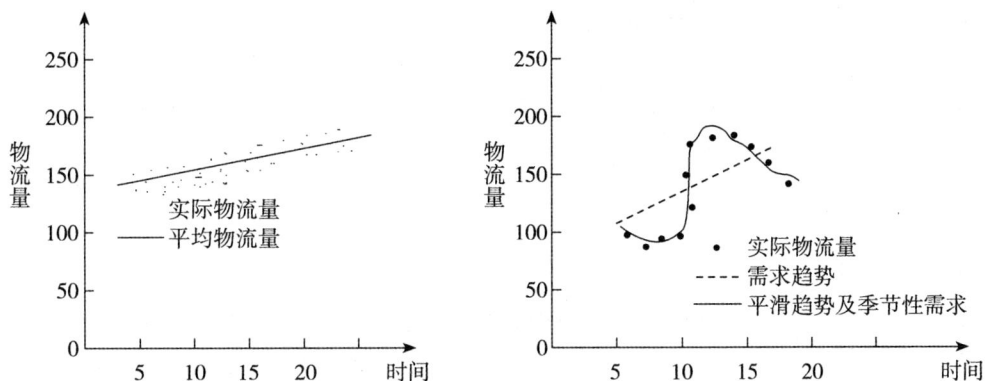

图8-2　散布图

4）因果图

所谓因果图，又叫石川图、特性要因图、树枝图、鱼刺图，表示质量特性波动与其潜在原因的关系，亦即以图来表达结果（特性）与原因（要因）之间的关系。因果图如能做得完整的话，容易找出问题的症结，采取相应的对策措施解决质量问题。

案例分析8-3

因果图在仓储中的应用

某仓储企业负责为某连锁经营企业储存日常生活用品，一段时间内，经统计，货物损坏多种，请绘制货物损坏的因果图。

分析：货物损坏三个大的方面原因是顾客方面的原因、物流方面的原因、销售方面的原因。销售方面的原因可归结为信息原因和商品原因。而商品原因又可由商品库区不正确、商品无货或包装破损造成。信息方面的原因有可能是信息不完整或者信息错误。因果图如图8-3所示。

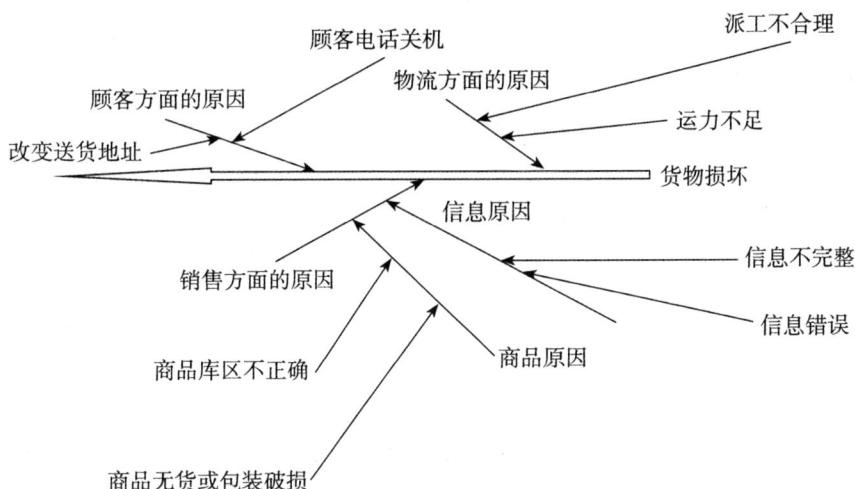

图8-3　因果图

5）分层法

分层法是质量管理中常用的整理数据的方法之一。所谓分层法，就是把收集到的原始质量数据，按照一定的目的和要求加以分类整理，将原先杂乱无章的数据和因素系统化和条理化，以便进行比较分析的一种方法。

分层时不能随意分，而是根据分层的目的，按照一定的标志加以区分，把性质相同、在同一条件下收集的数据归在一起，使同一层次内的数据波动幅度尽可能小，而层与层之间差别尽可能大，否则就起不到归类汇总的作用。

案例分析8-4

分层法在物流公司货运责任事故中的应用

某物流公司某年度发生零担货运责任事故较多，损坏是零担货运责任事故中的一项主要因素，我们可以按责任部门进行分层。零担货物责任损坏事故按责任部门统计表见表8-3。

表8-3　　　　　**零担货物责任损坏事故按责任部门统计表**

责任部门	件数（件）	百分率（%）	累计百分率（%）
装卸	208	53.1	53.1
配送	118	30.1	83.2
仓储	38	9.7	92.9
包装	26	6.6	99.5
运输	2	0.5	100
合计	392	100	

分析：从上面的分层可以看出，在损坏事故中装卸部门的责任占一半以上，是最主要的，如果物流企业抓住了这个责任部门，对症下药，就可能解决一半左右的损坏事故。

6）调查表法

调查表也称检查表或核对表，是为了分层收集数据而设计的一类统计图表。调查表法就是利用这类统计数据收集、整理和精确分析的一种方法。操作中，可根据调查目的的不同，采用不同的调查表。

在物流行业中调查表最常见的形式是针对顾客设计的调查问卷，调查问卷是一种特殊的调查表。

知识链接8-6

仓储服务质量满意度问卷调查表见表8-4。

表8-4　　　　　　　　**仓储服务质量满意度问卷调查表**

第三方物流企业 服务质量指标		金地仓储 有限公司	万泰仓储 有限公司	和美仓储 有限公司
顾客营销性	企业外在形象			
	人员沟通质量			

续表

第三方物流企业 服务质量指标		金地仓储 有限公司	万泰仓储 有限公司	和美仓储 有限公司
可靠性	货物完好率			
	服务水平			
	按时入库			
	按时出库			
响应性	订单释放数量			
	订购过程			
	误差处理			
创新性	流程			
	内容			

7）控制图

控制图是一个简单的过程控制系统，其作用是利用控制图所提供的信息，把一个过程维持在受控状态，一旦发现异常波动，分析对质量不利的原因，采取措施加以消除，使质量不断提高，并把一个过程从失控状态变为受控状态，以保持质量稳定。

案例分析 8-5

控制图在仓储企业的应用

控制图的横坐标是样本序号，纵坐标是产品的质量特性。图上通常画有 3 条平行于横坐标的平行线，自上而下分别是：上控制界限线 UCL、中心线 CL 和下控制界限线 LCL，上控制界限和下控制界限统称控制界限。

分析：控制图应用中，一般把表示质量特性值的点描在图上。当点在上下控制界限线内部时，认为运营正常；当点越出上下控制界限线时，认为运营异常。

对于预备数据全部落入控制界限线内的，则延长控制界限，进入过程的日常控制阶段；对于预备数据落入控制界限线外的，则要针对这个数据的产品执行"查出异因、采取措施、保证消除、纳入标准、不再出现"的步骤，然后重新收集数据进行分析。

图中横坐标表示某一时点，纵坐标表示准时送货率，中心线表示货物完好率为 90%，上控制界限为 95%，下控制界限为 85%。图 8-4 为某物流公司在一段时间内准时送货率情况。

8）常用的其他质量管理工具

流程图是将一个项目各个过程和工序（如检验过程、质量改进过程、服务提供过程等）的步骤用图的形式表示出来的一种图示技术。通过对项目的每一个过程中各个步骤之间关系的研究，找出可能存在故障的潜在原因，在进行项目质量策划时着重对这些环节进行研究和分析，事先制订方案，以避免质量缺陷或质量事故的发生。

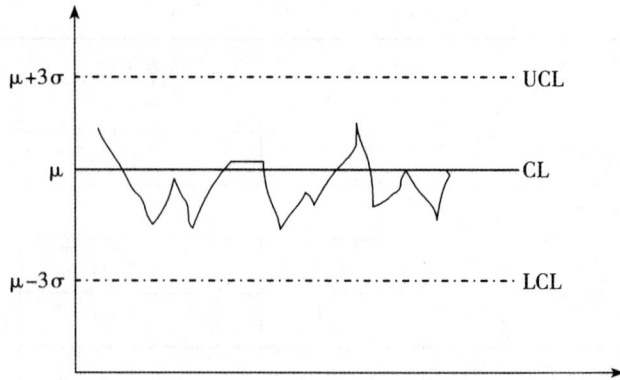

图8-4　某物流公司在一段时间内准时送货率情况

头脑风暴法是采用会议的方式，引导每个参加会议的人围绕某个中心议题发表个人独特见解的一种集体创造性的思维方法。

水平对比法又称标杆管理，就是将企业的产品、服务和过程质量与处于领先地位的竞争者进行比较，来找出与对手的差距，提高质量水平。

对策表也叫措施计划表，它既是实施的计划，又是检查的依据，是PDCA循环中P计划阶段第4步骤的产物。

系统图又称树图，是将某个质量问题与其影响要素之间的关系、寻求达到目的与所采取的措施手段之间的关系通过一种树状图系统地展开，从而解决问题或达到目的。

甘特图又叫进度图、横道图，用于项目进度计划的管理。其是通过细分工作步骤，对应活动总时期，将每一项活动的计划时间段和实际时间段在图表上显示出来，作为控制项目进度的手段。

➡️基本训练➡️

□　知识题

8.1　阅读理解

1）仓库的治安保卫工作包括哪些内容？

2）仓库安全作业有哪些要求？

3）如何建立仓储企业质量体系？

4）质量管理有哪些基本工作？

5）仓储安全技术有哪些？

8.2　知识应用

1）判断题

（1）仓储质量是反映配送活动过程中满足客户需要的能力总和。　　　　　　（　　）

（2）货物入库了，就很安全了，不用安全管理了。　　　　　　　　　　　　（　　）

（3）调查问卷不适合仓储质量管理。　　　　　　　　　　　　　　　　　　（　　）

（4）仓储保管时间越长，服务质量越好。　　　　　　　　　　　　　　　　（　　）

（5）质量保证就是保证了质量。　　　　　　　　　　　　　　　　　　　　（　　）

2）选择题

（1）库区及库房要按有关规定设置消火栓，室外消火栓的间距不得超过（　　　）。

A.120 米　　　　　　　B.180 米　　　　　　　C.150 米　　　　　　　D.200 米

（2）把收集到的原始质量数据，按照一定的目的和要求加以分类整理，将原先杂乱无章的数据和因素加以系统化、条理化，以便进行比较分析的一种方法是（　　　）。

A.排列图法　　　　　B.分层法　　　　　　C.调查表法　　　　　D.以上都不是

（3）因果图是用来（　　　）。

A.寻找影响质量的主要因素的　　　　　B.寻找产生问题的主要原因的

C.对产生问题的原因进行分层的　　　　D.粗略找出产生问题的原因的

（4）在散布图中，x 增加，相应的 y 减少，则 x 和 y（　　　）。

A.正相关　　　　　B.不相关　　　　　C.负相关　　　　　D.曲线相关

（5）仓库安全事故主要包括（　　　）。

A.盗窃和破坏事故　　　　　　　　B.火灾和爆炸事故

C.工伤事故和设备事故　　　　　　D.以上三项都不对

□ 技能题

8.1　要求学生收集某一物流企业的仓储质量数据，利用质量统计工具进行分析，然后针对分析结果，以小组为单位进行讨论，得出相应的结论，并提出相应的质量管理措施。

8.2　某物流企业仓储经常出现质量问题，经分析原因主要是：①库管员责任；②没及时理货；③库内环境不良；④制度缺陷；⑤设备问题；⑥其他原因。以小组为单位进行讨论，试绘制排列图并进行分析，找出解决问题的方案。某物流企业仓储资料统计表见表8-5。

表 8-5　　　　　　　　　　　　　**某物流企业仓储资料统计表**

序号	原　　因	次数（次）	频率（%）	累计频率（%）
1	库管员责任	46	47	47
2	没及时理货	30	31	78
3	库内环境不良	11	11	89
4	制度缺陷	4	4	93
5	设备问题	3	3	96
6	其他原因	4	4	100
	合　　计	98	100	

8.3　国花公司2014年到库物资共2 000吨，出库1 500吨；年初库存500吨；全年错发错收20吨，丢失2吨，损害5吨，赔偿10 000元；因消防不合格被罚款5 000元；全年营业收入300 000元。

请计算国花公司的吞吐量、年平均库存量、物资收发差错率、物资完好率和业务赔偿率。

综合案例

案例 1：杜邦安全生产管理是一门新生意

对于一个依靠制造火药起家属于高危行业的公司来说，200 年后，其安全生产管理被称为全球工业典范，这看起来有些不可理解，但实际上，它们之间并不矛盾。1802 年建立于美国特拉华州威明顿市白兰地河畔的杜邦公司认为，一切事故都可以避免。同杜邦公司有过接触的人也许会感觉到这一点。

杜邦公司召开新闻发布会，主持人第一件事情是提醒与会者留意安全通道方位；对于参观者，一定有人全程陪同；在巴士上，提醒你抓好扶手、系好安全带的人，也许就是杜邦的员工。半年前刚刚被提升为杜邦深圳厂厂长的赖文华接受记者采访时表示，对于杜邦来说，安全已经成为一种文化，延伸到生活的每一个细节当中。现在，杜邦正在把这种理念以及经验致力于传播到自己以外的企业当中，这也使得安全生产管理正在成为杜邦公司的一门生意。

2004 年 1 月，作为全球精简业务结构的一部分，杜邦公司宣布将业务调整为电子和通信技术，高性能材料、涂料和颜料技术，农业与营养，安全防护 5 大业务平台。通过电视电话采访，杜邦公司副总裁、大中国区总裁 Tom Powell 向记者提供了最新的数据，安全防护是新增的业务平台，这个部门在 2004 年的收入达到 47 亿美元，作为对外提供安全生产管理咨询服务的业务，占其中 5% 的份额。

7 年前，杜邦董事长兼全球 CEO Ellen Kullman 希望把当时近 200 年的安全生产经验同更多的人分享，在他的主张下杜邦设置了安全生产管理咨询公司，Ellen Kullman 被任命为这个不到 10 个人子公司的负责人。

这个公司的业务从零开始，发展非常迅猛，每年以 25% 的业务量增长，并被整合到 5 大业务平台的安全防护平台当中，成为该平台的业务部门之一。Ellen Kullman 指出，这个业务部门的职责在于帮助别的企业建立安全生产体系，提高员工的安全生产意识，并将安全上升为客户的公司文化之一，因为无论安全体系多完善，安全设备多先进，要是员工没有意识到安全的重要性，什么体系和设备都不可能发挥作用。

在这个公司成立 200 年之际，Ellen Kullman 为杜邦公司定下的发展方向是：从一家资本市场覆盖很广的"综合化学公司"变身为一家"综合科学公司"，同时确定一个目标——到 2010 年，25% 的营业收入来自于使用非消耗型资源。

2002 年 3 月，这个业务在中国开展起来，并顺利完成了对广州白云机场的安全管理与咨询业务，这成为安全项目在中国发展的重要一步。

资料来源　佚名.杜邦安全生产管理是一门新生意[EB/OL].[2015-02-17].http：//finance.sina.com.cn/manage/zljy/20050606/08491658598.shtml.

问题：杜邦公司是如何进行安全管理的？其有哪些值得仓储企业借鉴的经验？

案例 2：天津集装箱码头爆炸事故

2015 年 8 月 12 日 23 时 30 分左右，天津滨海新区第五大街与跃进路交叉口的一处集装箱码头发生爆炸，发生爆炸的是集装箱内的易燃易爆物品。现场火光冲天，强烈爆炸声后，高数十米的灰白色蘑菇云瞬间腾起。随后爆炸点上空被火光染红，现场附近火焰四溅。第一次爆炸发生在 23 时 34 分 6 秒，近震震级 ML 约 2.3 级，相当于 3 吨 TNT；第二次爆炸发生在30秒钟后，近震震级ML约2.9级，相当于21吨TNT。国家地震台网官方微博"中国地震台网速报"发布消息称："综合网友反馈，天津塘沽、滨海以及河北河间、肃宁、晋州、藁城等地均有震感。"截止到2015年8月13日早8点，距离爆炸已经有8个多小时，大火仍未完全扑灭，因为需要沙土掩埋灭火，需要很长时间。

天津泰达医院是距离爆炸地点最近的一所医院，截至2015年8月13日早上6点，该医院共有431名伤员来院就医，其中收治住院的有60多人。伤员多数是皮外伤，主要为烧伤、胸外伤、骨折、呼吸性损伤。

截至9月11日下午3点，此次事故共发现遇难者165人，8人失联。遇难者为公安消防人员24人，天津港消防人员75人，民警11人，其他人员55人。失联者为天津港消防人员5人，其他人员3人。住院治疗人数233人，其中危重症3人，重症3人，累计出院565人。

数千辆进口汽车在事故中损毁。由于爆炸中心临近进口汽车仓储地，大众、雷诺、路虎等企业受损严重。据估算，数千辆进口新车因爆炸事故焚毁，预估受损新车价值超过20亿元人民币。

2015年8月18日，评级机构惠誉警告，震撼中国港口城市天津的爆炸的保险损失可能高达15亿美元。

截至2015年8月18日，爆炸导致门窗受损的周边居民户数达到17 000多户，另外还有779家商户受损。

资料来源：作者根据相关资料整理。

问题：结合已学知识分析事故原因，并思考集装箱码头的安全管理措施应有哪些？

综合实训

物流仓储企业的质量管理措施

一、实训目的

（1）了解仓储质量评价的常用指标，并学会各种指标的计算和运用；

（2）应用质量管理统计工具对仓储质量进行分析；

（3）了解仓储企业推行ISO 9002标准的基本方法和途径；

（4）分析仓储质量管理措施。

二、实训内容

（1）实地参观一家物流企业，熟悉该企业的质量管理保障体系；

（2）运用物流服务质量指标，衡量其仓储质量水平；

（3）应用质量管理统计工具对该企业的质量管理进行分析，发现问题并提出优化和改进方案；

（4）调研并分析该企业应如何推行质量认证，并如何建立其质量管理体系。

三、背景资料

某物流公司业务相对单一，作业流程也相对简单，公司高管多多少少存在"重市场、轻管理"的思想观念，将精力大多投入到市场开发等具体业务环节，对于企业的管理，包括质量管理等重视不够。该物流公司在运营过程中遇到不少问题，服务质量水平不能得到顾客的完全认同。请设计调查问卷调查该物流公司服务质量现状，并运用统计工具进行具体分析，提出改进措施，帮助该物流公司建立质量管理体系。

四、实训要求

（1）以 5~6 人为一组，对一家物流企业进行考察，合理分工，每人应有明确任务；

（2）针对各项仓储活动，熟悉其质量管理的制度、方法和手段；

（3）根据所学知识，对物流企业的仓储质量管理现状进行分析；

（4）撰写实践报告；

（5）实践报告完成后进行课堂讨论课，相互交流实训经验。

第9章
仓储组织及人员管理

学习目标

知识目标

在学习完本章之后，你应该能够：

◎掌握组织结构设计的基本原理；

◎掌握职权配置的原理与方法，理解规范化管理；

◎掌握人员管理的内容与要求；

◎理解人员组合和群体管理的原理与要求；

◎掌握仓储企业的绩效评价方法。

技能目标

◎利用组织的原理和管理方法管理一个小型组织；

◎利用人员选聘、培训、考核的程序、方法与要求进行模拟考核；

◎利用仓储企业绩效评价的方法对仓储企业进行绩效评价。

引例　A公司的组织管理

　　A公司是一家零售企业，自从成立以来发展迅速。这家公司的规模、收入以及员工数目每年都翻倍。这让公司老总王先生以及他的合伙人难以应付。根据组织专家对主要创立者和一些公司员工的采访以及翻阅各种历史文档，发现以下问题：一是由于公司雇用大量新员工以应付企业成长的需要，所以在选择和培训员工方面考虑不多（员工开玩笑说，有些员工甚至是一时冲动就招进来了）。因此许多员工并不适合他们的职位，不能有效工作。例如，人力资源部门的所有员工（大约20名）都没有受过任何正式的人力资源管理方面的培训。虽然那这些员工已经竭尽所能了，但如果满足企业成长需要，人力资源部门的绩效还需大幅提高。二是公司的发展已经超越了创立者最大胆的预期。以前带来成功的公司战略需要加以修订，要满足全新竞争环境的要求。此外，员工常常抱怨他们一点不了解公司的发展方向，所以新战略需要和员工进行有效沟通。三是一旦公司业务扩展到国外市场，组织结构和组织控制的问题就会出现。公司面临的问题是，如何分配母公司和外国子公司的公司控制权。而且，公司现在还需要具备全球眼光的管理者，为海外公司准备管理者、保持外派管理者的士气和生产率，这些都是关键性问题。

　　这一案例表明：A公司在经营的过程中，由于其规模和组织结构都发生了变化，但公司的管理者却没有跟上组织发展的步伐，致使公司管理出现了严重问题。所以一个企业在发展的过程中，必须设计好自己的组织结构，并随着企业本身的变化进行一些变更。

9.1　仓储组织

9.1.1　组织概述

1）组织的含义、组织工作的含义及特点

（1）组织的含义

组织有两种含义：一方面，组织是人类最一般的、常见的现象，如政府行政机构、军队、工厂企业、公司财团、学校、医院、宗教党派、工会农会等，它代表某一实体本身。另一方面，组织是管理的一大职能，是人与人之间或人与物之间资源配置的活动过程。

不同的学者对组织有不同的解释，如"组织是为了达到某些特定的目标经由分工与协作及不同层次的权力和责任制度，而构成的人的集合"（徐国华），"组织是有既定目标和正式结构的社会实体"（邵冲），美国著名管理学家罗宾斯给组织下的定义是：组织是有确定目标的、拥有精心设计的结构和协调的活动性系统，并且是与外界相联系的一个社会实体。尽管各种解释不同，但基本都指出了组织有如下特征：组织必须具有目标；每个组织都是由人组成的；任何组织都存在分工与合作以及不同层次的权力和责任制度；每个组织都有其独特的文化。

仓储组织就是按照预定的目标，将仓库作业人员与仓库储存手段有效结合起来，完成仓库作业过程各环节的职责，为商品流通提供良好的储存劳务。

（2）组织工作的含义

组织工作是指为有效实现组织目标，建立组织结构，配备人员，并使组织协调运行的一系列活动。从组织工作的含义来看，组织工作是一个过程。设计、建立并维持一种科学的、合理的组织结构，基本上就是组织工作的主要内容。具体地说，组织工作包括以下几个方面：

组织工作的第一步是明确组织的目标和由目标派生出来的各类业务活动，并进一步进行归类。

组织工作的第二步是根据组织的目标和实现目标的各项任务和活动，进行工作设计和部门的划分，再将组织的各类业务活动分配给不同的岗位和部门。

组织工作的第三步就是根据组织结构和职位的需要给各个职位配备人员。

组织工作的第四步是将进行业务工作或活动所必需的职权授予各类人员。对部门管理来说，则是决定应当授予下属多大职权才能使其完成任务。

组织工作的第五步是规定组织结构中的纵向和横向的相互配合关系。管理者不仅需要确定每个部门或每个人的业务活动，还需要将各个部门和每个人的业务活动有机组合，通过职权关系和信息系统，把各层次、各部门连接成为一个有机的整体，并根据组织内外部要素的变化，适时调整组织结构。

（3）组织工作的特点

组织工作是动态的。通过组织工作建立起来的组织结构不是一成不变的，而是随着组织内外环境的变化而变化的。即使组织的内外环境的变化对组织目标影响不大，但随着社会的进步、科技的发展，原有的组织结构不能高效地适应目标的要求时，也需要进行组织结构的调整和变革。所以，组织工作具有动态性的特点。

组织工作应重视非正式组织。由霍桑实验以及梅奥等人的研究成果可知，组织有正式组织和非正式组织之分。非正式组织形式灵活、覆盖面广，比正式组织具有更强的凝聚力。因而，在组织工作中不能忽视非正式组织的作用。

知识链接 9-1

霍桑实验中的群体试验

霍桑实验是心理学史上出名的事件。在美国芝加哥西部电器公司所属的霍桑工厂进行的心理学研究是由哈佛大学的心理学教授梅奥主持的。

霍桑工厂是一个制造电话交换机的工厂，具有较完善的娱乐设施、医疗制度和养老金制度，但工人们仍愤愤不平，生产成绩很不理想。为找出原因，美国国家研究委员会组织研究小组开展实验研究。

霍桑实验共分 4 个阶段，这里仅介绍其第 4 阶段的群体实验：

梅奥等人在这个实验中选择 14 名男工人在单独的房间里从事绕线、焊接和检验工作。对这个班组实行特殊的工人计件工资制度。

实验者原来设想，实行这套奖励办法会使工人更加努力工作，以便得到更多的报酬。但观察的结果发现，产量只保持在中等水平，每个工人的日产量平均都差不多，而且工人并不如实报告产量。经过深入调查发现，这个班组为了维护他们群体的利益，自发地形成了一些规范。他们约定，谁也不能干得太多，突出自己；谁也不能干得太少，影响全组的产量，并且约法三章，不准向管理当局告密，如有人违反这些规定，轻则挖苦谩骂，重则拳打脚踢。进一步调查还发现，工人们之所以维持中等水平的产量，是担心产量提高，管理当局会改变现行奖励制度或裁减人员，使部分工人失业，或者会使干得慢的伙伴受到惩罚。

这一实验表明，为了维护班组内部的团结，工人可以放弃物质利益的引诱。研究者由此提出"非正式群体"的概念，认为在正式的组织中存在着自发形成的非正式群体，这种群体有自己的特殊的行为规范，对人的行为起着调节和控制作用，同时，加强了内部的协作关系。

2）组织工作的基本原理

（1）目标统一原理

目标统一性原理是指组织中每个部门或个人的贡献越是有利于实现组织目标，组织结构就越是合理有效。

组织结构的目的在于把人们承担的所有任务组成一个体系，以便有利于他们共同为实现组织的目标而工作。也就是说，通过把组织目标层层分解为具体目标，落实到组织中的各部门直至个人，来统一组织各部门和个人的活动。

（2）分工协调原理

分工协调原理是指组织结构的设计和组织形式的选择越是能反映目标所必需的各项任务和工作的分工，以及彼此间的协调，组织结构和形式就越是有效。组织结构中的管理层次的分工、部门的分工及职权的分工之间的协调就是分工协调原理的具体体现。

（3）管理宽度原理

管理宽度原理是指组织中管理者有效监督、指挥其直接下属的人数是有限的。管理宽度的限度取决于多方面的因素，管理者应根据影响自身管理宽度的因素来慎重确定自己的理想宽度。

（4）权责一致原理

权责一致原理是指职权和职责必须相符，既要明确规定每一管理层次和各个部门的职责范围，又要赋予完成其职责所必须的管理权限。职责与职权必须协调一致，要履行一定的职责，就应该有相应的职权，这就是权责一致原理的要求。

（5）集权与分权相结合原理

这一原理要求根据组织的实际需要来决定集权与分权的程度。集权和分权是相对的，没有绝对集权的组织，也没有绝对分权的组织。随着社会生产力的发展，分工协作的深化，分权和集权的趋势都在发展。组织究竟是采用集权还是分权，以及多大程度的集权或分权，应视组织的具体情境而定。

（6）稳定性与适应性相结合的原理

这一原理可表述为：组织结构及其形式既要有相对的稳定性，不要总是轻易变动，也必须随组织内外部条件的变化，根据长远目标作出相应的调整。

组织要进行实现目标的有效的活动，就必须维持一种相对平衡的状态，组织越稳定，效率也将越高。组织结构的调整和各部门职权范围的每次重新划分，都会给组织的正常运行带来不利的影响。因此，组织结构不宜频繁调整，应保持相对稳定。但是，当组织结构呈现僵化状态，组织内部效率低下，而且无法适应外部环境的变化或危及生存时，组织的调整与变革就是不可避免的。因为只有调整和变革，才会给组织带来效率和活力。

3）组织内的部门划分

部门是指组织中管理人员为完成规定的任务有权管辖的一个特定的领域。部门划分的目的，在于确定组织中各项任务的分配与责任的归属，以求分工合理、职责分明，有效地达到组织的目标。以银行为例，负责存、取款业务的人员安排在一个工作单位中，负责商业汇兑业务的人员安排于另一个工作单位等。这样的分组是必要的，因为它有利于组织协调，有利于从事同种工作的人员之间的互相交流和学习，也便于领导和管理。

（1）组织部门划分的原则

①确保组织目标的实现。组织部门必要的职能均应具备，以确保目标的实现。在企业中，其主要职能是生产、销售和财务等；在医院里，主要职能是医疗服务等，像此类的职能都必须有相应的部门。当某一个职能与两个以上部门有关联时，应将每一部门所负责的部分加以明确规定。

②职责的明确性与均衡性。各个部门的职责、任务必须十分明确。每个部门该做什么，做到什么程度，有什么要求，承担什么责任，如何与其他部门协作等，都必须有明确的规定。此外，任务的分配要尽量平衡，避免部门与部门之间，以及在同一部门内部忙闲不均。

③力求部门高效精干。部门设计要力戒贪多求全，建立部门的目的不是供人欣赏，也不是控制，而是为了有效地实现目标。部门设计必须精干，一切要以效率为前提。

④应具有弹性。划分部门应随业务的需要而增减。在一定时期划分的部门，其增设和撤销应随业务工作和环境变化的要求而定。对于临时性的工作，可设立临时部门或工作组来解决。一旦工作完成，应立即予以撤销。

⑤部门之间有良好的配合与协调。部门与部门之间既要分工明确，又要协调配合，因为部门划分是相对的，组织是一个整体，每个部门只是整体的一部分，单靠任何一个部门的力量都无法实现组织的整体目标。部门与部门之间要保持高度的协调与协作。

（2）组织部门划分的基本形式

①职能部门化。职能部门化指按职能对生产经营活动进行分组，也就是将业务相近或性质相同的工作划分为一个管理部门，即设立职能部门。实行职能部门化，组织可以依靠各个职能领域的专家进行领导、监督和协调。运用这种方式进行部门化，可以使某些职能部门更加精干，有利于企业中的生产、销售、财务、人力资源管理等活动的开展。这种组织形式的缺点在于：决策慢，职能部门要由整个组织负担其经费，往往易造成机构臃肿、费用高，而其业绩却不易计量与考核。

②产品部门化。产品部门化是根据企业产品类别不同来设立部门，把生产一种产品或产品系列的所有必需的活动组织在一起。产品部门化有利于进行综合协调；加速作出决策和易于评价一个单位的业绩，也便于对其下属各工作单位的业绩做出评价。它可以更快地对环境变化做出反应。然而按产品建立的部门需要为各个职能领域聘用专家。

③顾客部门化。这种部门化是按其服务的顾客为基础来组织各类活动，每个部门所服务的顾客都有一类共同的问题和要求，需要对应的专家才能更好地解决。这种部门化的最大优点是可以按照特定的顾客建立部门以适应他们的特种需要。例如，银行可以按小企业、大企业及居民储蓄分别设立部门。小企业营业部门可以根据小企业的需求进行融资活动，大企业营业部可以根据大企业特点进行信贷活动。这种组织方式的缺点是各部门各需

一套工作班子，用人较多；工作者的负荷有时会不足，但又不易在部门之间进行人员的调度使用。

④地区部门化。其是按地区建立部门，以服务的地区作为分工和组织部门的基础。例如，我国的银行系统，各银行均在各地区建立分行、支行。世界上的一些大企业，特别是跨国公司，均在各主要地区市场建立自己的分公司、子公司。当一个组织的活动与地区的关系特别密切时，这种组织形式是最有效的，它可以适应地区的特种要求与特定的环境。这种组织形式的缺点，在于各地区的部门均需有一大批人员，造成职工队伍庞大。

⑤工艺流程部门化。工艺流程部门化是按照组织活动的特定阶段，按生产活动的不同工艺过程或设备来划分部门。其优点：组织能够发挥人员集中的技术优势，易于协调管理；简化了培训。其缺点：如果一个部门发生问题，将直接影响整个组织目标的完成；部门之间的协作也是一个问题；不利于培养综合型人才。

⑥多种部门化形式的并用。由于组织的日益复杂化和多样化，大部分的组织在单一的整体组织下按不同部门化形式设置其下属部门。复杂的环境因素，加以不同的层次和不同的领域均有其不同的要求，因而组织分工和建立部门不能强求划一，允许根据具体情况和特种需要，采用不同的形式。例如，某企业在公司这一级是按职能进行部门化；在采购职能系统中再按产品建立部门；在产品部门中再分别按顾客、地区建立分部和地区服务部门。

9.1.2　仓储企业组织结构

组织结构设计是指对一个组织的结构进行规划、构造、创新或再构造，以便从组织的结构上确保组织目标的有效实现。

组织结构的设计必须根据组织的复杂性、规范性和集权性程度、组织的目标和任务以及组织的规律、组织内外环境因素的变化来进行规划或再构造组织机构。只有这样组织机构的功能和协调才能达到最优化程度。否则，组织内的各级机构就无法有效运转，也就无法保证组织任务和目标的有效完成和实现。

仓储企业组织按规模大小分为中小型仓储企业组织结构、中型仓储企业组织结构、大型仓储企业组织结构三类，其组织结构设计通常有以下两大类：

1）大型仓储企业适用：事业部型和控股型组织结构

（1）事业部型组织结构

事业部型组织结构是美国通用汽车公司总裁斯隆于1924年提出的，因而也被称为"斯隆模型"。它是目前国内外大型企业普遍采用的一种组织结构形式，其特点是：把企业的生产经营活动按产品或地区不同，建立不同的经营事业部，同时，每个经营事业部是一个利润中心，在总公司领导下，实行统一政策，分散经营，独立核算，自负盈亏，如图9-1所示。它必须具备3个要素：具有独立的产品和市场，是产品责任或市场责任单位；具有独立的利益，实行独立核算，是一个利益责任单位；是一个分权单位，具有足够的权力，能自主经营。

事业部型组织结构的优点如下：

按产品或地区划分事业部后，总公司可以根据各个事业部的资料，对各产品和地区的情况有所了解，能够迅速作出反应。有利于公司的最高领导层摆脱日常行政事务，真正成为强有力的决策机构。

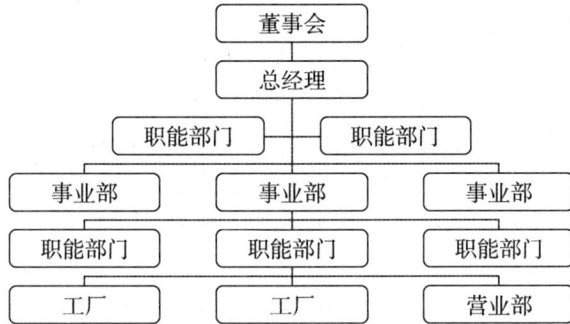

图 9-1 事业部型组织结构图

能加强公司所属各事业部领导人的责任心，充分调动他们搞好企业生产经营活动的积极性和主动性，增强企业生产经营活动的适应能力。

有利于把联合化和专业化结合起来，一个公司可以经营种类很多的产品，形成大型联合企业，而每个事业部及其所属工厂，又可以集中力量生产某一种或几种产品，甚至也可以集中生产产品的某些零件，实现高度专业化。

每一个产品的地区事业部都是一个利润中心，总公司可以从每一个利润中心的盈亏而获知哪一个部门成绩较佳，每个事业部的负责人都要承担责任，容易调动积极性。

事业部型组织结构的缺点如下：

对事业部一级的管理人员水平要求较高。每个事业部都相当于一个单独的企业，事业部经理要熟悉全面业务和管理知识才能胜任工作。

集权与分权关系比较敏感，一旦处理不当，可能削弱整个组织的协调一致。

容易使各事业部只考虑自己的利益，影响各事业部之间的协作。

公司与各事业部的职能机构重叠，用人较多，费用较高。

这种组织结构形式适用于企业规模较大、产品种类较多、各种产品之间的工艺差别也较大、市场条件变化较快、要求适应性比较强的大型联合企业或跨国公司。

（2）控股型组织结构

控股型组织结构是实行公司分权的一种形式，它是在非相关领域开展多元化经营的企业所常用的一种组织结构形式。大公司对非相关或弱相关的经营业务不进行直接的管理和控制，而代之以持股控制。这样，大公司就成为一个持股公司（母公司），受其持股的单位（子公司或关联公司）不但对具体业务有自主经营权，而且是独立的法人。子公司、关联公司和母公司一起构成了以母公司为核心的企业集团，如图9-2所示。

控股型组织结构的主要特点如下：

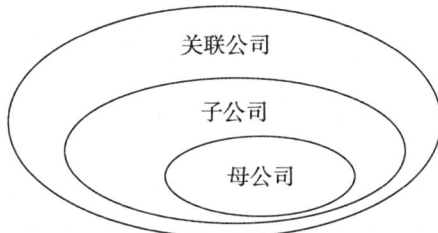

图 9-2 控股型组织结构图

①母公司与它所持股的企业之间不是上下级之间的行政管理关系，而是出资人对被持

股企业的产权管理关系。

②子公司同事业部不同，它在法律上是具有法人资格的独立企业。子公司自主经营、独立核算、自负盈亏，独立承担民事责任。如果事业部是总公司下的一个利润责任中心，则子公司是总公司下属的一个投资责任中心，对所投资产负有保值、增值的责任。母公司作为大股东，对持股单位进行产权管理控制的主要手段是：凭借所掌握的股权向子公司派遣产权代表、董事和监事，通过这些人员在子公司股东会、董事会、监事会中发挥积极作用而影响子公司的经营决策。

控股型组织的优点是母公司不需要承担子公司的债务责任，相对降低了经营风险；子公司要自主经营，自负盈亏，使子公司有较强的责任感和经营积极性。其缺点是母公司对子公司的影响较间接、缓慢，同时缺乏必要的战略联系和协调。母、子公司各为独立纳税单位，互相之间的经营往来及子公司的盈利所得，需双重纳税。

这种形式适用于采用股份制且实行跨行业多种经营的大型集团公司。

2）中小型仓储企业适用：直线型、职能型和直线职能型组织结构

（1）直线型组织结构

直线型组织结构是工业发展初期的一种最简单的组织结构形式。它的特点是：指挥和管理的职能由企业的行政负责人自己执行，下属只接受一个上级的指挥，如图9-3所示。

直线型组织结构的优点是结构简单，易统一指挥，责任和权限比较明确，有利于迅速作出决定；指挥和管理工作集中在企业行政负责人一人手中，下属不会得到互相抵触的指令，便于全面执行纪律和进行监督。

直线型组织结构的缺点是如果企业规模较大、业务复杂，所有管理职能仍要由一人承担，就要找到全能的管理者，但这是非常困难的事，领导者忙于日常业务，不能有效决策。

适用范围：没有必要按职能实行专业化管理的小型企业或要进行现场作业管理的企业。

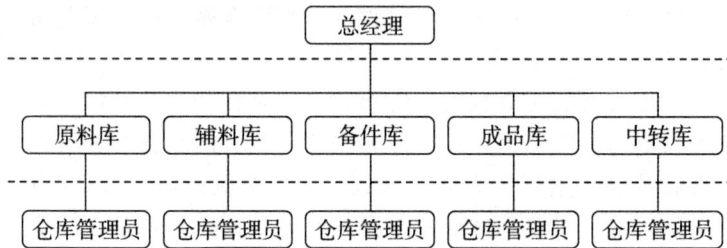

图9-3　直线型组织结构图

（2）职能型组织结构

职能型组织结构与直线型组织结构恰好相反，它的各级管理人员都配有通晓各种业务的专门人员和职能机构作为辅助者直接向下发号施令。这种结构有利于对整个企业实行专业化的管理，发挥企业各方面专家的作用，减轻各级管理领导的工作负担，如图9-4所示。

职能型组织结构的突出缺点是，由于实行多头领导，往往政出多门，易出现指挥和命令不统一的现象，妨碍企业生产经营活动的统一指挥，容易造成管理混乱，不利于责任制的推行，也有碍于工作效率的提高，因此，在实际中应用较少。

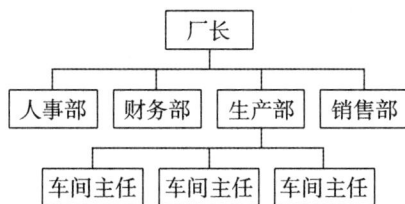

图 9-4 职能型组织结构图

（3）直线职能型组织结构

直线职能型组织结构是各类组织中最常采用的一种模式。这种组织结构是按照一定的职能专业分工，各级都建立职能机构担负计划、生产、人事、销售、财务等方面的管理工作，各级领导都有相应的职能机构作为助手，从而发挥了职能机构的专业管理作用。整个系统中管理人员分为两类，一类是直线指挥人员，相当于军队中的各级军官，他们可以对下级发号施令；另一类是职能人员相当于军队中的参谋、后勤人员，他们只能对下级机构进行业务指导，而不能直接对下级发号施令，除非上级直线人员授予他们某种权力。这种划分保证了统一的生产指挥和管理。另外，这种结构导致权力高度集中，凡不能在一个部门范围内作出决定的问题，最后必须由厂长作出，如图 9-5 所示。

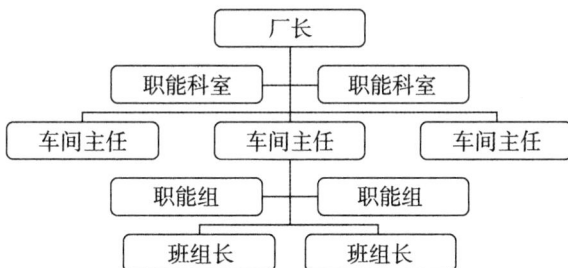

图 9-5 直线职能型组织结构图

直线职能结构之所以被广泛地采用，是由于它具有许多优点：

这种结构分工细密，任务明确，且各个部门的职责具有明显的界限。各职能部门仅对自己应做的工作负有责任，可以专心从事这方面工作，因此有较高的效率。这种结构的稳定性较高，在外部环境变化不大的情况下，易于发挥组织的集团效率。

直线职能型组织结构的缺点如下：

①缺乏信息交流，各部门缺乏全局观点，不同的职能机构之间，职能人员与指挥人员之间目标不易统一，矛盾较多，最高领导者的协调工作量大。这种结构还不易于从企业内部培养熟悉全面情况的管理人才，促使职能人员仅重视其有关的专业知识和才能，而不重视管理。

②这种结构使整个组织系统刚性较大，分工很细，手续繁杂，反应较慢，不易迅速适应新的情况。

直线职能型组织结构一般在企业规模比较小、产品品种比较简单、工艺比较稳定、市场销售情况比较容易掌握的情况下采用。

9.2 仓储人员管理

现代企业要快速发展，强大的内部凝聚力是很重要的，而有效的人员管理则是保证公司内部凝聚力的重要方法。众所周知，企业管理的根本是人员管理。随着企业不断发展壮大，很多人会发现，管理者80%的时间都花在考虑人员管理的问题上。如何防止企业陷入各种文山会海，如何处理下属之间的明争暗斗，这些经常是企业管理者们最苦恼的问题。其实，我们应当知道：管理是一门科学，领导是一门艺术，用人是一种谋略。其主要职责是：协调人员之间的关系，引导建立积极向上的工作环境。

案例分析9-1

动物故事所蕴含的管理意义——"群体增量"现象

生物中最勤劳者莫过于蚂蚁，它们能够以惊人的速度将超过自身体重数倍的东西拖回蚁巢。即便是这样，蚂蚁的工作潜能仍然很大。

有人把蚂蚁放在大玻璃瓶内，观察它们在独自情况下和三两成群时的活动情形。结果发现，蚂蚁的数目增加时，蚂蚁工作量也增加，独自在瓶中的蚂蚁只要增加一只新蚂蚁，它的工作就更起劲，加入第三只时，原来两只的活动反应加速；两只活动率不同的蚂蚁共同活动时，活动率渐趋一致。这说明群体因素助长了工作效率。这样的现象也见于其他动物。动物研究者发现，有同类在旁边时，鸡、鱼、老鼠吃得多些；马、狗、蟑螂跑得快些；小鸡啄食的次数要多些。人类活动也是一样。

分析：本案中蚂蚁要实现群体增量，必须培育出一个良好的"群体生态系统"。对于一个企业来讲，内部的用人机制、管理机制以及由此产生的群体氛围，是形成良性群体生态系统的关键要素。

9.2.1　仓储管理人员分类及其职责

1）管理人员的分类方法

按其所处的管理层次可分为高层管理人员、中层管理人员和基层管理人员。

按其所从事管理工作的领域及专业不同，可以分为综合管理人员和专业管理人员。综合管理人员是指负责管理整个组织或组织中某个事业部全部活动的管理者。专业管理人员仅仅负责管理组织中某一类活动（或职能）。

2）管理人员的来源

对于仓储企业的管理人员可以通过不同途径选择。

管理人员需要量的确定，包括：组织现有的规模、机构和岗位；管理人员的流动率；组织发展的需要。

对管理人员综合素质的考虑，包括：管理的愿望；良好的品德；勇于创新的精神；较强的决策能力；沟通的技能。

组织中管理人员的来源有两个：外部招聘和内部提升。

（1）外部招聘

外部招聘是从组织外部招聘德才兼备的能人加盟进来。

外部招聘管理人员具有以下优点：

①被聘人员具有外来优势。所谓外来优势主要是指被聘者没有外来包袱，组织内部成员（部下）只知其目前的工作能力和工作情况，而对其历史、特别是职业生涯中的失败记

录知之甚少。如果被证明有工作能力，便可迅速地打开工作局面。相反，如果从内部提升，部下可能对上司在成长过程中的失败教训有着非常深刻的印象，从而可能影响后者大胆地放手工作。

②有利于平息组织内部竞争者之间的紧张关系。组织中的空缺管理职位可能有好几个竞争者希望得到，每个人都希望有晋升的机会。如果员工发现自己的同事提升，而自己未果时，就可能产生不满情绪，懈怠工作、不听管理、甚至拆台。从外部选聘可能使这些紧张的关系得以缓和。

③能够为组织带来新鲜空气。来自外部的候选人可以为组织带来新的管理方法与管理理念。他们往往没有太多的框框程序束缚，工作起来可以放开手脚，从而给组织带来更多的创新机会。此外，由于他们新近加入组织，没有与上级或下级历史上的个人恩怨，在工作中可以很少顾及人情。

外部招聘也有许多局限性，主要表现在：

①外部人员不熟悉组织的内部情况，也缺乏一定的人事基础，因此需要一段时间的适应才能进行有效工作。

②组织对应聘者的情况不能深入了解。虽然选聘时可借鉴一定的测试、评估方法，但一个人的能力是很难通过几次短暂的会晤、几次书面测试而得到正确的反映的。被聘者的实际工作能力与选聘时可能有很大的差距，由此组织可能会聘用一些不符合要求的管理人员。这种错误的选聘可能给组织造成极大的危害。

③外聘人员的最大局限莫过于对内部员工的打击。大多数员工都希望在组织中有不断发展的机会，都希望能够担任越来越重要的工作。如果组织经常从外部招聘管理人员，且形成制度和习惯，则会堵死内部员工的升迁之路，挫伤他们的工作积极性，影响他们的士气。同时，有才华、有发展潜力的外部人才在了解这种情况后也不敢来面试了，因为一旦应聘，虽然在组织中的起点很高，但今后提升的机会却很少。

由于这些局限性，许多成功的企业强调不应轻易从外部招聘管理人员，而主张采用内部培养和提升的方法。

（2）内部提升

内部提升是指组织成员的能力增强并得到充分证实后，被委以承担更大责任的更高职务。

内部提升管理人员具有以下优点：

①利于鼓舞士气，提高工作热情，调动组织成员的工作积极性。内部提升制度给每个人带来希望，能更好地维持成员对组织的忠诚，使那些有发展潜力的员工自觉地积极工作，以促进组织的发展，从而为自己创造更多的提升机会。

②有利于吸引外部人才。内部提升制度表面上是排斥外部人才、不利于吸引外部优秀管理人员，但实质上，真正有发展潜力的管理者知道，加入到这种组织中，担任管理职务的起点可能较低，有时甚至需要一切从头做起，但是凭借自己的知识和能力，花较少时间便可熟悉基层业务，能顺利地提升到较高管理层次。

③有利于保证选聘工作的正确性。已经在组织中工作过若干时间的候选人，组织对他的了解程度必然较高，使选聘工作的正确程度大大提高。

④有利于使被聘者迅速展开工作。在内部成长提升上来的管理人员，较为熟悉组织中

错综复杂的机构和人事关系，了解组织运行的特点，所以可以迅速地适应新的管理工作，工作起来要比外聘者显得得心应手，能迅速打开局面。

内部提升制度的弊端主要有：引起同事的不满。在若干个内部候选人中提升一个管理人员，可能会使落选者产生不满情绪，不利于被提升者展开工作，可能造成"近亲繁殖"的现象。从内部提升的管理人员往往喜欢模仿上级的管理方法。这有可能使不良作风得以强化，不利于组织的管理创新和管理水平的提高。

案例分析9-2

超市招聘

丽娜是美国西部某超级市场的南方地区分部经理。丽娜手下有5位片区主管人员向她汇报工作，而每个片区主管人员分别监管8~12家商店的营业。

一天，丽娜正在查看送来的早晨工作报告，内部通信联络系统传来了她秘书的声音："你看过今天晨报的商务版了吗？"丽娜应答："没有，什么事啊？""报上说查克已经接受了安途公司亚利桑那地区经理的职位"。丽娜马上站起来去看与她有关的这篇文章。

丽娜的关心并不是没有根据的。查克是她手下的一位片区主管，他已在目前的职务上干了4年。该公司是从阿尔法贝塔商业中心将他聘过来的，他那时是个商店经理。丽娜从报纸上得知查克离职的消息，觉得内心受到了伤害，但她知道自己需要尽快恢复过来。对她而言更重要的是，查克是位很有成效的监管人员，他管辖的片区一直超过其他4个片区的绩效。丽娜到哪儿去找这样一位能干的顶替者呢？

几天过去了。丽娜同查克谈了一次话，诚恳地祝愿他在新工作岗位上顺利。最后，丽娜决定将她属下的一个小片区的主管人员调换到查克分管的片区，同时她也立即着手寻找合适的人选填补该小片区主管的空缺。

丽娜找出片区主管人员职位的职务说明书（没有职务规范）。该项职务的职责包括：确保达到公司订立的整洁、服务和产品质量的标准；监管商店经理的工作并评价其绩效；提供片区的月份、季度和年度收入和成本预估；为总部或下属商店经理提出节约开支建议；协调进货；与供应商协商广告宣传合作方案；以及参与同工会的谈判。

分析：此案中，查克作为公司的监管人员，一直很努力，然而却没有得到应有的提升机会，所以他跳槽了。一个企业对其管理人员在工作期间应该进行合理的激励以使人尽其才，内部提升就是一种很好的方式，丽娜却没有很好地利用。该单位的职务说明书在这方面也是存在缺漏的。

3）管理人员的培训模式

（1）职业模拟

职业模拟就是假设一种特定的工作情景，由若干个受训组织或小组，代表不同的组织或个人，扮演各种特定的角色，例如总经理、财务经理、营销经理、秘书、会计、管理人员等。他们要针对特定的条件、环境及工作任务进行分析、决策和运作。这种职业模拟培训旨在让受训者身临其境，以提高自身的适应能力和实际工作能力。近年来，在国际上出现了一种职业模拟公司。

案例分析9-3

职业模拟——某国际植物贸易公司

某国际植物贸易公司经营各种花卉，公司业务十分繁忙，但是其并不真正卖花，而是专为受训者提供相应的职位模拟工作。在这家公司里，客户由秘书介绍并引进销售部，双方激烈地讨价还价并签订合同。假若存货过多，公司立即设计出特价优惠广告，供促销员外出推销。然后管理者发出工资单，公司也对失职员工"炒鱿鱼"等。但是，这些运作只是模拟，公司并未卖出一盆花，资金流动只停留在纸面上，工资、奖金全是"空头支票"。它只是让受训售货员置身其中，让其在公司运作氛围中提高实际工作能力。

分析：虽然是职业模拟，但其展现了真实的工作情景。

（2）分级选拔

分级选拔培训模式就是通过层层挑选出优秀的候选人，经过开发培训，担当企业中更高一级的管理职务的培训模式。

在分级选拔过程中，工作能力强、有效率的员工都有获得提升、加薪的同等机会，而能力差的员工被淘汰，这种选拔方式充分调动了全体员工的积极性，使员工永远有一种新鲜感、价值感、压力感、挑战性，并创造性地为企业工作。

层层选拔中，贯穿了层层培训，把管理人员的选拔与培训以及工作实践有机地结合起来。这种培训既选拔了对公司有用的人才，又提高了管理人员的知识和技能，是一种有效的激励培训。

分级选拔中，公司安排每一级别的管理人员进行管理知识的特定训练与考核，培训"对症下药"，这样既提高了高层管理者的判断决策能力、统帅能力以及经营管理能力，又提高了中层管理人员的经济管理知识和本职工作岗位的专业知识、技术能力，还提高了基层管理人员生产第一线的指挥能力和处理生产技术问题的能力。培训应循序渐进，符合人类的认识规律。

案例分析9-4

美国柏克德公司的分级选拔

美国柏克德公司是从事基本工程建设的大公司，该公司的员工多达30 000余人，其管理人员的培训选拔具有与众不同的特色。其程序表现在以下三个步骤：其一，公司从200 000多名管理人员和工程师中，根据其表现及综合素质首先选拔出5 000人作为基层领导的候选人，随后要求他们自学管理知识，并且分期分批组织他们参加40小时的特定训练，再从这5 000名候选人中选拔出3 000名左右公司需要的基层领导人；其二，从这些基层管理人员中选拔出1 100人参加"管理工作基础"的培训与考核，再从中选拔出600人并分别进行特定的岗位专业训练，让其担任各专业经理的职务；其三，再从这些专业经理人员中挑选出300人，经过十分严格的考核训练，以补充高层经理的需要（包括各公司的总经理、副总经理等）。

资料来源：佚名.管理人员培训四模式二、分级选拔培训模式[EB/OL].[2015-06-29].http://www.8848cc.com/bk2/11/10235-2699-16-97.html.

分析：该案例说明分级选拔在企业中很实用。

（3）职务轮换

职务轮换的主要目的旨在拓宽管理人员或潜在管理人员的知识面。通过各种不同岗位的职务轮换，使受训者全面掌握企业各种岗位的管理知识和艺术。职务轮换的表现形式比较多，如各种主管人员之间、副职与副职之间、正职与副职之间、各种不同的管理职位之间等都可进行不定期的职务轮换。日本丰田公司每5年对各级管理人员进行1次职务轮换，调换幅度为5%左右，调换的工作岗位通常是本单位相关部门。

（4）案例评点

企业管理人员培训最为关键的是决策能力的培训，而案例评点培训正是提高管理人员决策艺术及其分析和解决问题的能力的有效培训模式。案例评点培训的程序包括如下几个方面：

一是案例的遴选。培训师选择案例要有真实性，是社会经济生活中确实存在的事例，切忌哗众取宠而虚构案例；案例还要有启迪性，启迪管理人员阐述自己的看法，分析问题并提出解决问题的手段。

二是实际角色分析案例。培训师将案例发给学员并提出问题让学员预习案例；在粗略提示中引而不发，含而不露；然后要求学员进入角色，在独立分析思考问题的基础上拿出解决问题的方案和办法；随后进行课堂发言，在交流中培训师引导发言，鼓励交锋，提倡创新，控制课堂局面。这样，既丰富了学员的实践经验，又提高了学员思想理论水平，还能碰撞出新的智慧的火花。

三是进行案例的点评和升华。同一案例，由于学员能力、经历和水平不同，可能解决案例中问题的手段和方案也各不相同，甚至完全相悖。解决问题的方法可能多达几十种。实际上现实社会经济生活中的许多问题多半没有一种精确的答案，也没有一个固定不变的结论。因此，培训师在进行案例评点时要注意激发学员去思考、去探索、去创新。在评点中要结合学员的实践；要注意每一方案的闪光点；要启发学员去联想、对比、创新；不要把结论约束在某一方案的窄巷里。总之，让学员从多角度、多层次、多渠道去解决案例中要解决的问题，使点评升华，使学员决策能力有显著提高。

4）仓储企业管理人员的分类和职责

仓储企业的人员配置由经理、助理、叉车组、装卸搬运组、仓管组及业务组成员构成。

仓储企业管理人员的主要职责包含：负责企业各类管理制度的制定与执行；企业中各项工作的流程、操作标准的制定与执行；管理存储和保管各类物资，控制库存，尽量减少库存损失等工作；有权参与企业相关制度、政策的制定，并提出相应建议；有权对企业的库存管理、采购工作提出意见和建议；有权拒绝手续不全、不合格物资的出入库；要求相关部门配合相关工作的权力等。

仓储企业经理的岗位职责，其应根据企业年度经营计划及战略发展规划，制订仓储工作计划及业务发展规划；根据企业仓储工作特点，编制各项工作流程及操作标准并监督执行；根据生产任务安排，做好物料、工具等物资的收发，保证质量和生产的需要。

仓储企业经理助理的岗位职责，其包括协助仓储企业经理制定与修改仓储管理、出入库等各项规章制度；协助仓储企业经理制定和完善仓储企业的各项工作流程、操作规范等。

入库验收主管的岗位职责，其包括负责制定所有物资的入库验收作业规范，并监督实施；落实执行所有物资的入库验收工作，并出具入库验收报告；协助采购部处理不合格材料、货物的退货工作等。

入库验收专员岗位职责，主要工作是协助验收主管制定物资入库验收作业规范，并严格参照执行；拒收进料中的不合格材料和物件等。

仓库管理员岗位职责包括在各仓库主管领导下，负责仓库的物料保管、验收、入库、出库等工作。

对每天每项收、发、存业务的运行状况实行检查与掌握，发现问题立即处理，确保仓库作业流程及各项制度的执行状况良好。各仓库应建立详细反映物品仓储的明细账，登账的主要内容有：物品名称、规格、数量、件数、累计数或结存数、存货人或提货人、批次、金额，注明货位号或运输工具、接（发）货经办人。

案例分析9-5

某公司库管岗位职责

（1）每天按指定时间完成填写库存报表及采购申请工作，要求标明物品的名称、数量、单价、规格、库存量、申购量等内容。

（2）严格检验入库货物，根据有效到货清单，核准物品的数量、质量等，方可办理入库手续。

（3）根据使用部门需要量及物料性质，选择适当的摆放方式，轻拿轻放，分类明细，避免人为损坏及堆放杂乱带来的不便，科学安排库房物品布局，做到整齐、美观、方便。

（4）物品入库后要马上入账，准确登记。

（5）物品出库时要按照有关规定办理，手续不全不得发货。有特殊情况，需有关领导签字批准。发货时按出库单办理出库手续，削减账卡。

（6）做好月盘点工作，做到物卡相符、账物相等、账账相符。

（7）主动与使用部门联系，了解物品的消耗情况，防止因缺少沟通造成的物品短缺。

分析：从该案例中我们可以看到作为库存管理员每一步都要做到认真细致，且要有积极的责任心才能做好这项工作。

9.2.2 仓储管理绩效考核

仓储管理绩效考核是指在一定的经营期间内仓储企业利用指标对经营效益和经营业绩以及服务水平进行考核，以加强仓储管理工作，提高管理的业务和技术水平。

1）仓储管理绩效考核的意义

不论在企业物流系统中还是在社会物流系统中，仓库都担负着货主企业生产经营所需的各种物品的收发、储存、保管保养、控制、监督和保证及时供应货主企业生产和销售经营需要等多种任务。这些活动对于货主企业是否能够按计划完成生产经营目标、控制仓储成本和物流总成本至关重要。因此仓库有必要建立起系统科学的仓储管理绩效考核指标体系。

仓储管理绩效考核指标是仓储管理成果的集中体现，是衡量仓储管理水平高低的尺度。利用指标考核仓储管理的意义在于对内加强管理、降低仓储成本；对外进行市场开发、接受客户评价。

（1）对内加强管理、降低仓储成本

仓库可以利用绩效考核指标对内考核仓库各个环节的计划执行情况，纠正运作过程中出现的偏差。具体表现如下：

①有利于提高仓储管理水平。仓库生产绩效考核指标体系中的每一项指标都反映某部分工作或全部工作的一个侧面。通过对指标的分析，能发现工作中存在的问题。特别是对几个指标的综合分析，能找到彼此间联系和关键问题之所在，从而为计划的制订、修改，以及仓储管理的控制提供依据。

②有利于落实岗位责任制。指标是衡量每一个工作环节作业量、作业质量以及作业效率和效益的尺度，是仓库掌握各岗位计划执行情况、实行按劳分配和进行各种奖励的依据。

③有利于仓库设施设备的现代化改造。一定数量和水平的设施和设备是保证仓储管理活动高效运行的必要条件，通过对比作业量系数、设备利用率等指标，可以及时发现仓库作业流程的薄弱环节，以便仓库有计划、有步骤地进行技术改造和设备更新。

④有利于提高仓储经济效益。经济效益是衡量仓库工作的重要标志，通过指标考核与分析，可以对仓库的各项活动进行全面检查、比较、分析，确定合理的仓库作业定额指标，制订优化的仓储作业方案，从而提高仓库利用率、提高客户服务水平、降低仓储成本，以合理的劳动消耗获得理想的经济效益。

（2）进行市场开发、接受客户评价

仓库还可以充分利用生产绩效考核指标对外进行市场开发和客户关系维护，给货主企业提供相对应的质量评价指标和参考数据。具体表现如下：

①有利于说服客户和扩大市场占有率。货主企业在仓储市场中寻找供应商的时候，在同等价格的基础上，服务水平通常是最重要的因素。如果仓库能提供令客户信服的服务指标体系和数据，将在竞争中获得有利地位。

②有利于稳定客户关系。在我国目前的物流市场中，以供应链方式确定下来的供需关系并不太多，供需双方的合作通常以1年为期，到期客户将对物流供应商进行评价，以决定今后是否继续合作，这时如果客户评价指标反映良好，将使仓库继续拥有这一合作伙伴。

2）仓储管理绩效评价方法

（1）对比分析法

对比分析法是将两个或两个以上有内在联系、可比的指标（或数量）进行对比，从对比中找矛盾、寻差距、查原因。

①计划完成情况的对比分析

计划完成情况的对比分析是将同类指标的实际完成数或预计完成数与计划数进行对比分析，从而反映计划完成的绝对数和相对程度，分析计划完成或未完成的具体原因。

②纵向动态对比分析

纵向动态对比分析是将不同时间上的相同种类的仓储经济效益指标进行对比，可以是本期与基期（或上期）比，也可以是本期与历史同期实际指标比、与历史平均水平比、与历史最高水平比等。

③横向类比分析

横向类比分析是指同一时期、不同空间条件下，相同类型的仓储经济效益指标的对比分析。

案例分析9-6

永纬公司营业收入纵向对比分析见表9-1。

表9-1 永纬公司营业收入纵向对比分析表 单位：万元

项目	本公司资料			行业平均	增减额		
	2013年	计划数	2014年		比2013年	比计划	比行业
营业收入	810 000	840 000	900 000	850 000	90 000	60 000	50 000

分析：永纬公司2014年营业收入比2013年增加90 000万元，比计划增加60 000万元，高于行业平均水平，说明公司在营业方面取得一定业绩，在行业中处于先进水平。

④结构对比分析

结构对比分析是将总体分为不同性质的各部分，通过部分指标与总体指标之比，反映事物内部构成情况，一般用百分数表示。

案例分析9-7

永纬公司资产比较表（部分）见表9-2。

表9-2 永纬公司资产比较纵向对比分析表（部分）

	资产（万元）		增减变动	
	2013年12月31日	2014年12月31日	金额（万元）	百分比（%）
货币资金	152 379.68	164 551.57	12 171.89	7.99
应收账款	152 379.68	164 551.57	12 171.89	7.99
存货	95 607.87	110 431.56	14 823.69	15.50
固定资产	645 702.62	594 130.03	−51 572.59	−7.99
交易性金融资产	275 056.52	276 421.89	1 365.37	0.50
资产总计	1 321 126.37	1 310 086.62	−11 039.75	−0.84

分析：永纬公司2014年总资产比2013年减少0.84%，其中货币资金增加7.99%，应收账款增加7.99%，存货增加15.50%，固定资产减少7.99%，由于固定资产金额变动大，所以对总的百分比影响稍大。

（2）因素分析法

因素分析法是在分析某一因素变动对总指标变动的影响时，假定只有这个因素在变动，而其余因素是固定不变的，其为固定因素，然后逐个进行替代，使某一项因素单独变化，从而得到每项因素对该指标的影响程度。

因果分析图法是因素分析法的一种，又称 5M 因素法，5M 因素包括人、机、料、法、环。"人"指的是问题产生人为的因素有哪些；"机"指软、硬件条件对于事件的影响；"料"指基础的准备以及物料；"法"指与事件相关的方式与方法问题是否正确有效；"环"指的是内外部环境因素的影响。

这种方法是按事物之间的因果关系，知因测果或倒果查因。因果预测分析是整个预测分析的基础。

因果分析图法（技术）运用于项目管理中，就是以结果作为特性，以原因作为因素，逐步深入研究和讨论项目目前存在问题的方法。

一旦确定了因果分析图，项目团队就应该对之进行解释说明，通过数据统计分析、测试、收集有关问题的更多数据或与客户沟通来确认最基本的原因。确认了基本原因之后，项目团队就可以开始制订解决方案并进行改进，如图 9-6 所示。

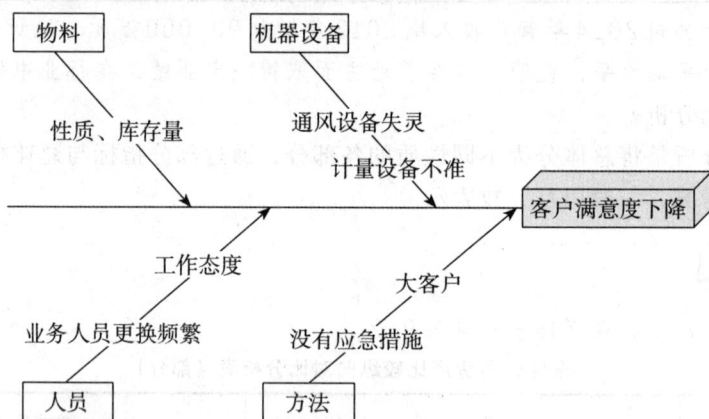

图 9-6 因果分析图

3）仓储管理绩效考核指标体系

（1）仓储管理绩效考核指标制定应遵循的原则

为了保证仓储管理绩效考核真正发挥作用，指标体系的科学制定和严格实施及管理非常重要。

科学性。科学性原则要求所设计的指标体系能够客观如实地反映仓库发生的所有环节和活动要素。

可行性。可行性原则要求所设计的指标便于工作人员掌握和运用，数据容易获得，便于统计计算，便于分析比较。

协调性。协调性原则要求各项指标之间相互联系、互相制约，但是不能相互矛盾和重复。

可比性。在对指标的分析过程中，很重要的是对指标进行比较，如实际完成与计划相比、现在与过去相比、与同行相比等，所以可比性原则要求指标在期间、内容等方面要一致，使指标具有可比性。

稳定性。稳定性原则要求指标一旦确定之后，应在一定时期内保持相对稳定，不宜经常变动、频繁修改。在执行一段时间后，经过总结再进行改进和完善。

（2）资源利用程度方面的指标

①仓库面积利用率

仓库面积利用率是仓库可利用面积与仓库建筑总面积的比率，是衡量仓库利用程度的重要指标，也是反映仓库管理工作水平的主要经济指标之一，它为分析仓库的实际利用效率高低、挖潜多储提供了依据。

首先必须明确以下几个面积概念：

建筑面积。其通常是指库房建筑面积。其计算方法是从库房外墙基丈量长和宽相乘的面积，仓库各层相加。

实际面积。其是库房内墙丈量长乘以宽的面积，减去障碍物建筑物（立柱、隔墙、楼梯）占用的面积。

可用面积。其是实际面积减去干道、支道、墙距、柱距占用的面积。

使用面积。其是商品货垛实占面积。

$$仓库面积利用率=\frac{仓库可利用面积}{仓库建筑面积}\times100\% \qquad (9-1)$$

仓库面积利用率越大，表明仓库面积的有效使用情况越好。

案例分析9-8

（多层平面仓库）数据

项目	面积/比率
仓库建筑面积（内）	8 366.4平方米
电梯间及楼梯	1 048.8平方米
墙边通道	343.975平方米
空调、消防	246.03平方米
柱子面积	216.32平方米
小库	658.845平方米
冷藏仓库	36.6025平方米
使用面积	5 815.8275平方米
使用率	69.51%
支道占用面积	1 052.7平方米
库位间距	339.2平方米
可利用面积	4 423.9275平方米
利用率	52.88%

分析：说明该企业仓库利用率较低，应该想办法提升。

②仓容利用率

仓容利用率是库存商品实际数量或容积与仓库应存放数量或容积的比率。

$$仓容利用率=\frac{库存商品实际数量或容积}{仓库应存数量或容积}\times100\% \qquad (9-2)$$

仓库面积利用率和仓容利用率是反映仓库管理工作水平的主要经济指标。

知识链接9-2

深圳青啤是如何提高仓容利用率的

人们走进深圳青啤工厂内部，首先看到的是整整齐齐堆放成一板一板的直立空瓶（青岛纯生必须用新瓶），据介绍这是深圳青啤2013年下半年对供应商的新要求，其之前全用麻袋运输和装卸，不仅物流效率低下，更重要的是上灌装线（生产线）时需按上线的要求进行人工转换，增加了物流环节，使得成本高、效率低下。如今通过托盘化运作，最小流通单位由袋改为板，整个物流过程中的搬运、装卸、储存、运输、上线等均以集装化方式运作，效率得到提高，可以直接运到生产线旁边。

深圳青啤的成品仓有3个，与成品罐装线形成"凸"字格局，总面积24 000平方米的仓库相当于3个足球场面积的空间，库存能力达16 000吨，但仅由13人管理，平均每人管理1 800平方米。而在此之前的管理比较粗放，仓容利用率不高，见空就放使得库内通道堵塞及查找耽误，常出现发货延迟的现象。随着产量持续走高，仓储资源显得严重不足。2011年物流管理系统被全面引入，通过精细测量，整体规划出储位和通道，使得仓储能力提高了20%以上。

由于啤酒是重货，堆放高度和空间利用率形成矛盾，深圳青啤人从平面到空间进行了各方面的优化与挖潜。为充分利用仓库高度，深圳青啤经过优化托盘码放，加强了底层的承受力。其将托盘定为3层标准，在考虑充分利用面积的前提下，深圳青啤先后选用过1 200毫米×1 000毫米和1 000毫米×1 000毫米规格的托盘，但最终选定为1 100毫米×1 100毫米的规格，这一方面是因为与啤酒小箱包装吻合度最高，另一方面与集装箱或箱式货车的230毫米的宽度形成匹配。

要将1 100毫米×1 100毫米的托盘一层层叠起来，自然少不了叉车司机的驾驶技术。为帮助司机提高技术，在白天操作过程中，深圳青啤安排专人拍摄叉车行驶路径及货叉取货、入位的全过程，晚上进行放映，让大家集中讨论需要改善的操作动作。

因生产批次数量有多有少，对储位能力的需求大小不一，为了提高仓容利用率，更好地实现先进先出，管理者将仓库储位分为标准的大储位（比如某区60板为一个储位）和随机的小储位来实现仓储能力的柔性，从而满足多样化的需求。

资料来源：佚名.深圳青啤是如何提高仓容利用率的[EB/OL].[2014-01-10].http：//www.chinaibeer.com/_d276399913.htm.

③设备完好率

设备完好率指的是完好的生产设备在全部生产设备中的比重，它是反映企业设备技术状况和评价设备管理工作水平的一个重要指标。

$$设备完好率 = \frac{期内设备完好台日数}{同周期设备总台日数} \times 100\% \tag{9-3}$$

期内设备完好台日数是指设备处于良好状态的累计台日数，其中不包括正在修理或待修理设备的台日数。

④设备利用率

设备利用率是指每年度设备实际使用时间占计划用时的百分比，是指设备的使用效率，是反映设备工作状态及生产效率的技术经济指标。

$$设备利用率=\frac{全部设备实际工作时数}{同期设备日历工作时数}\times100\% \tag{9-4}$$

设备利用率是考核运输、装卸搬运、加工、分拣等设备利用程度的指标。

⑤设备作业能力利用率

设备作业能力利用率是某种设备实际被占用的能力与该种设备的现有能力之比，是衡量设备运行效率的指标。

$$设备作业能力利用率=\frac{计划期内设备作业能力}{计划期内设备技术作业能力}\times100\% \tag{9-5}$$

⑥装卸设备起重量利用率

装卸设备起重量利用率是衡量装卸设备运行效率的指标。

$$装卸设备起重量利用率=\frac{计划期内设备每次平均起重量}{设备额定起重量}\times100\% \tag{9-6}$$

⑦资金利用率

资金利用率是仓储企业资金利用效率的一个指标。

$$资金利用率=\frac{利润总额}{固定资产平均占用额+流动资金平均占用额}\times100\% \tag{9-7}$$

⑧全员劳动生产率

全员劳动生产率指根据产品的价值量指标计算的平均每一个从业人员在单位时间内的企业生产效率，是考核企业经济活动的重要指标，是企业生产技术水平、经营管理水平、职工技术熟练程度和劳动积极性的综合表现。对于仓储企业来说，全员劳动生产率是将企业的年利润除以同一时期全部从业人员的平均人数来计算的。

$$全员劳动生产率=\frac{利润总额}{同期平均全员人数}\times100\% \tag{9-8}$$

（3）服务水平方面的指标

①客户满意程度

客户满意程度是对服务性行业的顾客满意度调查系统的简称，是一个相对的概念，是客户期望值与客户体验的匹配程度。换言之，就是客户通过对一种产品可感知的效果与其期望值相比较后得出的指数。

$$客户满意程度=\frac{满足客户要求数量}{客户要求数量}\times100\% \tag{9-9}$$

②缺货率

缺货率指客户需要的货源因缺货或种种原因没有按时达到，一段时间后，统计缺货的数量与总订货次数的比例。

$$缺货率=\frac{缺货次数}{客户订货次数}\times100\% \tag{9-10}$$

③准时交货率

准时交货率是指下层供应商在一定时间内准时交货的次数占其总交货次数的百分比。供应商准时交货率低，说明其协作配套的生产能力达不到要求，或者是对生产过程的组织管理跟不上供应链运行的要求；供应商准时交货率高，说明其生产能力强，生产管理水平高。

$$准时交货率=\frac{准时交货次数}{总交货次数}\times100\% \tag{9-11}$$

④货损货差赔偿费率

货损货差赔偿费率是由于自身的服务水平有限导致商品的破损，要付出一定的赔偿金额，这部分金额占同期业务收入总额的比率，其衡量商品的破损给公司带来的损失。

$$货损货差赔偿费率 = \frac{货损货差赔偿费总额}{同期业务收入总额} \times 100\% \tag{9-12}$$

（4）能力与质量方面的指标

①货物吞吐量是指一定期间内进出库货物的总量，一般以吨表示。指标计算通常以年吞吐量计算。

$$货物吞吐量 = 货物总进库量 + 货物出库量 + 货物直拨量 \tag{9-13}$$

货物直拨量就是有时候没有经过仓库，就直接拉到生产线上，或者直接从配送中心或供应商那边拉到生产线上去，这些按照常理是要经过仓库的，所以还是要纳入仓库的吞吐量里面。

②账货相符率

账货相符率是指仓储账册上的货物存储量与实际仓库中保存的货物数量之间的相符合程度。

$$账货相符率 = \frac{账货相符笔数}{库存货物总笔数} \times 100\% \tag{9-14}$$

③进、发货准确率

进、发货准确率是衡量进、发货员工作质量高低的一个指标。

$$进、发货准确率 = \frac{期内货物吞吐量 - 进、发货差错总量}{期内货物吞吐量} \times 100\% \tag{9-15}$$

仓储企业进、发货差错率应控制在 0.005% 以下。

④商品缺损率

商品缺损率是衡量商品保管效率的指标。该指标越低越好，一般应控制在 5‰ 以下。

商品缺损主要由两种原因造成：

保管损失，即因保管养护不善造成的损失。

自然损耗，即因商品易挥发、失重或破碎所造成的损耗。

$$商品缺损率 = \frac{期内商品缺损量}{期内库存商品总量} \times 100\% \tag{9-16}$$

⑤平均储存费用

平均储存费用是指保管每吨货物每月平均所需的费用开支。

$$平均储存费用 = \frac{每月储存费用总额}{月平均储存量} \tag{9-17}$$

例：某仓储公司 2014 年到库物资共 2 000 吨，出库 1 500 吨，年初库存 500 吨，期末无库存。全年错收错发货物共 30 吨，损坏变质货物共 10 吨。请计算货物吞吐量，期内库存商品总量，商品缺损率，进、发货准确率。

解：货物吞吐量 = 2 000 + 1 500 = 3 500（吨）

期内库存商品总量 = 2 000 - 1 500 + 500 = 1 000（吨）

商品缺损率 = 10/1 000 × 100% = 1%

进、发货准确率 = （3 500 - 30）/3 500 × 100% = 99.14%

（5）库存效率方面的指标

库存效率方面的指标主要是以周转率来反映的，影响库存效率的其他指标最终都通过周转率反映出来。

①库存周转率

库存周转率是用于计算库存货物的周转速度、反映仓储工作水平的重要效率指标，是在一定时期内销售成本与平均库存的比率，用时间表示库存周转率就是库存周转天数。

其基本表示方法如下：

$$\text{货物年周转次数（次/年）}=\frac{\text{年发货总量}}{\text{年货物平均储存量}} \tag{9-18}$$

$$\text{货物周转天数（天/次）}=\frac{360}{\text{货物年周转次数}} \tag{9-19}$$

货物周转次数越少，则周转天数越多，表明货物周转越慢，周转的效率就越低；反之则效率就越高。

库存周转率的公式如下：

$$\text{库存周转率}=\frac{\text{使用数量}}{\text{库存数量}} \tag{9-20}$$

计算周转率的方法，根据需要可以有周、旬、月、半年、年等单位。

库存周转率的计算方法（1）：

$$\text{库存周转率}=\frac{\text{使用金额}}{\text{库存金额}} \tag{9-21}$$

库存周转率的计算方法（2）：

$$\text{库存周转率}=\frac{\text{该期间的出库总额}}{\text{该期间的平均库存金额}} \tag{9-22}$$

例：假定库存数量是 10 000 个单位，月使用数量是 50 000 个单位时，依照库存数量表示方法可计算出：

$$\text{库存周转率}=\frac{50\,000}{10\,000}=5\text{（次）}$$

因为使用数量为库存数量的 5 倍，所以库存量在 1 个月之内就周转了 5 次。

②商品周转率

商品周转率是用一定期间的平均库存额减去该期间的销售额而得，表示商品的周转情形。商品周转率可采用售价法、成本法、销售数量法和销售金额法计算。

用售价法来计算商品周转率，适用于采用售价盘存法的单位，其计算公式如下：

$$\text{商品周转率}=\frac{\text{总销售额}}{\text{平均库存额(成本)}} \tag{9-23}$$

成本法便于观察销售库存额与销售成本的比率，其计算公式如下：

$$\text{商品周转率}=\frac{\text{销售额}}{\text{平均库存额（按成本）}} \tag{9-24}$$

销售数量法用于确定有关商品的变动、置放商品的场所，其计算公式如下：

$$\text{商品周转率}=\frac{\text{销售数量}}{\text{平均库存数量}} \tag{9-25}$$

销售金额法便于周转资金的安排，其计算公式如下：

$$\text{商品周转率}=\frac{\text{销售金额}}{\text{平均库存}} \tag{9-26}$$

此法商品周转率显得较大，因销售额里面多包含了应得利润部分。

③周转期间与周转率的关系

企业有时用周转期间来代替周转率。周转率所表示的是一定期间（如年间、月间、周间）的库存周转比率。周转期间则是假定1年为期间单位，在这期间单位中周转所需的时间。

$$周转期间（月数表示）= \frac{12}{年间周转率} \tag{9-27}$$

4）仓储绩效评价指标体系存在的问题及改进建议

（1）管理绩效评价指标存在的问题

绩效测量有一定负面作用，易导致短期行为。传统的绩效指标体系是以会计职能为导向的评价，不能全面测量实际投入产出的所有方面，测量不具有可比性，存在很大的误差。财务指标只是反映过去的经营结果，不能反映当前进行的创造价值的活动。传统的物流成本核算方法也不能真实反映物流成本结构，不能给物流绩效改进提供有用的信息。物流服务系统的产出并不总是明显的，它与整个管理交织在一起，难以从整个管理系统中分离出物流的绩效贡献到底有多大。

（2）评价和改进物流绩效的建议

高素质的员工是实现物流绩效的根本保证；应加强客户关系管理、知识管理；要有明晰的与企业竞争战略匹配的物流战略；整合物流功能，包括内部整合与外部整合，实现物流绩效改进，追踪优秀企业的物流绩效，以此为学习和持续改进的标杆；建立与供应商、第三方物流提供商的战略伙伴关系；优秀的物流绩效是基于测量—评估—计划—改进循环进行的。

基本训练

□ 知识题

9.1 阅读理解

1）不同的仓储企业适用何种组织结构？为什么？

2）仓储企业应如何选拔管理人才？

3）如何对仓储企业的服务水平进行评价？

4）仓储管理绩效评价方法有哪些？

5）结合实际谈谈目前仓储管理存在的问题。

9.2 知识应用

1）判断题

（1）组织工作的第一步是根据组织的目标和实现目标的各项任务和活动，进行工作设计和部门的划分。   （   ）

（2）各个部门的职责、任务应该明确。   （   ）

（3）组织结构的目的在于把人们承担的所有任务组成一个体系，以便有利于他们共同为实现组织的目标而工作。   （   ）

（4）货物周转次数越少，则周转天数越多，表明货物的周转越快，周转的效率就越高，反之效率就越低。   （   ）

（5）地区部门化的最大优点是可以按照特定的顾客建立部门，以适应他们的需要。
（　　）

（6）库存周转率是在一个确定时间点销售成本与平均库存的比率。（　　）

（7）组织的管理者的职权和职责可以相等，也可以酌情处理。（　　）

（8）商品缺损的一般原因是因保管养护不善造成的损失。（　　）

（9）纵向动态对比分析是将不同时间上的相同种类的仓储经济效益指标进行对比，可以是本期与基期（或上期）比。（　　）

（10）销售金额方法计算出的商品周转率显得较大，因为销售额里面多包含了应得利润部分。（　　）

2）选择题

（1）按用途可将仓库分为（　　）。

A.储备仓库　　　　　　　　B.周转仓库　　　　　　　　C.保税仓库

D.综合仓库　　　　　　　　E.营业仓库

（2）仓库最基本的传统功能是（　　）。

A.储存和保管　　　　　　　B.集散货物　　　　　　　　C.调节供需

D.信息传递　　　　　　　　E.防范风险

（3）当企业的存货周转量较高、需求较稳定时，可选择（　　）。

A.公共仓库　　　　　　　　B.营业仓库　　　　　　　　C.租赁仓库

D.自有仓库　　　　　　　　E.保税仓库

（4）仓库数量决策的影响因素有（　　）。

A.总成本　　　　　　　　　B.服务水平　　　　　　　　C.仓库位置

D.运输能力　　　　　　　　E.单体仓库的规模

（5）安全库存量是（　　）。

A.防止货物剩余积压的最大数量限制

B.防止货物对仓库货架造成危害对货物数量的限制

C.防止由于意外的过量出货可能造成缺货而多存储的货物

D.防止由于仓库进货不及时可能造成的缺货而多储存的备货

（6）某纺织厂在羊毛价格低时购进了大量羊毛，由此产生的库存属于（　　）。

A.安全库存　　　　　　　　B.预期库存　　　　　　　　C.批量库存

D.在途库存　　　　　　　　E.投机性库存

（7）仓库内部布局的影响因素包括（　　）。

A.总周转量　　　　　　　　B.仓库的主要功能　　　　　C.货位是否固定

D.货物的性质　　　　　　　E.仓库设施的特点

（8）属于库存的是（　　）。

A.放在仓库中的原材料、产成品　　　　B.运输工具中的原材料、产成品

C.为了满足未来需要而暂时闲置的资源　　D.医院里的药品

E.运输部门的车辆

（9）某羽绒服厂在冬季到来前生产了大量羽绒服置于仓库，这些羽绒服属于（　　）。

A.安全库存　　　　　　　　B.预期库存　　　　　　　　C.批量库存

D.周转库存　　　　　　　　E.投机性库存

（10）某企业为满足下月生产需要，一次订购了一批原材料，由此产生的库存属于（　　）。

A.安全库存　　　　　　B.预期库存　　　　　　C.批量库存

D.周转库存　　　　　　E.投机性库存

□ 技能题

9.1　近年来，在全球电脑市场不景气的大环境下，戴尔却始终保持着较高的收益，并且不断增加市场份额。谈及沃尔玛成就商业王国时，"天天低价"被我们挂在嘴边；论及戴尔的成功之道，几乎是众口一词地归结为"直销模式"。戴尔成功的诀窍在哪儿？该公司分管物流配送的副总裁迪克·亨特一语道破天机："我们只保存可供5天生产的存货，而我们的竞争对手则保存30天、45天，甚至90天的存货。这就是区别。"由于材料成本每周就会有1%的贬值，因此库存天数对产品的成本影响很大，仅低库存一项就使戴尔的产品比许多竞争对手拥有了8%左右的价格优势。亨特无疑是物流配送时代浪尖上的弄潮者。亨特在分析戴尔成功的时候说："戴尔总支出的74%用在材料配件购买方面，2000年这方面的总开支高达210亿美元，如果我们能在物流配送方面降低0.1%，就等于我们的生产效率提高了10%。物流配送对企业的影响之大由此可见一斑。"而高效率的物流配送使戴尔的过期零部件比例保持在材料开支总额的0.05%~0.1%。而这一比例在戴尔的对手企业中都高达2%~3%，在其他工业部门更是高达4%~5%。

问题：分析库存的利与弊，结合案例分析提高企业库存周转率的作用。

9.2　某仓储企业现诚聘成品库主管一名，要求：正直、诚实、勤奋、肯干。年龄：30岁以下，男，名牌大学物流管理专业毕业，本地户口，有3年以上的工作经验。符合条件者，请将简历寄到××公司××收。

问题：分析该"招聘启事"的缺陷，并重新设计一个"招聘启事"。

9.3　计算题

（1）某企业2014年度的销售目标为6 000万元，行业标准周转率为30次/年，那么该企业的年度平均库存额是多少？多长时间库存周转一次？

（2）某储运公司有一座通用仓库，仓库基本情况如下：

①库区有效面积8 500平方米，起货架区（包括运输道路、检验、包装、加工作业区）82 000平方米，行政生活区1 000平方米，货物有效储存区（即不包括运输道路、检验、包装、加工作业）实际有效面积为80 750平方米；

②仓库全年总容量为9 000万元，货物出库总量为7 500万元，入库总量为8 500万元；

③仓库年初库存215万元，年末库存410万元，月均库存量为650 000件；

④仓库全年仓储费用273万元，库区全员工作日为250工日。

要求：根据以上资料，试计算该仓库：①仓容利用率；②仓库面积利用率；③货物年周转次数；④平均储存费用；⑤全员劳动生产率。

➡ 综合案例 ➡

福保赛格的管理

福保赛格在深圳市福田保税区拥有28 000平方米的保税仓。公司的问题主要是保税仓库的固定资产超过8 000万元，而每年的利润却不到500万元，资产回报率太低。提高保税仓库区工作人员士气，努力增强服务意识，注重品质提升；增加物流增值服务的比例，大幅提高仓租费以外的收入来源，争取到更多利润贡献率高的优质客户，淘汰利润率低的C类客户等都是福保赛格要解决的问题。

福保赛格现状分析：

福保赛格的主要客户包括日本理光国际通运有限公司、华立船务有限公司、伯灵顿国际物流有限公司、华润物流等近百家外资、我国香港物流企业和分布于珠三角地区的制造企业。福保赛格面向这些企业，提供保税仓库的长租和短租服务，并附带从事流通加工等物流增值服务。

福保赛格的在职员工约40名，包括5名管理人员，10名左右的叉车工人和搬运工人，另外还有报关员、报检员、客户服务人员、仓库管理员、勤杂人员（含门卫和设备检修人员）等20多人。

福保赛格的赢利模式是以仓库库位出租为核心的物流服务项目的收费，基本收费项目是仓租费，另外还有装车、卸车、并柜/拼箱，对货品进行贴标、缩膜/打板、换包装、简单加工（如分包、重新组合包装、简单装配等），以及代客户进行报关、报检等服务项目的收费。其主要支出是人工、水电、仓储物和设备折旧带来的维修维护费用等。

福田保税区的特点在于有通向我国香港落马洲的进出境通道（一号通道）和通向深圳市区的进出关通道（二号通道）。货物进出境只需向海关备案，而进出关则需要报关。客户可以利用保税区境内关外的政策优势，实现整批进境、分批入关的延迟纳税优惠，或得到提前退税的好处。

福保赛格的仓库主要是平面仓，有部分库区采用立体货架，以托盘为基本搬运单元，用叉车（以及地牛）进行进出库搬运和库内搬运。其1楼是越仓区，有5辆燃气动力的叉车；2楼到10楼为储存区，每层都有1~2台电动叉车（用蓄电池驱动），2部大型货运电梯。车辆停靠的月台有10多个车位，可以停靠货柜车、箱式车等多种型号的运输车辆。

福保赛格目前仍然是以订单为驱动、以业务为中心进行运做的仓储服务企业，还没有转型到以客户服务为中心。在该公司管理层的推动下，公司全体员工已经树立了全面质量管理的理念，并以ISO 9000质量管理体系的要求建立了规范化的质量文档体系。但该公司尚未正式申请或通过ISO 9000质量体系认证。

福保赛格及其母公司赛格储运有限公司在1999年开发过一套基于C/S体系的管理信息系统，后因结算不准确、系统灵活性差、不能适应业务变化等原因放弃使用了。2002年年底到2003年年底，赛格储运有限公司与赛邦软件合作开发了一套全新的、基于WEB的B/S体系物流管理系统，覆盖了运输业务、仓储业务、财务结算等各个方面，从而实现了客户网上下单、网上查询订单处理状态、库存状态、账单明细等，可以做到实时结算和预约结算。

为了使得公司能够上一个台阶，提高保税仓库的资产回报率，并在适当的时候通过ISO 9000的认证，福保赛格希望通过实现全面质量管理来持续改进自己的管理流程，并通过信息化的手段来辅助管理。其所考虑的思路与质量管理学大师戴明所持的观点有很多吻合，首先其希望建立现代的岗位培训制度，建立严谨的教育及培训计划。其次通过在部门中持续不断开展培训和流程监控，消除内部部门之间的隔阂，提升所有员工主动为客户服务的意识，并且消除员工对于管理层的恐惧感，敢于提出自己的观点和看法；逐步取消妨碍基层员工的工作畅顺的因素、量化考核指标；通过最高层领导的积极参与，在企业内部形成一种计划、执行、检查、处理的全体员工认同的管理文化。对外开发更多的高端客户，树立以客户为中心的意识（强烈关注客户的满意度），提出"要把服务做在客户没有想到之前"的口号。通过内部的管理流程挖潜和对外客户的优质增值服务来获得新的竞争优势。

　　资料来源：佚名.福保赛格的管理 [EB/OL].[2011-02-11].http：//wenku.baidu.com/link？ url=L4pHTxwSRd084lTguMvyIp59K8sMGVfa6T4bwQkSgjGfTlT3kajyly_INd2GdWemvGh0RCSFotXFe0e1kVmwcfEWzJBhoD74Is4EwLHDsK.

　　问题：（1）福保赛格的组织结构属于哪种类型？

　　（2）分析福保赛格的绩效评价，谈谈其优点和可能存在的问题。

　　（3）总结福保赛格的组织管理案例启示。

➡ 综合实训 ➡

仓储企业绩效评价管理

　　一、实训目的

　　（1）通过本项目实训，使学生了解绩效评价的类型。

　　（2）能结合仓储企业实际分析当前企业绩效评价系统的优势和劣势。

　　（3）能站在新的管理理念、技术的基础上，设计较为合理的绩效评价系统。

　　二、实训内容

　　对某仓储企业绩效评价指标系统进行分析，找出不足，并能为其设计较合理的评价方案。

　　三、实训要求

　　（1）对某仓储企业绩效评价体系进行调查。

　　（2）分析总结企业采用的绩效评价体系。

　　（3）撰写实践报告，制作实训报告幻灯片。

　　（4）5～6人为一组，相互讨论。

　　（5）在实习结束后一周内完成以上任务。

主要参考文献

[1]董千里.高级物流学[M].北京：人民交通出版社，2006.

[2]翟光明.仓储管理[M].北京：中国物资出版社，2009.

[3]王海军，张建军.仓储管理[M].武汉：华中科技大学出版社，2015.

[4]阮喜珍.物流企业管理[M].北京：机械工业出版社，2011.

[5]李永生.仓储与配送管理[M].北京：机械工业出版社，2008.

[6]秦英.仓储配送管理[M].北京：北京师范大学出版社，2007.

[7] 王文信.仓储管理[M].厦门：厦门大学出版社，2006.

[8]罗俊，黄柳英.仓储管理[M].重庆：重庆大学出版社，2012.

[9] 梁军.仓储管理[M].杭州：浙江大学出版社，2009.

[10] 田源.仓储管理[M].北京：机械工业出版社，2009.

[11] 叶梅.仓储管理[M].北京：清华大学出版社，2008.

[12]周万森.仓储配送管理[M].北京：北京大学出版社，2005.

[13]李洪奎.仓储管理[M].北京：机械工业出版社，2012.

[14]苗长川，杨爱花.仓储管理[M].北京：北京交通大学出版社，2011.

[15]刘秋平，陈飞强.仓储管理[M].天津：天津大学出版社，2010.

主要参考文献